KB102739

변화를
일궈온
**이방인**

# 변화를 일궈온 이방인
— 한 자이니치 인권운동가의 저항 전기

2020년 10월  6일  초판 1쇄 인쇄
2020년 10월 13일  초판 1쇄 발행

지은이 | 최승구
옮긴이 | 박술바로
기  획 | 한일반핵평화연대
펴낸이 | 김영호
펴낸곳 | 도서출판 동연
등  록 | 제1-1383호(1992. 6. 12)
주  소 | 서울시 마포구 월드컵로 163-3
전  화 | (02)335-2630
전  송 | (02)335-2640
이메일 | yh4321@gmail.com

ISBN 978-89-6447-617-8  03040

한 자이니치 인권운동가의 저항 전기

# 변화를 일궈온 이방인

최승구 지음 ― 박솔바로 옮김

동연

■ 일러두기 ─────────────────────────────────

이 책의 일본어판 제목은『個からの出発: ある在日の歩み ─ 地域社会の当事者として』(風媒社, 2020)입니다. 한국과 일본에서 동시에 출판했으나 한국어판과 일본어판의 제목을 달리했습니다. 내용 면에서도 제3부의 내용 일부(4장, 5장)를 한국 관련한 내용으로 바꿔 실었습니다.

# 이 책을 펼쳐주신 독자 여러분께

## 자기소개

2019년 12월에 맞이한 생일로 만 74세가 되었습니다. 2011년 3월 11일 동일본대지진을 경험한 이래, 지금까지 한일반핵평화연대의 사무국장으로 원자력발전소(이하 원전) 반대활동을 펼치고 있습니다. 어쩌면 독자 여러분 대부분은 '최승구'라는 제 이름을 처음 들어보셨겠지요. 그러니 우선은 간단한 자기소개를 첫머리에 해두려고 합니다.

저는 1945년, 일본이 패전한 해의 12월 4일(등기상으로는 5일)에 오사카에서 태어났습니다. 소위 '자이니치 2세'입니다.[1] 일제강점기 당시, 일본에 살고 있던 조선인은 200만 명 넘게 있었다고 합니다만, 제 부모님도 당시 일본으로 건너간 사람들입니다(어머니는 대구, 아버지는 북한의 신천 출신입니다. 북한을 이 책에서는 '조선'이라고 표기하려 합니다). 부모님들은 그대로 일본에 남게 된 자이니치(Koreans in Japan) 일가였던 것이지요.

아버지는 열한 살 때 혼자 조선에서 일본으로 건너오셨습니다. 어머니는 대가족 형태로 오사카에 살고 계셨지만 저를 임신한 탓에 대구로 돌아가지 않으시고 일본에 남으셨다고 합니다. 부모님 두 분 모두 돌아가신 후, 이 책을 쓰기 시작한 저는 어머니께서 전쟁 때 살고 계셨던 오사카의 가와나베라는 주거지를 찾았습니다. 또한 아버지의 유골을 가지고 2018년 9월에 북한 평양에 갔다가 거기에서 호적에 적힌 아버지의 고향 신천信川을 찾아 밭두렁 한가운데 있던 언덕 어귀의 나무 옆에서 혼자서 산골하고 왔습니다.

사람은 자신의 의지로 이 세상에 태어날지 말지를 정할 수 없지요. 제게 '자이니치'라는 것은 저를 규정하는 근저에 있는 요소입니다.

## 이 책의 구성

이 책은 세 개 부로 구성돼 있습니다. 제1부의 '자이니치의 정체성을 찾아서'에서 제 가족사를 비롯해 20~30대 정도의 제가 자이니치로서 무엇을 모색하고 어떻게 살아냈던지에 대해 적어봤습니다. 박종석 씨의 히타치 취직차별 재판 지원, 가와사키에서의 지역 활동, 정향균 씨의 도쿄도 관리직 시험 국적조항 소송 지원, 국적조항 철폐 운동에 대해 이야기해봤습니다. 이 책의 부제를 '1970년대의 가와사키'라고 정한 것도 바로 그 시기에 가와사키가 제가 활동했던 장소였기 때문이지요.

제2부 '새로운 출항 — 사업의 세계로'에서는 제가 가와사키의 지역 활동에서 벗어나 말 그대로 어떻게 생계를 꾸렸는지에 대해 그 과정과 경험을 적어봤습니다. 이 당시의 경험이 없었다면 제3부의 평론(민족 차별과의 구체적 투쟁의 이론화인 '자이니치로서 걸어온 길에 대한

고찰')은 쓰지 못했을 것입니다.

제1부에서 기술한 '정체성 모색'이란 제게는 자이니치란 무엇인가를 모색하고 민족 차별에 맞서 싸운다는 뜻이었습니다. 그 당시 가와사키에서 자이니치의 정체성을 찾아 행정기관에 국적조항 철폐를 요구한 지역 활동이 현재의 시민운동과 행정이 일체가 되어 추진하는 다문화 공생 정책으로 이어졌습니다.[2] 오늘날 인기 음악장르 중 하나인 '랩'으로 자기표현을 하고자 했던 자이니치 청년들에게도 널리 알려진 것이라 생각합니다.[3]

## '당연한 법리'에 대하여

1953년 샌프란시스코강화조약 후 독립에 이를 때 일본 정부는 공무원은 일본 국적을 보유한 자에만 한정한다는 '당연한 법리'라는 견해를 발표했습니다. 가와사키시는 이 '당연한 법리'를 전제로 정령도시政令都市로서는 일본에서 처음으로 외국적 공무원의 관리직 승진을 금지하고, 지방공무원으로서의 직무를 제한한 후에 외국인에 대한 문호 개방과 아동수당 등 국적조항을 철폐했지요. 현재는 극우단체의 헤이트 스피치Hate Speech, 증오 발언를 벌하는 '가와사키시 차별 없는 인권존중의 마을 만들기 조례'를 제정했으며,[4] 일본에서는 외국인 시책으로 가장 선진적인 도시라는 평가를 받고 있습니다.

하지만 이 '당연한 법리'라는 정부 견해는 국민국가의 절대성을 주창하는 것입니다.

이 대원칙 아래에서 전후 자이니치들은 일본의 독립과 함께 국적을 일방적으로 박탈당했으며, 외국인으로서 차별과 억압 속에서 살아가야만 하는 운명을 강요받았습니다. 그리고 일본의 경제 부흥이 진행되는 가운데 자이니치에 대한 차별은 제도화·구조화되어갔습니다.

가와사키시는 아동수당 지급(1975년), 외국인에 대한 '문호 개방'을 최초로 실현한 곳이지만(1996년), '당연한 법리'라는 차별의 근간은 그대로 유지되고 있습니다. 제가 이 책에서 '당연한 법리'가 가진 문제성을 다룬 이유입니다.[5]

## 두 명의 자이니치와의 만남

자이니치의 역사에서 후세에게 꼭 소개해주고 싶은 사람 두 명이 있다면, 한 명은 1974년에 국적을 이유로 해고당하여 히타치제작소를 제소한 박종석 씨와,[6] 1994년에 외국인이라는 이유로 과장 승진 시험 치르지 못하게 한 도쿄도 지사를 제소한 정향균 씨입니다.[7] 이때까지 모두가 당연한 것으로 묵인해오던 자이니치의 취직 차별에 대하여 두 명이 당사자로서 처음으로 법원에 제소한다는 행동을 일으켰기 때문입니다.

박종석은 19세 나이로 고등학교 졸업 후, 아이치현 소재 플라스틱 공장에서 일하며 히타치제작소가 모집하는 신문광고를 보고 조선인이란 사실을 감추기 위해 일본 이름과 본적란에 현재 주소를 적어 입사시험에 통과해 합격했습니다. 하지만 히타치가 요구하는 호적등본은 발급이 어렵다는 점을 전하자, 히타치는 박종석 씨가 외국인이라는 사실을 숨기고 일본인인 척했다는 이유로 그를 해고했습니다. 이에 대해 별 다른 해결 방안을 찾지 못하고 방황하고 있던 그가 우연히 만난 것이 가두에서 '베평련'[8] 활동을 하는 게이오 대학의 학생들이었고 이 학생들의 도움으로 히타치를 상대로 불법 해고를 제소하는 재판을 시작한 것이지요.

이 재판에 대해 아사히신문의 기사(표제: '나는 아라이인가, 박종석인가')를 통해 알게 된 저는 그날로 박종석 씨를 만나러 찾아 나섰습니다. 저는 히타치의 해고가 일본 사회에서 묵인되어온 전형적인 민족 차별이자, 박종석 씨 자신은 동화와 민족 차별 속에서 살아왔기 때문에 동화된 자기 자신을 되찾아야만 한다고 주장하여 7명의 지식인에게 대표를 부탁하여 '박종석 군을 지원하는 모임'을 제안하여 일본 청년들과 함께 민족 차별에 맞선 전국적 활동을 시작했습니다. 이 투쟁은 기독교를 중심으로 국제적인 지원을 받는 데에 이릅니다.

요코하마 지방법원의 판결은 히타치의 민족 차별에 의한 해고를 인정한 것으로, 우리의 완전한 승리였습니다(1974년 6월 19일). "재판은 자이니치의 권리의식을 높이고 향후의 전국적 민족 차별 철폐 운동으로 이어졌"(2011년 5월 11일, 민단신문)습니다. 히타치는 항소를 단념했기 때문에 판결은 그대로 판례가 되었으며, 이후 국적을 이유로 한 해고(민족 차별)는 재판상 용인되지 않는다는 사실이 확정되었음을 의미합니다.

또한 우리는 재판과 병행하여 히타치와의 직접교섭을 시작했는데 당초 히타치는 완강하게 박종석 씨의 해고는 국적을 이유로 한 것이 아니라 어디까지나 그의 허위사실 기재에 원인이 있음을 주장하고 있었지요. 하지만 최종적으로 박종석 씨의 해고는 민족 차별이었음을 인정하고 그 뜻을 문서로 확인하는 '확인서'를 우리에게 주었습니다. 그리고 박종석 씨는 정년까지 37년 동안 히타치에서 근무했고 많은 히타치 사원의 박수를 받으며 히타치에서 퇴임했습니다(2016년 11월 30일).[9]

한편 정향균 씨는 히타치 투쟁 당시 가와사키 남부에 있는 병원에서 근무하던 간호사였습니다. 우리는 그녀가 도쿄도의 시험에 응시해 도쿄도의 간호사가 되었다는 사실은 알고 있었는데, 어느 날 아사히신문에서 외국인 C씨가 과장직 시험에 응시하는 것을 거부당해 도쿄도 지사를 상대로 소송을 걸었다는 사실을 알게 되었지요. 저는 C씨가 그 정향균 씨라는 것을 알고는 가와사키의 동료들을 모아 그녀의 재판투쟁을 지원하게 되었습니다.

그녀의 임용차별 재판은 지방법원에서는 패소했는데 고등법원에서는 승소하여 세간의 주목을 받게 되어서 그랬는지, 대법원에서는 꽤나 시간이 걸리더니, 마침내 열린 대법원의 대법정 최종판결에서 패소가 확정되었습니다(1998년). 그때의 기자회견에서 억울함과 슬픔 속에서 나온 그녀의 말이 "일본은 안타까운 나라"라는 것이었습니다. 이 말을 비판하거나 그녀에게서 등을 돌린 사람도 많이 있었지만, 저는 그녀의 심정을 이해했습니다.

이 재판에서는 헌법에서 말하는 직업 선택의 자유를 근거로 그녀가 도쿄도 지사를 제소한 것인데, '공권력의 행사'와 '공의 의사 형성'의 직무는 일본 국적자에 한정한다는 일본 정부의 '당연한 법리'라는 견해가 재판의 최대 초점이었습니다. 매스컴을 비롯해 전국의 지자체, 시민단체는 이 재판 결과에 주목하고 있었지요.

하지만 대법원의 판결은 도쿄도의 조치가 '당연한 법리'에 근거한 '합리적인 이유'가 있다고 하여, 정향균 씨는 패소했습니다. 이 책에서는 그 '당연한 법리'라는 것이 무엇인지 논할 것입니다.

## '다문화 공생' 비판

이 책의 제3부는 민족의 정체성을 요구해온 제가 어떻게 '당연한 법리'가 지니는 차별성을 묵인하는 '다문화 공생'을 비판하게 되었는지, 또한 고故 니시카와 나가오 선생과의 만남에서 '다문화 공생'의 실체는 새로운 식민지주의 이데올로기라는 것을 논증하고자 했습니다. 20대 무렵부터 차곡차곡 써오던 글이었는데 시간이 흘러 퇴고하는 단계에서 가능한 한 당시의 뜨거운 마음을 남겨놓고자 특별히 신경 썼습니다.

그 제3부에서는 외국인 시책으로 가장 진보적인 가와사키시의 문제점에 대해 언급했습니다. '다문화 공생'을 내세워 시민운동, 노동조합과 협의하면서 추진되고 있는 외국인 시책이 결국 일본 정부의 '당연한 법리'라는 견해를 전제로 하여 차별을 제도화, 구조화하고 있다는 사실을 밝혀놓았습니다.

각지에서 앞으로 더욱 증가할 외국인에 대한 대응을 어쩔 수 없이 해야만 하는 시민사회와 지자체에서, 우리 자이니치가 1970년대 가와사키에서 일본인과 공동투쟁을 통해 이뤄낸 국적조항 철폐에 연결된 지역 활동이 참고가 되길 바라는 마음으로 이 책을 집필하게 되었습니다. '다문화 공생' 비판으로 명확해진 문제점은 외국인과의 공존이 불가피해지고 있는 일본 사회에 있고 새로운 '열린 지역 사회'를 외국인 주민과 함께 만들어가기 위해 공유되어야 하고 대화를 통해 해결해야만 하는 과제라고 생각합니다.

최근 한일 관계가 최악의 진흙탕 싸움이 되고 있다고 연일 보도되는데 한국과의 관계 개선뿐만 아니라, 일본 정부가 식민지 지배 청산으로 한반도 북쪽 절반에 해당하는 북한에 대한 사죄와 배상금 지급을 시행해 국교 수립이라는 역사적 과제를 수행해야 한다는 사실은 아직도 일본 사회에서 널리 인식되지 못하고 있습니다. 납치 문제를 구실로 조총련계의 민족학교와 유치원에 대한 차별대우가 커다란 사회문제가 되지 않고 있음에 슬플 따름입니다.

졸저를 일본, 북한과의 관계뿐만 아니라 중국을 비롯한 여타 아시아 국가들 및 세계 각지에서 일본을 방문하는 많은 외국인과 그 아이들의 미래를 염두에 두고, 그리고 무엇보다도 앞으로의 일본 사회를 짊어질 청년들이 편협한 내셔널리즘을 넘어 인권을 중시하는 가치관을 구현해나가는 일에 참고가 되길 바라며 썼습니다. 독자 여러분의 솔직한 의견과 비판을 부탁드립니다. 대화를 통해 더 나은 상호이해를 심화해나가길 희망합니다.

최승구 씀

# | 차례 |

# 제1부

# 자이니치의
# 정체성을
# 찾아서

# 들어가며

한때 '역사의 부조리'라는 말을 유언으로 일본 사회를 고발하며 분신자살한 어느 기독교 신자인 자이니치 청년이 있었습니다.

"소란을 일으켜 죄송합니다. 하지만 이건 피식민지 지배하에 있던 이 민족의 후예로서 이 나라, 이 사회의 가장 밑바닥을 25년 동안 기어오던 한 사람의 현대 일본에 대한 작은 항의이기도 합니다."
— 야마무라 마사아키, 〈항의·탄원서 — 와세다대 당국과 모든 학우에게 호소한다〉, 1970년 10월 5일.

목숨을 걸고 말한 '역사의 부조리', '사소한 항의', 이 말에는 개인을 억압하고 있는 차별 사회에 대한 격렬한 분노가 담겨 있습니다. 일본 사회를 비판하는 말입니다. 재치 있는 몇 가지 제언으로 역사의 부조리가 해결될 리 없습니다. 하지만 저는 이 항의의 목소리를 미래에 대한 희망을 우리에게 맡긴 것으로 받아들이고 있습니다. 저는 역사 사회의 모순 속에 살면서 그 모순의 극복을 원하고, 설령 단 하나의 작은 일일지라도 그 지양 과정에 참여해나가기를 바랍니다. 그렇다면 역사를 변혁하는 주체는 누구인가요. 역사의 부조리 속 현실에서 농락당하고 사는 무명의 백성이야말로 역사 변혁의 주체라고 저는 생각합니다.

자이니치는 일제의 조선 식민지 지배 과정에서 생겨났습니다. 일본 식민지 지배의 완전한 청산이야말로 전후 새롭게 일본이 아시아 평화에 기여하고, 스스로가 열린 사회가 되기 위한 필수 불가결한 역사적 책무라고 저는 생각해왔습니다. 그러나 유감스럽게도 일본은 그러한 책무를 완수하는 사회가 되지는 않았습니다.

이 이국땅에서 우리 부모들은 묵묵히 필사적으로 가족을 부양하기 위해 살아왔습니다. 그리고 지금 우리는 같은 길을 가면서도 자신이 사는 지역사회에서 보다 인간답게 살아가길 바랍니다. 여기에서는 그런 자이니치의 한 사람으로서 1970년대의 가와사키를 중심으로 제가 걸어온 길과 그 길에서 발견한 것에 대해 이야기해보고자 합니다.

# 제1장
# 나의 성장 환경과 가족사

저는 1945년 12월, 일본이 패전한 해에 오사카에서 태어났습니다. 저를 낳은 어머니는 당시 10대였다고 합니다. 아버지는 해방 전부터 장인을 고용해 만든 구두를 팔았다고 하고, 전후 어머니는 작은 카레 전문점을 남바難波에서 시작해 그것이 평판이 나자 신사이바시心齋橋의 노른자위 지역에서 가게를 차리게 되었습니다(1955년). 아버지가 따온 사업을 실제로 현장에서 운영한 것은 어머니였으며, 어머니는 레스토랑이나 파친코, 라이브 재즈 가게를 경영하게 되었습니다. 우리 가족은 도톤보리道頓堀가 바로 앞에 있고, 신사이바시와 소에몬쵸宗右衛門町가 교차하는 모퉁이 점포 위에 만든 3층의 가옥에 살고 있었습니다. 순조롭기만 했던 가게는 그 소유권을 둘러싸고, 지금은 굴지의 기업이 된 요시모토 흥업과의 재판을 하게 됐습니다. 그 재판에서 패소하여 '단행명령'으로 거기에서 나오게 된 것이 제가 중학교 3학년 때입니다(1960년).

저는 경제적으로는 무엇 하나 불편함이 없는 환경에서 자랐습니

남동생(왼쪽)과 나, 4살 때

다. 활발하고 공부 잘하는 '착한 아이'였습니다. 학교는 공립 초등학교와 공립 중학교를 나와 오사카 부립 고등학교에 들어가 중학교 때부터 하던 농구를 계속했지요. 한국 국적이었기에 국민체육대회에서는 뛰지 못했지만, 전국고등학교종합대회에는 두 번 오사카 대표로 출전했습니다(벤치 선수로 시합에 출전하지는 않았지만).

고등학교 2학년 때 오사카 부립체육관에서 한국 대표의 명문 경복고와 오사카 대표로 맞붙은 적이 있습니다. 경복고는 강팀으로 그 팀에서 훗날 몇 명의 올림픽 선수가 배출되었을 정도입니다. 저는 어찌된 영문인지 안절부절못하고 있다가 하프타임 때 혼자서 그들의 대기실에 가서 서투른 영어로 제가 자이니치라는 것을 전하며 당황하는 그들과 악수를 한 적이 있었습니다.

대학생이 되었을 때, 저의 사촌이자 농구 한국 올림픽 대표선수였던 최종규가 한일 국제대항전을 위해서 일본에 왔을 때, 그 당시의 경복고 선수도 또 그 시합에 출장했고, 사촌의 소개로 다시 소개받아 악수를 한 적이 있었습니다. 그리운 추억입니다.

제가 고등학교 때까지 차마 남들 앞에서는 말하지 못하고 숨겼던 것, 그건 제가 '조선인'이라는 것이었습니다. 그래서 고등학교를 졸업할 때까지 친한 친구한테만 사실은 내가 조선인이라고 내심 "그런 건 아무 상관없어, 괜찮아"라고 대답해줄 것을 기대하면서 '커밍아웃'을 했습니다. 그러나 주위 친구들은 모두 이미 제가 일본인이 아니었음을 알고 있었다고 생각합니다.

## 어머니에 대해서

저는 어머니가 돌아가신 뒤, 그녀가 가입하고 있던 우편물 생명보험 건으로 모자관계를 증명하는 서류가 필요해졌습니다. 오사카의 각 구청을 돌았지만 어느 구청에서도 출생증명서는 없고 결국 어머니와의 모자관계는 증명할 수 없었습니다. 제가 태어난 것은 일본이 패전한 1945년이었기 때문에, 일본 사회가 아직 혼란에 빠져 있고 구정 체제도 충분하지 않았을 거라는 설명을 나니와浪速 구청에서 들었습니다. 하지만 어머니에 대한 기억은 분명하여, 설령 오사카의 구청에서 우리 모자관계가 증명되지 않더라도 저는 변호사를 통하는 등 모든 수단을 동원해 우리 모자관계를 주장하고 증명할 것입니다.

호적의 등기상 본명과 통칭명이 제각각인 것은 한반도 분단이나 한국의 등록제도의 미비, 자이니치가 마주한 불안한 법적 지위, 차별 사회 등 이러한 환경에서 사는 자이니치들이 발휘하는 생활의 지혜라고도 말할 수 있는 자기방어적 자세가 반영되어 있습니다. 모두가 그랬다고는 말하기 어렵겠지만 대부분의 자이니치는 통칭명으로 일본 이름을 사용하다가도, 경우에 따라 등기상 본명인 조선 이름을 사용하기도 했습니다.

최근 지인인 법무사가 정정해주었습니다만, 아버지의 외국인 등록증을 들여다보니 본명의 한자가 한 글자 틀려 있더군요. 또 저희 형제의 한국 호적상 어머니 이름은 무슨 이유인지 작은 이모님의 이름으로 되어 있었습니다. 어머니는 전후 혼란 속에서 젖먹이를 두고 작은 가게를 비롯해 읽고 쓰는 것도 부족한데다 자이니치 입장에서

젊은 시절의 어머니

한국과 일본에서 출생 등기 등의 절차를 충분히 거치지 않고 제3자에게 의뢰할 수밖에 없었겠지요. 저는 그때 통칭명으로 쓰던 이름이 본명으로 등록되었다는 당시의 상황을 이해합니다.

어머니는 우리 가족의 몰락으로 애인을 둔 아버지를 못 본 체하고 두 아들을 데리고 집을 나가고 싶었던 모양인데, 저는 싫다고 말한 것 같고, 결국 동생과 단둘이서 나갔습니다. 하지만 아버지는 아들을 무조건 내놓으라고 우기면서 재판으로 번지는 바람에 두 형제는 결국 아버지의 손에 이끌려 아버지와 함께 살게 되었습니다.

어머니는 두 아들을 두고 집을 나가신 뒤에도 찻집을 계속 하셨어요. 그리고 귀화를 하여 일본인 남성과 재혼하여 지역사회에서는 누구에게나 사랑받는 생활을 하고 있습니다. 우리의 부모 자식 관계는 끊긴 적이 없습니다. 지역에 동화되고 사람들에게 인기도 많았던 어머니는 활동가인 저에 대해 "자랑스럽게도 우리 장남은 자원봉사에 열심이랍니다"라고 소개합니다.

어머니께서는 우리 초등학교 공개수업에는 꼭 와주셨어요. 저의 자랑인 예쁜 엄마였습니다. 그녀는 제가 초등학교 학생회장이 되고, 오사카시 전체의 학생회장 모임에서 의장이 되었을 때를 지금도 어제 일처럼 떠올리며, "너는 머리가 참 좋고, 이야기를 잘 하는구나"라고 입버릇처럼 말합니다. 어머니의 그 굳건한 마음, 그리고 결코 남욕은 하지 않고 남을 끌어당기는 꼼꼼함은 사실 해방 전 대구에서 일본으로 건너왔다가 해방 후 귀국한 대가족 생활에서 몸에 익힌 것입니다. 그리고 남바에서 아버지가 따온 수많은 비즈니스를 함께하는 과정에서 연마된 것이겠지요. 어머니와 지낼 기회가 많아지고, 그녀의 행동을 가까이서 지켜보며 그때그때 이야기들을 들으면서 강하게 그것을 느낍니다.

그 어머니와 최근에 한국의 대저택에 갔습니다. 처음에는 그녀의 여동생들과 동생을 만날 수 있는 마지막 기회라 생각하고 모셔갔지만, 그녀가 한국어를 알아듣고 간단한 일상회화를 할 수 있다는 것을 처음 알았습니다. 대가족 중에 부모님이 한국말로 대화를 나누셨기 때문이겠죠. 잘 먹고, 잘 웃고, 잘 얘기했고 아직 앞으로도 한국에 갈 체력도, 기력도 있는 것 같아요. 그녀의 가족은 특히 할머니를 비롯한 여자들이 장수를 한다고 하여 "언니는 백 살까지 살 거야"라는 말을 모두에게 들었습니다. 언제까지나 건강하고 오래오래 살아주길

바랄 뿐입니다.[1]

외할머니와는 제가 ICU(국제기독교대학)에 재학 중에 대학교류 프로그램으로 방한했을 때 딱 한 번 만난 적이 있습니다. 어머니와 같이 몸집이 작고, 머리를 딱 뒤로 묶고 치마저고리를 입고 있었습니다. 제가 귀국할 때 부산항까지 배웅하러 와주셨는데 그때 당신께서는 오사카 사투리로 이야기했던 것이 귀에 남습니다.

## 아버지에 대하여

아버지는 1918년, 조선의 황해도 신천군 문화면에서 태어났습니다.[2] 언제나 멋있고 많은 여성에게 사랑을 받은 아버지는 과묵했지만 억지가 있었습니다. 하지만 직감이 날카롭고, 행동력이 있고 잘 우는 성격은 타고난 성격에 더해 넓은 교제범위 안에서 길러져온 것이라고 생각합니다. 아버지는 당신의 아버지가 돌아가신 뒤 당신의 어머니와 남매 이렇게 다섯 식구가 만주의 조선인 거주지인 간도에 가서 극빈한 생활을 했다고 합니다.

아버지는 그곳에서 장티푸스에 걸려 격리되어 있을 때 할머니가 몇 번이나 슬며시 상태를 지켜보셨다고 했고, 그것을 어린 아버지는 "오지 말라고 하지 않았느냐"고 호통을 쳐도 할머니는 다시 한 번 들여다보러 왔다고 했습니다. 그 이야기를 저한테 할 때마다 아버지는 눈물을 흘리셨어요. 아마 할머니는 감염되어 돌아가셨을 거라고 생각합니다.

간도에서의 생활도 할머니의 죽음으로 끝나고 가족은 흩어져 살아야 할 형편이 되어, 아버지는 한 번은 다시 신천의 고향으로 돌아왔지만 11세 때 혼자 생계를 좇아 일본으로 건너갔습니다. 만주에서

신사이바시의 가게에서 부모님과 함께

도, 또 일본에 건너와도 학교에 가는 일은 없고, 조선어와 일본어의 읽고 쓰기는 충분하지 않아도 특유의 생활력으로, 해방 전에는 구두 제조판매를 하면서, 해방 후에는 어머니에게 카레 전문점을 시키면서 그것을 계기로 마침내 오사카의 노른자위 땅에서 큰 라이브 재즈 가게 등 수많은 새로운 비즈니스를 시작했습니다.

아버지는 해방 전부터 일본의 복싱 팬들 사이에서 인기가 있던 필리핀 선수 베이비 고스테로를 스카우트해 'ALL 주먹'이라고 하는 복싱 짐의 오너가 되어, 1947년의 전후 최초의 일본 챔피언 결정전에서는 6체급 중 2명의 챔피언을 내었습니다(죠지마 미츠루,『주먹의 표류 '신'이라고 불린 남자 베이비 고스테로의 생애』, 고단샤, 2003). 아버지가 베이비 고스테로와 일본 최초의 세계 챔피언이 된 시라이 요시오를

역도산과 함께

데리고 아직 미군 점령기이던 1951년에 도미했을 때의 일은 어렴풋이 제 기억에 있습니다.

동향의 인연인지 전후 TV가 보급되기 시작했을 무렵 일세를 풍미했던 프로레슬러 역도산과는 스모선수 시절부터 그가 죽기까지 의형제를 맺고 있었습니다. 전후 대중사회의 도래와 함께 일본 사회에서 소외되었던 자이니치들은 연예계나 스포츠계에서 활약하기 시작했는데 아버지는 그러한 자이니치와 교류를 자주 했던 것 같습니다. 외제차 오픈카를 타고 다니던 것도 그 무렵입니다.

단지 성공의 야망을 품고 있던 아버지는 장남인 저를 맹목적으로 사랑하셨고, 저는 단 한 번도 야단을 맞거나 매 맞은 기억이 없습니다. 하지만 드디어 제 가족에게 파국이 찾아옵니다.

## 아버지가 만든 불법 빌딩

제가 중학교 3학년 때, 우리 가족은 오사카 신사이바시의 노른자위 지역에서 나가게 되었습니다(1960년). 어머니는 어느 날 아버지와 헤어질 좋은 기회라고 생각했는지, 동생을 데리고 이사 간 곳에서 나갔습니다. 하지만 그 후 재판으로 이어져 동생도 아버지가 맡았는데 저와 아버지가 둘이 살 때 이야기입니다. 제가 하교 후 집으로 돌아왔을 때 집에는 아무도 없고 옆집 아주머니가 "당신네 트럭 많이 와서 남바구장 근처로 이사 간 것 같아"라고 말해준 적이 있었습니다. 일단 남바구장 쪽으로 가보니 그 근처 길거리에서 아버지가 평소 포즈로 면도하면서 많은 사람에게 이사 지시를 하고 있었습니다. 2층 건물의 산뜻한 집이었습니다.

그 집을 아버지가 10년 정도에 걸쳐 지하 1층, 지상 8층 빌딩으로 증축해서 요미우리신문이나 NHK에서 불법건축물이라고 크게 보도된 적이 있습니다. 아버지는 건축사를 두지 않고, 스스로 매일 일요일이나 설날도 없이 인근 가마가사키釜ヶ崎에서 많은 인부를 고용해 철골이나 시멘트를 구입해 그들에게 일을 지시하며, 어쨌든 그런 건물을 지어버렸습니다. 그 건물에 복싱-헬스장을 마련해 텔레비전에 중계된 적도 있었습니다.

아버지가 만든 불법건축물이었지만, 그 건물의 관리는 이모 부부가 하게 되어 저희 형제와 함께 살았습니다. 아버지는 맨 위층의 복싱 체육관에서 숙식을 하고 계셨어요. 그런 가정적인 혼란 속에서도 저와 동생 두 사람이 아무 경제적 어려움 없이 계속하여 학교생활을 할 수 있었던 것은 이모들 덕분이었습니다.

이모는 어머니의 작은 여동생으로, 전후 어머니 가족이 모두 조국으로 돌아가는데 그때 저를 임신하고 있던 언니인 저희 어머니를 돌봐주겠다며 함께 일본에 남아 있었습니다. 가게 일이 바쁜 어머니를 대신해 실제로 저를 귀여워 해준 것은 그 이모 부부입니다. 하지만 그러던 중 건물의 권리 소재를 둘러싸고 제가 가장 두려워했던 사태인 아버지와 이모 부부 사이에 다툼이 벌어졌고 이모 부부는 우리를 위해서라며 그 집을 떠났습니다. 제가 고등학교를 졸업할 때 즈음의 일입니다(1963년).

주위의 동포들로부터는 성공한 사람으로 여겨지면서 요시모토 홍업과의 재판에서 패소해 오사카의 노른자위 지역에서 밀려나고 아내도 도망가 사라지고, 유명한 여배우였던 애인과도 연이 끊어진 아버지는 쿠바의 혁명을 기리는 카스트로 모자를 쓰며 "조선으로 돌아가자, 돈으로 옥신각신하는 일이 없는 곳으로 가자"고 했습니다. 그에겐 가장 고통스러운 시련의 시기였음이 분명합니다.

　혼자서 외로웠겠지요. 그는 젊었고, 그에게 동정적인 일본 여성과 동거를 하게 되고, 이모와 이모부가 우리 형제를 생각해서 집에서 나가게 되자 정식 결혼을 해서 이번에는 우리와 함께 살게 되었습니다. 젊은 새 엄마는 우리 형제에게 잘해주셨어요. 하지만 아버지는 결국 그녀를 내쫓았습니다. 그는 헤어져 도망갔다가 일본인과 결혼하게 된 첫 번째 아내인 우리 어머니를 잊을 수 없었습니다. 가능한 한 빨리 헤어져서 우리 어머니에게 돌아올 자리를 마련해 주는 게 가장 낫다고 두 번째 부인과 우리에게 우겼지만, 그건 아버지의 일방적인 믿음일 뿐 재혼했던 어머니가 돌아올 리 없었습니다.

　그가 헤어진 아내를 그리워하는 마음이 컸고, 어디에서 들었는지 제가 대학을 졸업하고 결혼을 한 직후에 어머니와 함께 한국의 대구에 갔다는 것을 알고 대구까지 오게 된 것입니다. 옛날 오사카에서 살았을 때 아버지가 외갓집에 자주 다니셨기 때문에 어머니의 가족이 자기편을 들어줄 거라 믿었던 것이겠죠. 마지막 기회라고 생각했음이 틀림없어요. 어머니 가족들은 당황하면서도 아버지를 맞아주었지만 결국 상황이 달라질 리 없었습니다. 어머니가 단호히 거부한 겁니다.

　그 후 저희끼리만 서울에 올라와 호텔에서 어머니 단둘이 있었을 때, 저는 어머니께 아버지에 대해 죄송하다고 사과했습니다. 어머니는 울음을 터뜨리고, 내 손을 잡고 그렇지 않다고 하시면서 나를 꼭 껴안았습니다. 어머니는 그 후 제 손을 잡고 "앞으로도 함께 살아야지"라고 말씀하셨던 기억이 납니다.

## 아버지의 기억

어머니는 부드러운 목소리로 노래했던 기억이 있고, 그녀의 여동생으로 나를 귀여워해주었던 이모도 같은 목소리로 노래를 잘 부르는 사람이었지만, 저는 아버지가 노래를 부르는 것을 들은 적이 없습니다.

아버지께서 언제부터 교회생활을 하셨는지 모르겠지만 아마 조선 신천이나 만주 간도에 계실 때쯤 주일학교를 다녔을 겁니다. 일제의 식민지 조선, 특히 조선에서는 교회가 많이 있었기 때문입니다. 오사카의 재일대한기독교회 니시나리西成 교회 김원치 목사와는 해방 전부터 교회의 청년회에서 함께여서 옛날부터 교류가 있었던 것 같고, 아버지는 니시나리 교회 회원이기도 했습니다. 김 목사는 아버지의 성격을 잘 알고 있는데, 아버지가 말도 안 되는 소리를 해서 제가 아버지와 다툰 적이 있었는데, 김 목사는 아버지의 부름으로 집으로 달려오시더니, "승구야, 참자, 참으면 조만간 회장님의 화가 풀리잖아" 하고 저를 다그쳐주시는 겁니다. 저는 김 목사가 눈물을 흘리며 아버지의 폭언을 잠자코 듣고 있는 것을 목격한 적이 있습니다. 그러나 아버지는 제가 도쿄의 대학에서 방학 때 오사카에 돌아오면 반드시 남바의 집에서 자전거로 김 목사가 목회하는 니시나리 교회로 저를 데리고 갔습니다.

아버지는 도쿄의 대학에 다니는 제가 졸업하면 오사카로 돌아와 자신의 사업을 도와주길 바랐을 것입니다. 하지만 그런 말을 할 사람은 아니었어요. 그는 자신이 만든 불법건축물(지하 1층, 지상 8층 건물)의 증강, 보강에 매달렸습니다. 그 빌딩에는 프로레슬링 매표소와 금융업자, 점집, 경영학교 등이 들어서 있었기 때문에 매달 집세 수입이 있었습니다.

전문가가 설계하고 관리한 것도 아닌 불법건축물이었지만, 그 유명한 한신 대지진 때도 아마추어가 만든 '누더기' 빌딩은 꿈쩍도 하지 않았습니다. 진위 여부는 모르겠지만 양 옆집 주인이 건물을 지었을 때 우리 빌딩이 쓰러지지 않도록 자기 땅을 더 깊게 파 기초 부분을 강화했기 때문에 그걸로 괜찮았다고 들은 적이 있습니다.

아버지는 신사이바시를 나와 언제부터인가 고급 외제차를 타지 않고 한껏 볼륨을 높인 라디오를 들으면서 자전거를 애용했습니다.

매일 아침 자전거로 가마가사키에 가서 자신의 옷을 샀기 때문에 가마가사키의 점주는 아버지가 헌 옷을 리셀링하는 장사를 하고 있다고 생각한 것 같습니다. 빌딩에서 점을 치는 중년 여성은 매일 아버지가 사온 양복을 아버지에게 맞도록 다시 봉제했습니다. 아버지는 집에서 식사하는 일은 없었고, 매일 밤 호프집에서 음악을 들으면서 식사를 하셨습니다. 남바 근처에서는 '남바의 사이토 회장'으로 알려진 남자였습니다.

복싱 짐은 실질적으로는 폐업했습니다만, 거리의 야쿠자 중에도 'ALL 복싱' 짐의 전 연습생이 많아 '사이토 회장'에 주목하는 것입니다. 하지만 아버지는 저에게 야쿠자와는 사귀면 이용당하기만 한다고 관계를 말라고 강하게 말씀하셨습니다. 아버지는 여하튼 매일같이 가마가사키의 노동자를 데려와 불법건축물 증축 공사에 매진하셨습니다.

이웃과의 경계선을 둘러싼 분쟁이 계속되어 법정에서 다투는 사태까지 이어졌습니다만, 아버지는 변호사를 고용하지 않고, 재판 관련 서류는 가마가사키에서 데려온 학식 있는 노동자에게 읽혀 구두로 표현된 자신의 주장을 문서로 만들게 해서 재판을 계속하고 있었습니다. 저는 그때부터 재판이라는 것은 변호사 없이도 할 수 있다는 것을 아버지를 보고 알게 되었습니다.

학력도 없고 학교에도 가보지 않은 아버지였지만 호기심이 강해 제가 재일대한기독교청년회 수양회에서 성경학자 다가와 겐조田川建三 씨를 강사로 섭외했을 때 아버지도 참가하여 쉬는 시간에 다가와 씨에게 자신이 모르는 것을 질문하셨습니다. 신문도 읽지 않는 사람이었지만, 라디오에서 항상 누군가의 강연을 들으셨습니다. 그리고 이른 아침 크리스천 센터에서 열리는 조찬 모임에는 매주 참가하셨습니다.

제가 비즈니스와 관련해서 서울 모임을 기획했을 때, 거기 참석한 아버지께서 밤 클럽 2차 자리에서 지르박을 매우 잘 추셨기 때문에, 아버지도 알지 못하는 참석하신 부인분들이 그분이 누구냐고 속삭이던 것을 기억합니다.

그러던 중 아버지는 저도 동생도 모르게 다시 재혼하겠다고 하시면서 아버지께 관심을 기울이는 저와 동갑내기인 한국에서 온 여성과 김원치 목사의 주례로 결혼식을 올렸습니다. 두 번째 결혼식 피로연 때에는 오사카시 시장과 역도산, 가수 오바타 미노루, 야구선수 등 유명인사들이 많이 모였지만 세 번째 때는 우리 형제들뿐이었습니다.

그녀는 집안 살림을 도맡아 하며 아버지의 노후를 끝까지 돌보아 주었지만 그녀는 아버지가 돌아가셔서 우리와 유산 문제로 옥신각신하는 것이 싫으니 아버지 건강할 때 이혼을 할 테니 위자료를 달라고 하여 1억 엔의 돈을 요구했습니다. 하지만 그 금액은 빌딩이 남바의 다카시마야 백화점 근처의 노른자위에 있었기 때문에 당시 토지 가격으로 보더라도 그다지 터무니없는 요구는 아니었습니다.

그때까지 아버지는 제가 하고 있던 비즈니스는 일절 간섭하지 않고, 우리에게도 자신의 재산에 손을 대게 하지 않았습니다만, 이때는 아버지 명의의 자사 빌딩과 토지를 담보로 제공하는 것에 합의해주었고 저는 가와사키의 은행과 교섭을 했습니다. 버블경제 시대였기 때문이지요. 차입 목적이 아버지의 위자료라고 듣고 은행 담당자는 놀랐지만, 제 처지를 이해해주었고, 제 회사의 사업비 명목으로 돈을 빌려주었습니다.

이 은행과의 협상 때 저는 장남을 데리고 갔습니다. 그는 어찌된 영문인지 할아버지가 가와사키까지 와서 은행에 담보제공 절차 서류에 서명을 했을 때 눈물을 흘리고 있었습니다. 큰애는 할아버지를 그렇게 자주 만나지는 않았지만 성격도 행태도 할아버지를 많이 닮아서 훗날 우리가 홍콩에 갔을 때 그의 방에 할아버지 사진을 걸어놓고 있는 것을 보았습니다. 아버지도 그런 손자를 귀여워하셨던 것 같아요.

### 대학 입학

아버지가 다시 우리의 방 공사를 시작하신 적도 있어서, 저는 집을 나와 대학 입시를 앞두고 몇 달간 친구들의 집을 전전하게 되었습니다.

무슨 계기로 그랬는지 기억이 안 나는데요. 저는 대학원서에 한 번도 써본 적이 없고, 귀담아 들어본 적 없는 '최승구'라는 본명으로 해달라고 담임에게 부탁했습니다. 어쩌면 중3 때 외국인이니까 고등학교 입시원서를 낼 때 외국인등록 증명서를 떼 오라는 갑작스런 지시를 받고 교무실에서 펑펑 울었던 기억이 있어서인지 아니면 그냥 '될 대로 돼라'는 식이었을 수도 있습니다.

저는 별 근거도 없이 와세다의 정경대에 진학해 정치인이 되겠다며, 사실은 그런 일은 있을 수 없다는 걸 알면서도 공공연하게 퍼뜨리고 다녔습니다. 그것은 제 자신이 조선인이라는 것을 받아들이지 못하고, 장래에 어떻게 살아야 할지 모르는 불안을 없애기 위한 '센 척'이었던 것입니다. 대학 시험은 당연히 실패했어요.

저는 재수생 때, 고등학생 때는 지원을 생각하지도 않았던 사립대에조차 들어갈 수 없어서 아무 계획도 없이 미국에 가려고 했습니다. 일본에서 도망치고 싶었어요. 영어를 공부하고 미국 대학의 입학 허가를 받아도, 그때까지도 쭉 아버지에게 경제적 지원을 받아왔지만, 경제적인 사정으로 결국 갈 수 없을 것 같다는 게 확실해진 연말부터 다시 수험공부를 시작했습니다.

그러다 1966년, 삼수를 해서 도쿄의 ICU(국제기독교대학)에, 그곳이 일본에서 가장 미국 대학다운 분위기라고 해서 들어갔습니다. 대학에서 저는 '사이'(崔의 일본식 음독 – 역자 주) 군으로 다녔습니다. 등록은 모두 '최'였는데, 어딘가 진짜 조선인에게서는 도망치고 싶었던 거겠죠. 저는 '최'보다 '사이'가 더 부르기가 쉬울 거라고 변명하면서 자신을 '사이'라고 했습니다.

그 후 가와사키의 재일대한기독교회에 다니기 시작했을 때 한국말 '어머니'가 무슨 뜻인지 주위 사람들에게 물어 사람들을 놀라게 한 적이 있었습니다. 내 가족의 생활은 모두 조선인임을 숨기는 것으로 이루어져 있었습니다. 집 안에는 조선스러운 느낌을 주는 건 아무것도 없었어요.

# 제2장
# 민족의 주체성을 찾아서


**교회와의 만남**

대학생이 되었지만 한국 국적이면서 일본어밖에 할 수 없어 사실상 일본인과 동일한 자신이 누구인가를 모색하는 정체성 문제는 도망치려고 해도 도망칠 수 없고 마음속에서 해결되지 않은 채 남아 있었습니다. 기숙사 생활을 하면서 ICU의 분위기에 젖어 있던 제가 민족이라는 정체성 문제를 정면으로 돌파해나가게 된 계기는, 대학 1학년 때 재일대한기독교회 청년회 전국수양회에 참석하고 나서부터입니다.

이것은 아버지가 강하게 제게 권해주신 것입니다. 저로서는 놀라웠습니다. 100명 이상의 자이니치가 모여 있는 곳에 참가하는 것도 처음이었고, 그들은 기독교인으로 제가 알고 있던 견고한 인텔리의 이미지와는 달리 매우 믿음직스러웠습니다. 수양회 후 저는 가와사키에 있는 재일대한기독교회 가와사키 교회에 다니게 되었습니다. 거기에서는 고 이인하 목사님의 설교가 한국어에서 바로 일본어로 통역되었고, 무엇보다도 젊은 사람이 많고 좋은 선배도 있어서 저는 그 교회에 다니기로 결심했습니다.

## 돌아가신 이인하 목사에 대하여

당초 저와 비슷한 또래의 청년들이 일요일에 놀러 가지도 않고 예배에 나간다는 것 자체가 신기했습니다. 하물며 일요일 아침부터 교회학교 선생님을 하고 있다는 사실에 놀랐습니다. 그러다가 저도 가와사키 교회의 청년회 활동에 참가하게 되었습니다. 저는 동포끼리의 교제에 굶주렸던 것 같습니다. 교회 사람들은 모두 저를 받아주었어요.

저는 이인하 목사님과 교회의 기대에 부응하기 위해 가와사키 교회 안에 녹아들어 지역 활동에 지속적으로 참여했습니다. 저는 매주 토요일 교회에서 숙식을 하고 일요일 아침은 이인하 목사님 집에서 목사님 가족과 함께 아침식사를 하며 주일학교 교사를 하게 되었습니다. 교회 사람들은 모두 당연하다는 듯 본명으로 저를 '승구'라고 불렀습니다. 처음에 얼떨떨했던 그 이름에도 익숙해져 저는 점점 그것이 제 본명이라는 것을 실감하게 되었습니다. 그리고 히타치 투쟁의 승리 판결이 있었을 때, 우리는 주저 없이 당연하게 가와사키 교회에서 많은 일본 동료들과도 승리 예배를 올렸습니다.

이인하 목사님은 저에게 언젠가 가와사키 교회의 목사가 될 것을 생각해보지 않겠느냐고 큰 믿음과 기대를 해주셨습니다. 제대로 공부하라는 것이었겠죠. 이인하 목사님은 제가 적극적으로 관여한 히타치 취직 차별 재판 투쟁(이하 히타치 투쟁)을 담당하는 〈박종석 군을 지원하는 모임〉의 한국인 대표가 되어 전 세계적인 운동을 전개하는 중심적인 역할을 수행하셨으며, 또한 히타치 투쟁과 병행하여 시작된 국적 조항을 철폐하는 지역 활동에 적극적으로 관여해오셨습니다. 자신은 가와사키 교회의 목사인 동시에 교회가 만든 사회복지법인 세이큐샤 사쿠라모토 보육원의 원장이자 다문화 공생의 상징과도 같은 공설민영 커뮤니티 시설의 이사장이었습니다. 동시에 NCCJ(일본기독교협의회)의 총간사나 WCC(세계기독교협의회)의 인종차별투쟁위원회 부위원장의 중책을 완수했습니다.

말년에는 가와사키시의 다문화 공생 정책의 기둥이 된 외국인시민대표자회의 위원장으로서 시의 외국인 시책에서 빠뜨릴 수 없는 역할을 해 가와사키시 사회공로상, 아사히 사회복지상을 수상하신, 말 그대로 가와사키를 대표하는 행동하는 지식인이었습니다. 또한 한국의 박정희 정권에 항거하는 민주화 투쟁에도 음지에서나마 적극적으로 관여했습니다.

저는 그 이인하 목사님에게 정말로 공사 불문하고 신세를 졌습니다. 이인하 목사님은 저 같은 건방진 자이니치 2세의 마음과 고민을 이해하고 든든히 받쳐주셨습니다. 그리고 무엇보다 대학생 때 교회를 다니기 시작해서 같이 청년회 활동을 해온 여성과 결혼할 때 주례를 해주신 분이 이인하 목사님이셨습니다. 그녀를 어릴 때부터 알았던 이 목사님은 우리의 결혼을 진심으로 축복해주셨습니다.

훗날 교회 어린이집이 무허가시설이던 때부터 근무한 아내가 어린이집 엄마들과 함께 어린이집에 문제 제기를 했을 때 저는 책임자로서 이들의 문제 제기를 지지하면서 원장이기도 했던 이 목사님이 NCCJ 등 외부 업무가 바빠 원장직을 다하지 못하고 있는 것 아니냐고 비판한 적이 있었습니다. 가와사키시의 다문화 공생을 내세우면

결혼식 때. 우측으로 아버지와 어머니

서 국적조항에 따른 외국인 차별은 '당연한 법리'를 전제로 하고 있는데, 이인하 목사님이 이에 무비판적이며 행정에 영합해 특권을 누리고 있는 것은 아닌지 쓴 소리를 했습니다. 하지만 이인하 목사님께서는 그래도 끝까지 저를 신뢰해주신 것에 대해 깊이 감사하게 생각하고 있습니다.

### 자이니치의 정체성에 대해서

본명을 내세워 동포들과의 교제에 몸담고 있어도 마음속의 의문은 풀리지 않았습니다. 당시 교회 소식지에 이런 글을 썼어요.

한국인으로서의 정체성을 갖는 데 본명을 대면 그만이라는 게 아니다. 그것은 일종의 습관이기 때문이다. 나는 본명을 밝히고 조선인 친구와 어울리게 되어도 아직 내가 누군지 분명치 않았다. 자이니치는 도대체 누구인지, 일본인과 우리의 어디가 다르다는 것인지 밤을 새워 논의한 적도 있다. 차이를 발견하고 자신이 조선인임을 객관적으로 분명히 하고 싶었다고 생각한다. 본명 그대로 귀화를 하려고 생각한 적도 있다. 국적이란 단순한 부호일 뿐이라고 '합리적'으로 해석하려 했던 것이다. 그러나 그것은 역시 도피였다. 나는 조선인이라는 사실을 요구했다. 즉 조선인을 조선인이게 만드는 것은 무엇이냐고. 내가 겨우 얻은 대답, 그것은 역사였다.

자이니치에게 민족주체성이란 무엇인가, 정체성(귀속성)을 어디에서 구해야 하는지를 저는 계속 고민했습니다. 그것은 자신이 무엇으로 어떻게 살아야 할지 몰랐기 때문입니다. 저는 제가 자이니치라는 것을 고집했습니다. 저 자신의 고민을 정면으로 마주하려고 했던 것입니다. 그리고 저처럼 조선인임을 의심하고 그 사실을 액면 그대로 받아들이지 못하는 것은 사실 저 혼자만의 문제가 아니라 내 의식 자체가 조선인을 차별해온 과거 역사와 일본 사회의 실상을 반영하고 있기 때문이라고 이해하기 시작했습니다.

저는 가와사키 교회를 통해 전국 재일대한기독교청년회에서 활동하게 되어 히타치 투쟁에 관여하면서 우리가 인간답게 살기 위해서는 차별하고 동화를 강요하는 이 일본 사회를 고발하며 본명으로 일본 사회에 들어가 변혁해야 한다고 주장하기 시작했습니다. 제게는 교회를 포함해 기성 민족 단체는, 규정으로서는 본국의 민주화·통일에 의해서 자이니치도 해방되는 것이라고 하면서, 자이니치가 받고 있는 차별의 현실에 대처하려고 하지 않는다고 생각했습니다.

저는 기독교 신앙 속에서 제 삶의 방식을 찾으려고 했습니다. 교회학교의 크리스마스 극 중에서, 일본인이 되고 싶다는 딸에 대해서 어머니의 입을 통해 다음과 같은 대사를 전하게 했습니다.

어리석은 것! 엄마는 학교를 못 다녀서 훌륭한 지식은 없지만, 자신은 누구인가 하는 것, 잘 알아요. 너희들은 조선인이야. 신은 조선인을 조선인으로 만드셨단다. 그러니까, 조선인인 것을 싫어하는 것은 자신을 미워하는 거야. 사람은 말이야, 차별하는 사람도, 차별에 지는 사람도, 차별을 잠자코 보는 사람도 죄인으로 하나님을 떠나는 거야.

이 대사 뒤에 어머니가 작은 배로 부산에서 밀항해왔을 때, 그동안 그 밀항이 들켜서 잡히지 않을까 얼마나 필사적으로 너희를 위해 살았는지 딸들에게 간절히 말해주는 내용이 이어집니다. 이는 교회 어린이들에게 실제 그들 어머니들의 역사를 알리는 것이기도 했습니다.

저는 동화된 자신을 역사적 존재로 파악하고 더 이상 도망치지 않고 현실 사회에 적극적으로 참여하려 했습니다. 민족의 역사를 알고, 자이니치가 처해 있는 상황을 알면서, 이러한 사회는 변혁되어야 한다고 강하게 생각하게 되었습니다. 구약성서에 있는 출애굽기의 모세를 읽고, 이집트 왕실에서 자라면서 동포의 비참한 현실을 접하고, 주저하고 고사하면서도 신에게 이끌려 동포의 해방을 실현해가는 모세의 삶. 집에 가는 길에 모세의 삶을 당시 제가 처한 상황에 빗대어 보기도 했지요.

## 대학 투쟁에서 교회 청년회 활동으로

1967년 ICU에서의 투쟁에서 능력개발연구소의 적성 검사(능연테스트)를 입시 일부에 반영하는 것을 대학이 결정한 일을 문제 삼아 대학을 비판하고 변혁하려는 학생 운동을 목격한 저는 세상의 권위와 제도는 절대적인 것이 아니라는 걸 깨달았습니다. 그리고 그 대학 투쟁과 관련하여 교회를 중심으로 한 청년회 활동으로 비중을 옮겨 가게 됩니다.

ICU에서의 본관 봉쇄 당시, 학생과 의논하려고 하지 않는 교수회에 대해서 저는 그 본관 앞에서 혼자, 예레미야서의 '거짓의 평화'를 주창하는 성구를 인용한 배너를 세우고 대학 당국에 항의하는 단식을 한 적이 있습니다. 제 단식에 교수회는 놀라 교수회 대표로 학생이 주최하는 집회에 나가 학생과의 대화를 약속하는 선생님이 있었습니다. 철학자 가와타 시게루川田殖 씨가 그중 한 사람입니다. 가와타 씨는 제가 있던 교내 캠퍼스에 있는 기숙사에 한때 가족끼리 살고 있었습니다. 그가 주재하는 성경연구회에서 1년간 누가복음서를 배웠어요. 저는 단식 투쟁 후 잠시 가와타 씨의 집에서 요양을 했습니다. 제가 고민하는 자이니치의 삶에 대해 직접 언급되는 부분은 없었지만, 사람으로서 매사를 진지하게 대하는 자세나 신앙인의 삶에 대해 저는 성경 연구에서 많은 것을 배웠습니다. 지금은 웃으며 말하는 것이지만, 성경연구회의 마지막 기도 장소에서 눈물에 묻어난 그 말 속에 있는 신앙인의 강인한 정신력을 저는 몇 번이고 엿보았습니다.

또 한 명의 ICU에서 잊을 수 없는 선생님은 다가와 겐조田川建三 씨입니다. 그는 당시 뛰어난 신진 성경학자로서 교수회에서 학생 입장을 대변하다가 최종적으로는 대학 당국에 의해 해고되었습니다.

저는 재일대한기독교회의 여름 수양회 강사를 다가와 씨에게 부탁했습니다. 신약 성경, 특히 마가복음의 세계적인 연구자인 것은 알았지만 민주화 투쟁에 연루돼 옥고를 치른 한국 학생들도 그의 책을 읽었다는 것은 몰랐습니다. 저는 다가와 씨의 책 중『원시 기독교사의 한 단면』,『비판적 주체 형성』,『역사적 유추의 사상』,『예수라는 남자』는 반복해서 읽었습니다. 개인 영혼 구원에 방점을 두는 교의를 강조하기보다 예수의 실제 삶을 통해, 사회 약자에 대한 공명과 사회의 구조적 불의에 대처하는 인간 본연의 자세로서 기독교 신앙을 그의 마가복음 주해서를 통해 성경과 대조해 읽으면서 배웠습니다.

다가와 씨는 성경에 관한 서적을 출판해 기독교인이 아닌 일반인들 사이에서도 강렬한 문명 비판 서적으로 널리 읽히는 신학 대중화에 공헌을 했습니다. 하지만 유감스럽게도 일본 교회는 그의 교회 비판을 받아들이지 않고 그를 추방했습니다. 성경학자로서 세계적인 수준의 연구를 평가하지 않았습니다. 기독교와 관련된 대학은 아무도 그를 받아들이지 않았습니다. 하지만 저는 지금도 뭔가 귀로에 서게 될 때 다가와 씨라면 어떻게 할까 하는 생각을 합니다.

ICU는 학생의 90%가 전공투를 지지하는 대학으로, 저는 투쟁 중에 전공투의 리더들과 개인적으로 대화를 한 적이 있습니다. 저는 그들에게 자이니치에게는 선거권이 없다는 것, 또 당시 출입국관리법 개악의 문제점 등 자이니치 문제에 대해 말했습니다. 하지만 그들은 전혀 관심을 보이지 않았고, 제가 아무리 호소해도 그 일과 지금의 대학 투쟁과의 관계에 대해 생각조차 하지 않았습니다. 그래서 저는 전공투 운동은 지지하지만 그들과는 앞으로 운동을 같이 할 수 없다는 생각에 재일대한기독교회의 청년회에 온 힘을 쏟게 된 것입니다.

1970년대 당시, 세계 각지에서 변혁을 요구하는 소리가 소용돌이 치고 있었습니다. 프랑스와 미국, 베트남, 일본, 한국에서 학생들이 사회 불의에 맞서 일어났던 시대였습니다. 우리 또한 '시대정신'(지명 관)을 실천하고 있었겠지요.

## 박종석 군과의 만남 – 피해자 의식으로서 민족의식

아사히신문('우리의 취업 차별을 짊어지고… 나는 아라이인가 박종석인 가', 1971년 1월 12일자) 기사를 보고 일본 학생의 지원을 받아 히타치 민족 차별에 대해 소송을 제기한 박종석 군을 알게 되었고, 저는 곧 바로 그의 거주지를 찾아갔습니다. 저는 일본 이름으로 일본인다워 지려던 박종석 군의 이야기에서 지난날의 제 자신을 보았습니다. 어 떠한 전망이 있는 것도 아니고, 단지 조선인이기 때문에 묵인되고 있 는 민족 차별의 실태를 폭로하고, 차별과 동화를 강요하는 일본 사회 의 구조를 규명하여 이를 바꾸어가지 않으면 안 된다고 하는 생각에 서 '박종석 군을 지원하는 모임'을 제안해, 적극적으로 그를 지원하는 히타치 취직 차별 투쟁(이하, 히타치 투쟁)에 참가했습니다. 저는 박종 석 군의 소송을 계기로 자이니치로서의 삶을 이야기하기 시작했습 니다.

내가 자신을 자이니치라고 하는 것은 이 일본 사회에서 억압받고 차별 받고 학대받는 백성의 한 사람이라는 것이며, 거기서 필연적으로 인간 성의 회복과 사회정의를 찾아 산다는 것을 말하는 것이다. 자연 속에 서 자라난 '소박한 민족의식'은 없었으며, 그렇다고 국시나 이데올로 기를 전제로 한 '국민의식으로서 민족의식'도 없었고, 일본 사회의 차

별적, 폐쇄적, 배외주의적인 실상을 반영한 '피해자 의식으로서 민족
의식'밖에 없었던 나로서는 여하튼 이 스스로의 피해의식과 싸워, 그
왜곡된 의식을 극복하는 데 전력을 기울일 수밖에 없었다.
　　　— 〈차별 사회 속에서 어떻게 살 것인가 — 우리 교회의 반성과 전망〉


　'자이니치'라고 외치는 것은 동화되고 차별되어온 사람의 일본인
사회에 대한 분노와 고발을 중심으로 한, 그러나 자기 자신은 일본인
이나 본국 사람과도 다르다고 의식되어온 격정의 발로이며, 왜곡된
인간성을 되찾기 위한 필수 불가결한 작업이었습니다. 그러나 일본
에서도 한국 교회 안에서 자랐고, 가정 내에서 민족적인 것을 접하며
살아온 많은 교회의 자이니치 청년들에게 저의 주장은 참을 수 없었
던 것 같습니다. 특히 '조선인으로서 일본 사회에 진입한다'는 것은
동화同化로 이어져 히타치 취업 차별 재판이 일본 사회로 도망가려는
동포의 동화현상에 박차를 가하는 것이라고 단정되었습니다. 저는
민족반역자, 동화론자라는 낙인이 찍혀 재일대한기독교회 청년회 대
표위원직을 사임해야만 했습니다.
　저를 사임케 한 청년회의 핵심이었던 C군은 이후 한국에 유학을
갔다가 북한에서 지령을 받고 학우를 포섭하려 했다는 간첩 혐의로
한국에서 체포됐습니다. 제가 아는 한 당대 청년들 사이에서 가장 날
카로운 문제의식을 가지고 있던 C군은, 저와는 다른 형태로 민족 해
방을 바라고 그 삶의 방식을 관철해나갔을 것입니다.
　민족의 주체성이란 어디까지나 조국 통일이나 민주화 운동과 일
체화(연대)되는 것이었습니다. 교회 청년회뿐만 아니라 민단, 조총
련을 막론하고 취직 차별과 같은 일상적 문제는 본질적인 민족운동

이 아니라는 인식이 팽배했습니다. 정치적 슬로건을 내건 민족 단체들은 한결같이 히타치 투쟁에 관여하려 하지 않았습니다. 본명을 속이고, 무엇보다 일본 지방의 이름을 본적지로 삼아 자신을 숨기고 일본 대기업에 들어가려는 듯한, 동화돼 민족 주체성이 없는 청년이 민족 차별이라는 소란을 피워 재판할 자격이 있느냐는 것이었죠.

히타치 재판은 민족 차별에 근거하는 취직 차별을 문제 삼은 일본의 재판사상 첫 사례로, 일본 사회의 차별과 동화의 실태를 빠짐없이 파헤쳐갔습니다. 저는 대표위원직 사임 후에도 그 재판 투쟁에 관여해, 자이니치 문제를 '일본인 및 일본 사회의 문제'로 깊게 받아들여야 한다고 각계에 호소했습니다. 이러한 운동을 진행하면서도 〈자이니치 동화교육에 대한 고찰 ― 해방 후의 오사카를 중심으로〉라는 졸업 논문을 썼습니다. 저는 그 졸업 논문을 통해 자이니치 문제의 소재를 분명히 함과 동시에 일본인화된 제 자신의 행보를 확실히 '청산'하고 싶었습니다. 졸업 논문의 맺음말은 '자이니치의 주체성'으로 끝납니다.

우리는 철저히 자이니치임을 고집한다. 그 고집은 '자이니치'라는 것을 당당하게 외치는 것이며, 일본인과의 관계에서만 조선인인 것을 지양하고 조선인인 것을 삶으로 품어안는 것이다.

이는 조선인으로서의 '라이프 스타일'인 것이다. 우리는 목적의식을 갖고 민족적인 것을 계속 고집할 것이다. 우리는 그것이 또한 역사에서 '인간 해방'에 참여하는 것임을 확신하고 있다. 우리가 말하는 자이치니란 조국, 그리고 보편 역사로 이어지는 가치를 지녀야 한다.

제 안에 일본인 사회에 대한 고발만으로는 안 된다는 의식이 싹트고 있었습니다. 그러나 자이니치에 대한 관심과 차별과 싸우는 실천이 민족 역사에서 어떤 의미가 있는지 그 연결고리가 제게는 보이지 않았습니다. 저는 졸업을 하고 결혼을 하자마자 말과 역사를 배우러 서울에 갔습니다. 그리고 1년으로 예정되었던 어학연수를 마치고 체류기간을 연장하여 한반도의 역사를 본격적으로 공부하고자 서울대학교 대학원 역사학과에 들어갔습니다.

## 본국과의 만남

저는 한국에서 먼저 인간이 다양하게 살고 있다는 것을 발견했습니다. 정치적 입장만을 가지고 한국을 논평할 때는 독재자 일파와 싸우는 사람밖에 보이지 않았습니다. 그런데 거기에는 울고, 웃고, 마시고, 먹고, 노래하고, 생활하는 인간이 있었습니다. 서울 생활도 1년이 지나고 나서 저는 친구에게 '자이니치론의 지양을'이라는 당시 상기된 심정을 토로한 편지를 보냈습니다.

배외주의적, 차별적 일본 사회 속에서 자아의 각성과 함께 도피적 삶의 방식에서 조선인임을 주장하기 시작한 우리는 민족성을 주창함으로써, 그리고 일본 사회의 부정을 밝혀냄으로써 주체성이 회복되어가는 것일까. 민족의 역사를 짊어진다는 것은 지극히 정치적인 일이면서도 실은 그것을 뒷받침하는 사상문화의 꾸준한 창조 없이는 불가능한 일이기 때문에 우리는 여하튼 먼저 모국어를 습득하는 것부터 시작해야 한다고 지금의 나는 생각한다. 일본 사회에서 조선인으로서의 사상문화를 꾸준히 창조하는 것이 자이니치의 마땅한 역할일 것이다. 그러나 나는 자이니치 사회에 이에 대한 인식 수준부터 실천 수준까지 사실상 전무하다는 사실에 깜짝 놀라곤 한다. 우리가 조국과 연결되는 것은 단순히 감상이나 우리 측의 독선적인 주장만으로는 불가능하다. 그들과의 진정한 대화를 진행하려 하기에는 우리 자이니치의 내실이 너무 다져져 있지 않다.

## 식민지 사관의 극복에 대해

1972년 유학 시절은 박정희 정권 말기였습니다. 독재와 민주화 운동의 대립이 전해지고 있었지만, 아직 학생들의 움직임이 없었던 때입니다. 저는 어떤 의미에서 민족의 진짜 모습을 한국에서 보려고 했던 것입니다. 그런데 제가 본 한국은 식민지 지배의 잔재에서 아직 해방되지 않은 상태였습니다. 도대체 진짜 민족이란 무엇인가, 광복과 독립국가임을 전면적으로 내세운 새로운 나라 만들기, 친일파 세력의 청산 없이, 아니 그들의 재등용에 의해 진행된 나라 만들기, 그리고 남북 대립과 전쟁, 군인의 독재정치, 일본의 상사商社를 본떠 정부주도로 만들어진 일부 초대기업의 세력 증대, 일반 민중, 달동네, 그리고 사회의 변혁을 열렬히 원하는 학생들. 혼란한 우리 사회에 진짜라고 부르는 민족관이 존재하는지.

한국 사회에서 그럴싸한 민족의 특성으로 자주 언급되는 당파성과 사대주의, 근면성의 결여, 성실하게 일할 의욕이 부족한 노동자, 먼저 민족성을 고쳐야 한다는 말 등을 몇 번이나 들었는지 모릅니다. 그것은 겸허한 자기반성이 아니라 어지러운 사회에 대한 실망이며, 어쩔 수 없는 현실 속에서 생겨난 자기비하이자 위정자에 대한 야유가 아니었을까요? 저는 그것들은 타고난 민족성이 아니라 역사의 산물이라고 외치고 싶었습니다. 식민지 사관 극복은 보수적인 정권에서 민주화를 표방하는 정권으로 바뀌어도 쉽게 해결될 문제가 아닙니다.

서울대의 한 역사학자가 한국사 수업에서 오늘날 한국 학계의 가장 큰 과제는 '식민지주의 민족관', 즉 '왜곡된 민족관'의 극복이라고 했습니다. 오랜 일제 침략 이후 해방도 잠시, 한국전쟁을 겪고 미국 문화가 밀려들어왔다고 합니다. "많은 한국인들은 그것을 고마워하고 있다"거나, "지금의 한국 문화 수준은 조선시대보다 못하다"고 말하며 그 극복의 어려움과 필요성을 엄격하게 학생들에게 설파했습니다. 제게는 뭔가 새로운 관점이 주어진 듯했습니다.

저는 그 '식민지주의 민족관', 즉 일제 강점기에 조선 지배를 정당화하기 위해 일본학회와 교육계, 매스컴을 총동원해 만든 이른바 '황민사관'이라는 왜곡된 민족관의 극복이야말로 자이니치뿐만이 아니라 본국과 자이니치의 상황을 통일적으로 파악하는 것이라고 이해했습니다.

일본 지배층이 만들어낸 뒤틀린 민족관은 일본 사회에 전후에도 남아 있을 뿐만 아니라 그 가치관은 지배받는 측의 가치관이 되어 하루하루 재생산되고 있으며, 일본 사회의 한복판에서 살아가는 자이니치들은 지금도 극복하지 못하고 있다고 생각했습니다. 제가 유학 전에 제시했던 '피해자 의식으로서 민족의식'이야 말로, 확실히 '왜곡된 민족관'이 제 안에 자리 잡고 있던 그 자체라는 것을 알 수 있었습니다.

그 가치관은 전후 일본 사회의 경제 발전의 배후에서 살아남은 것임에도 불구하고 그 일본을 추종하려는 한국 사회가 과연 일제의 잔재로서 자신의 '왜곡된 민족관'을 극복할 수 있는가 하는 의문이 들었습니다. 저는 한국에서 '왜곡된 민족관'이 일정한 경제 번영이나 국위 성장에도 불구하고 경제대국 일본의 뒤를 무비판적으로 쫓으려는 한 불식되지 않을 것이라고 이해했습니다.

제가 한국에 건너와 노력했던 건 '피해자 의식으로서 민족의식'에 빠진 나를 자기분석을 하는 일이었습니다. 그것이 일본 사회의 실상을 반영한 것이라는 건 이미 유학 전부터 이해하고 있었습니다. 그 의식(가치관)은 20세기 초에 의도적으로 만들어져 지금도 죽지 않고 떠돌고 있습니다. '왜곡된 민족관'은 역사적으로 현재 과제로서 극복되어야 합니다. 2년에 걸친 한국 생활로 왜곡된 민족관의 극복이 민족 전체의 독립과 자립을 도모한다는 의미에서 민족 전체의 과제라고 확신하기 시작했습니다.

## '히타치 투쟁'에 대한 한국 학생운동 지원 선언

모국 유학 중 한국에서 현실을 변혁하려는 새로운 물결을 만났습니다. 그것은 빈민가 안에 있는 교회와 그곳에 모이는 청년들의 활동입니다. 억압받는 민중이 주체가 되듯 지역 주민을 조직하고 주민들 자신의 권리를 요구하는 모습이었습니다. 지역에 있는 작은 교회 안에서 목사나 학생들이 슬럼 속에 있는 주민들의 집 한 채 한 채를 손으로 그린 지도를 앞에 두고 주민과 하나가 되어 인간으로서의 자립을 요구하는 구체적인 운동을 논의하고 있는 것을 보았습니다. 저는 그때 '왜곡된 민족관'의 극복 가능성, 방향성을 본 듯한 기분이었습니다. 제 마음속에 한국의 민주화 투쟁은 언론에서 거론되는 정치적 구호나 시위, 의경과의 충돌보다 오히려 이런 꾸준한 지역 활동과 연결돼 있습니다.

대학원에서 공부하기 시작한 지 얼마 지나지 않아 저는 역사학과 학부 후배에게서 어떤 결의를 했기 때문에 형님과는 한동안 만나지 못할 수도 있다는 말을 들었습니다. 그리고 다음날 아침 라디오에서 딱 한 번 서울대학교에서 시위가 있었다고 방송됐어요. 우연히 하숙집에서 그 뉴스를 듣고, 어제 후배의 말이 생각나 교내 운동장으로 달려가 보니, 200명 정도의 학생이 현수막을 내걸고 장내를 데모행진하고 있었습니다. 제가 아는 그 청년은 후방에서 깃발을 흔들고 있었습니다. 교문 정면에 정렬하여 애국가를 제창하는 가운데 구호가 끝나자 미리 대기하고 있던 전경들이 행진 무리를 습격했습니다. 그러고는 전원 체포입니다. 그동안 침묵을 지키던 학생들이 민주화를 외치며 일어선 것입니다. 학생들에 이어 교회와 매스컴이나 지식인들도 독재 반대의 목소리를 내기 시작했습니다. 한국 민주화 투쟁이 시작된 것입니다.

일본에서는 히타치 재판 투쟁이 계속되고 있었습니다만, 넓고 대중적인 연대가 형성되어 있지 않았습니다. 자이니치 사회 속에서는 김대중 사건이 일어나며, 한국학생동맹(한학동) 등의 자이니치 청년단체에서는 본국의 민주화 투쟁에 연대하는 운동이 시작되었습니다.

그런 가운데 한국기독교학생총연맹(KSCF)은 반일 구국투쟁선언을 발표하고 유신헌법 철폐를 내세우며 결의사항 말미에 히타치에서 일어난 취업 차별 문제 등 일본 내 한국인 동포에 대한 차별 대우를 즉각 중지하라고 촉구했습니다. 민주화를 염원하며 꾸준히 지역 활동을 시작했던 이들이 자이니치 문제를 민족의 역사적 과제로 인식한 것입니다. 반일 집회가 준비되는 가운데 저는 한국 학생들에게 히타치 투쟁의 소용돌이와 자이니치의 현실을 호소하고 서울에서 그 집회를 갖자는 것을 논의하는 일정까지 잡고 귀국했습니다.

얼마 뒤 그들이 일본 기업의 한국 진출을 비판하는 집회 준비를 했다는 혐의로 체포되었다는 것을 일본 신문을 통해 알았습니다. 이른바 '민청학련 사건'입니다(민청학련 사건 - 1974년 4월 한국의 유신정권이 내린 긴급조치에 따라 전국민주청년학생총연맹〔민청학련〕구성원을 중심으로 약 180명이 한국중앙정보부〔KCIA〕에 의해 구속되어 비상 군법회의에 기소된 사건. 이듬해 중앙정보부가 날조한 것이라고 하여 무죄가 되었다 - 역자 주).

# 제3장
# 히타치 투쟁의 경위

## 히타치 투쟁의 시작

히타치 투쟁은 박종석 군이 히타치로부터 부당 해고된 후 어찌할 줄 몰라 하며 난감해 하던 때에 거리에서 만난, '베평련'에 참가하고 있던 게이오 대학 학생들의 협력과 지원으로 시작되었습니다. 저도 한국인으로서 참가한 가운데 '박종석 군을 지원하는 모임'이 형성되어 서서히 대중 운동으로 확산되었습니다. 이 모임은 어떠한 당파에도 속하지 않고, 히타치의 취직 차별이 상징하는 자이니치 문제를 법률, 교육, 역사, 사회의 각 분야에서 자세히 조사해 구체적인 차별 실태를 밝혀갔습니다.

이 투쟁이 승리한 요인으로 몇 가지를 들 수 있지만, 그 최대 요인은 박종석 군 자신이 인간으로서 성장한 것에 있었다고 말해도 좋을 듯합니다. 그는 일본 아이치현愛知縣에서 아홉 번째 아들로 가난과 어려움 속에서 나고 자랐습니다. 그의 상신서와 일본 사회의 조선인 차별 상황을 공개적으로 인정하고 조선인의 주체성 회복을 언급한 승리 판결문은 꼭 후세에 남기고 싶습니다. 이 판결로 국적을 이유로 한 해고는 공식 사법기관에서 패소가 확정된 것입니다.

가난으로 인한 가정의 불화와 혼란 속에서 학교에서는 '문제아'였던 박종석 군은 상신서에서 꾹 참고 견디며 열심히 일하는 어머니와 형과의 말다툼 끝에 집을 나와 노숙 생활을 했던 아버지에 대해 4년의 재판투쟁을 거치며 이렇게 되돌아보고 있습니다.

> 저는 조국의 말을 배우면서 부모님이 힘겨운 생활 속에서 울부짖으셨던 말씀에 얼마나 깊은 슬픔과 민족의 분노의 하소연이 담겨 있었는지 알게 되었습니다. 한때 아버지와 어머니를 보잘것없는 사람으로 여겼고 오히려 미워하다가 지금에 와서야 그 아버지와 어머니가 얼마나 고통과 차별을 견디고, 정겨운 사랑으로 우리 아홉 남매를 길러주었는지 확실히 알기 시작했습니다. 그 일을 생각하면 저는 눈물 없이는 견딜 수 없습니다. 저는 이 늙은 부모를 위해서라도 부정과 철저하게 싸우는 강한 사람이 되겠다고 맹세하지 않을 수 없습니다.

박종석 군은 상업과를 나왔는데도 학교에서 프레스공 일을 권했고, 일단 근무했지만 다른 회사에 경리로 들어갔고, 결국 거기서도 다시 프레스공 일을 시켰습니다. 그는 신문에서 히타치 제작소 소프트웨어 공장의 채용공고문을 그야말로 "가슴 두근거리며" 탐독하고 지원하려고 결심했고 만약 합격해 "열심히 노력하면 간부에 등용될지도 모른다"는 꿈을 꿨습니다.

이력서 본명 난에 줄곧 쓰던 일본 이름과 본적 난에 아이치현의 거주하던 일본 주소를 적은 그는 한국 국적을 그대로 쓰면 문전박대를 당할 것이 두려웠다고 합니다. 무사히 입사시험에 합격하여 채용 통지를 받았는데, 히타치로부터 요구받은 호적등본을 외국인은 발급받을 수 없기 때문에 그 대신 외국인등록필 증명서를 제출하겠다고 하자 히타치 측은 갑자기 태도를 바꿔 "일반 외국인은 채용하지 않는다, 이렇게 된 것은 박종석 군이 이력서에 거짓말을 썼기 때문이며 오히려 피해자는 이쪽"이라는 이유로 그를 해고했습니다. 단념할 수 없는 그는 몇 번이나 회사에 나가지만 결말이 나지 않았고, 어쩔 수 없이 방황하고 있을 때에 베평련 운동에 관여하는 게이오 학생들과 만나 재판 투쟁을 결의하게 된 것입니다.

당초 이 재판에서 박종석 군의 변호사는 단순한 해고에 관한 노동 문제로 보아 일본인과 다르지 않게 그만두게 한 것을 부당하다고 이해했습니다. 박종석 군을 비롯한 게이오 대학 청년들 또한 똑같이 생각하고 있었습니다. 저는 이 견해를 강하게 비판했습니다. 히타치가 박종석 군의 능력을 인정하면서 외국인이라는 이유로 해고한 것은 민족 차별이며, 박종석 군이 배외주의적인 일본의 차별사회 속에서 동화되어왔으므로 본명을 되찾아야 하며, 이 재판을 통해 일본 사회의 민족 차별의 실체를 밝혀나가야 한다고. 저는 제가 도달한 지평에서 전력을 다해 그들과 논쟁을 벌였습니다. 저는 제가 살아가는 방식을 말하고 있었습니다.

박종석 군에게는 청천벽력과도 같은 일이었다고 합니다. 히타치를 용서할 수 없다, 고발하려고 하고 있는데 자신의 삶의 방식을 추궁 당하다니! 재판 투쟁을 시작해도 아무런 경제적 기반이 없는 가운데서 그는 아르바이트를 하면서 투쟁을 계속했습니다. '박종석 군을 지원하는 모임'은 변호사와 함께 재판의 진행 방법을 협의하고 정례회를 열었습니다. 기성의 민족단체에서 자신의 자리를 찾지 못한 혼혈 청년들을 포함한 많은 동포가 거기에 모이게 되고, 민족 차별과 싸우겠다고 하는 일본 사람들과 말 그대로 자신의 삶의 방식에 대해 포효하듯 뜨겁게 이야기를 나누었습니다. 박종석 군이 좀처럼 전망을 내다볼 수 없는 재판이나 생활 때문에 짜증나는 일도 많아, 일본인 청년에게 덤벼드는 일이 계속되었습니다. 그는 일하는 곳에서 일본 이름을 사용했지만 저는 그를 이해하고 기다렸습니다.

## 히타치 취업 차별 재판 투쟁 승리

그는 알고 있었습니다. 하지만 그렇게 스스로 살게 되려면 시간이 필요했어요. 그리고 드디어 박종석 군은 가와사키시로 이사를 왔습니다. 가와사키 교회에도 나오게 되었고, 예전에 제가 그랬던 것처럼 교회 사람들에게 환대를 받으며 본명으로 살아가기 시작했습니다. 그리고 세례를 받았습니다. 교회 청년들을 중심으로 하면서도 새롭게 가와사키시에 온 동포 청년들과 함께 우리는 끊임없이 자신의 삶의 방식을 이야기했습니다. 그중에서, 히타치 투쟁과 병행하여, 자이니치가 밀집해 거주하고 있는 이 카와사키시에서 '민족운동으로서의 지역 활동을 하자, 그리고 그 운동이야말로 민중운동이 아니면 안 된다'라는 이를 바탕으로 행정투쟁이나 신변의 차별 문제를 다루어 가게 되었습니다. 또한 마찬가지로 차별과 동화 속에 사는 자이니치들의 자제를 대상으로 한 어린이회 활동을 시작합니다.

한국의 민주화 투쟁을 담당하는 청년들의 선언 안에서 히타치 투쟁 지원이 언급되고 나서, 자이니치 단체나 일본 시민운동 쪽의 반응이 바뀌기 시작했습니다. 우리는 일본 시민운동가들에 대해 "여러분이 연대하려고 하는 한국의 민주화 투쟁을 표방하는 학생들이 히타치의 취업 차별 문제를 다루고 있지 않습니까? 여러분도 히타치 투쟁에 임해달라"고 적극적인 지원을 호소해 자이니치 단체와 일본 시민운동 단체의 지원과 협력을 얻었습니다.

저를 '민족반역자', '동화론자'라고 낙인을 찍은 재일대한기독교회의 전국청년회도 히타치를 비판하는 성명문을 내는 등 지원을 해주었습니다. 교회 부인회 어머니들은 더욱 적극적이었습니다. '박종석 군을 지원하는 모임' 사무국의 일본 청년들은 실로 진지하게 박종석 군이나 우리의 분노의 목소리를 이해하려고 노력해주었습니다. '박종석 군을 지원하는 모임'의 발기인들은 일본인과 자이니치 청년을 중심으로 한 이 공동투쟁을 끊임없이 따뜻하게 받아주었고, 언제나 함께 싸워주었습니다.

변호인단은 "변호사라서가 아니라"(이시즈카 히사시石塚久) 한 명의 일본인으로, 한 명의 인간으로 이 사건에 관여한 사람, 도쿄 지방법원의 검사를 그만두고 이 변호인단에 합류한 사람 등을 중심으로 했으며, 이 투쟁에 마음을 쏟는 모든 사람의 지혜를 모은 준비 서면을 작성해 판결을 기다렸습니다. 판결은 우리 주장을 인정한 완전 승리였어요!

해방 후에도 지금까지 자이니치는 취업과 관련해 차별을 받아 대기업에는 거의 취직할 수 없었고, 대부분 영세기업이나 개인기업 아래서 일하고 근로조건도 열악하게 일하고 있다. 또 자이니치가 조선인이라는 것을 밝히고 취업하려 해도 응시기회조차 주지 않는 경우도 있고, 이 때문에 자이니치 중에는 본명을 쓰지 않고 일본 이름만 사용해 조선인임을 숨기고 취업한 사람도 많다. 상기와 같은 현상은 말하자면 상식화되어 있다.

이처럼 역사상 처음으로 일본의 재판소라는 공적 기관이 민족차별의 존재를 인정한 것입니다. 게다가 박종석 군이 히타치에 대해 노동 계약상의 권리를 가지고 있어 해고될 아무런 이유가 없었다고, 즉 히타치는 민족 차별에 근거하는 부당해고를 했다고 히타치의 차별을 전면적으로 인정했습니다. 판결문의 '이유' 부분에서는 조선인의 주체성 회복에 대해서도 언급하고 있습니다.

원고 본인(박종석 군) 심문 결과에 따르면, 원고는 지금까지 일본인 이름을 갖고 일본인답게 행동하고 있을 경우 피고로 채용된 후 자이니치로 판명되어도 해고되지 않을 것이라는 안이한 예측을 하고 있었는데, 피고(히타치)의 원고에 대한 본 건 해고로 인해 자이니치에 대한 민족적 편견이 예상 외로 엄격함을 새삼 깨닫게 되었고, 그리고 자이니치에 대한 취업 차별과 이에 따른 경제적 빈곤, 자이니치의 생활고를 원인으로 하는 일본인의 멸시 감각은 자이니치의 다수로부터 성실하게 생활하는 희망을 빼앗아버리고 때로는 인격 파괴로까지 이끌고 있는 현재에 있어, 자이니치가 인간성을 회복하기 위해서는 조선인의 이름을 쓰고 조선인답게 행동하고 조선의 역사를 존중하고 조선 민족으로서 긍지를 가지고 살아가는 것 외 다른 방법이 없음을 깨달았다는 취지, 그 심경을 표명하고 있는 것이 인정되므로, 민족적 차별로 인한 원고의 정신적 고통에 대해서는 동정하기에 충분한 이유가 있다고 사료된다.

이 획기적인 판결은 일본 국내뿐 아니라 한국에서도 보도되었기 때문에 기억하고 계시는 분들도 많을 것입니다. 그러나 이 판결 전에 '박종석 군을 지원하는 모임'에서 행한, '히타치 투쟁' 승리에 큰 영향을 미친 히타치 본사에 대한 직접항의 행동에 대해서도 꼭 언급하고 넘어가야 한다고 생각합니다.

### 히타치와의 직접교섭의 시작

우리는 재판 투쟁과는 별도로 히타치로부터 직접 이야기를 들으려고, 판결이 예상되는 6개월 전부터 히타치와 직접교섭을 시도했습니다. 허를 찔린 그들은 자신들의 정당성을 주장하지만, 주도면밀한 준비를 해온 이쪽의 질문에 모순되는 발언을 하게 되어 추가적인 교섭을 기약하지 않을 수 없게 된 것입니다. 우리는 그들의 모순을 더욱 파고들었고, 마침내 여러 차례에 걸쳐 히타치를 직접교섭의 장으로 끌어내는 데 성공했습니다. 네 번째 교섭을 해 히타치 측에서는 인사부 부장이 출석했습니다.

그들은 아직까지 차별을 인정하지 않았고, 일본 사회의 민족 차별의 존재조차 부정하고 있었습니다. 히타치 측은 당초 박종석 군에게 "일반 외국인은 채용하지 않는다"라며 그를 해고했음에도 그 발언을 재판에서 일관되게 부정했습니다. 하지만 우리에게는 해고 사유를 나타낸 기록물이 수중에 있었습니다. 또 히타치 사원 중에 운동의 동조자가 나타나 우리는 히타치 인사에 관한 대외비 문서를 입수했습니다. 히타치와의 직접교섭에서 차별을 완강히 부정하는 인사부장에게 저는 그 대외비 문서를 던졌습니다. 그것은 히타치 노무 담당자를 모은 연수회 자리에서 사용된 자료였습니다.

'공산당, 민청 등 사상적 편향자, 열성적인 창가학회 회원은 고용하지 말 것. 정신, 신체이상자는 고용하지 말 것. 외국인도 적극적으로 고용하지 말 것…'

결국 히타치 측은 외국인을 채용하지 않는다는 내부 규약을 갖고 있으면서도 박종석 군이 거짓말을 했기 때문에 그만두게 했다고 주장했던 것입니다. 그리고 그의 일본 이름이나 본적지로 현주소를 적은 것으로 그를 '거짓말쟁이'로 몰아붙이며 그렇게 하지 않을 수 없는, 혹은 그렇게 몰아붙여온 일본 사회의 문제에 대해서는 전혀 알려고 하지 않았던 것으로 밝혀졌습니다. 인사부장은 할 말을 잃었어요. 그리고 추가적인 교섭을 타진한 것입니다. 우리는 인사부장 선에서는 문제를 해결할 수 없다고 생각하여, 히타치의 임원급 인사의 참석을 요구했습니다.

### 히타치 직접교섭의 성과 – 사죄확인서

'박종석 군을 지원하는 모임' 운동의 진전이 한국에서도 자세히 보도되어, 한국기독교여성연합회가 한국에서 히타치 불매운동을 전개할 것을 결의했습니다. 서울시장 또한 히타치와 제휴한 한국금성사를 상대로 결의문을 제출했습니다. 하지만 서울시 경찰청은 시국을 이유로 거리 캠페인을 불허했습니다. 또 세계기독교교회협의회(WCC) 인종차별투쟁위원회에서도 마찬가지로 히타치 제품 불매를 결의했습니다. 그리고 일본의 국회에서는 공명당이 대외비 문서 및 박종석 군에 대한 취직 차별 문제를 추궁했습니다. 이렇게 전 세계적 지원을 받으면서 우리는 최종 국면에서 직접교섭에 들어갔습니다. 참가자들은 도쿄 역 정면에 있는 히타치 본사 대회의실에 가득 차, 청년뿐만이 아니라 시니어 자이니치들도 히타치와 대치했습니다.

히타치 상무는 첫머리에 박종석 군의 채용 내정 취소를 철회하는 성명문을 발표했지만 자신들이 한 일이 차별이었다고는 인정하지 않았습니다. 참가자들의 격렬한 성토 끝에 마침내 "일본 사회에 자이니치에 대한 차별이 있습니다"라고 인정했습니다. 하지만 자신들에게는 차별 의도가 없었다고 완강히 주장했습니다. 어르신들이 타이르듯 "당신도 사람이잖아요. 히타치의 대표라는 체면이 아닌 인간으로서 대답해주세요"라고 말하자 그는 갑자기 손을 떨기 시작했습니다. 그리고 드디어, "3년간… 히타치가 박종석 군에게 해온 것은… 차별이었음을… 인정합니다"라고 대답했습니다. 한동안 침묵이 계속되다가 저희 측 사무국에서 작성한 확인서 내용을 양자가 확인하고 서명 날인이 오갔습니다. 단체교섭이 시작된 지 6시간이 지난 시점이었습니다.

**확인서(하나)**

1974년 히타치 본사 회의실에서 히타치 제작소와 박종석 및 '박종석 군을 지원하는 모임'의 교섭 자리에서 양측은 이하에 기재된 내용을 상호 확인했습니다.

이하

박종석 군이 1970년 입사 시험시 '일본명', '출생지'를 기재한 일에 관하여 히타치는, 그것이 '허위기재'이고, 그런 행위를 하는 인간은 '거짓말쟁이이므로 신용할 수 없다'고 그동안 일관되게 주장해왔다. 그러나 이번에 박종석 군의 상신서를 읽음으로써 그러한 주장은 자이니치가 처한 현실을 전혀 모르기 때문에 저지른 잘못이었음을 깨달았다. 따라서 지난 3년간 이러한 오판을 바탕으로 내린 박종석 군의 취업 거부 결정 및 그 잘못의 책임이 히타치에 있음에도 불구하고 '거짓말쟁이'라는 낙인을 찍어 박종석 군에게 책임을 전가해온 것의 두 가지 점만으로도, 히타치가 박종석 군을 지속적으로 민족적 차별을 해온 것임을 인정하고 히타치는 책임을 진다.

이상, 위에 기재된 내용에 관해 상호 확인했음을 서명으로 증명한다.

주식회사 히타치제작소 상무이사 아라이 게이스케(新井啓介) (인)

박종석 (인)

박종석 군을 지원하는 모임 발기인 대표 사토 카츠미(佐藤勝巳) (인)

그러나 우리는 추궁의 강도를 낮추지 않았습니다. 대외비 문서에 기록되어 있는 것처럼, 외국인은 채용하지 않는다고 하는 채용 매뉴얼을 만든 히타치의 체질은 어떻게 되는가, 추궁을 계속했습니다. 상무는 가만히 듣고 있었지만, 마침내 입을 열어 "히타치가 하던 일이 민족 차별임을 잘 알았습니다"라고 답해 제2확인서에 합의했습니다.

히타치 제작소는, 자이니치를 계속 차별해온 것을 인정하며, 여기 깊은 사죄의 뜻을 전합니다. 히타치 제작소는 향후 이러한 차별 행위를 두 번 다시 되풀이하지 않도록 책임 있고 구체적인 조치를 취할 것을 확약합니다.

장내에는 눈물과 미소가 번졌습니다. 일본 제2의 대기업이 공개석상에서 사과를 한 것입니다. 히타치 측 관계자들도 울고 있는 것 같았습니다. 자정이 다 되어가더라고요. 이튿날 그 내용은 일본과 한국의 신문에 대대적으로 보도되었습니다. 한국 성남교회에서는 박종석 군의 승소를 축하하는 기도회를 열었습니다. 이상과 같이 히타치와 직접교섭을 실시해, 히타치 측으로부터의 전면적 사죄와 '구체적 조치'의 확약을 받아내는 가운데, 우리의 주장을 전면적으로 인정한 판결이 나왔습니다. 그리고 히타치의 항소 포기에 의해, 국적·민족에 의한 해고는 인정할 수 없다고 하는 것이 판례가 되었습니다.

그 이후에도 '구체적인 조치'를 둘러싸고 격렬한 대립이 계속되었지만, 최종적으로는 '박종석 군을 지원하는 모임'과 히타치 양자 사이에 '합의서'와 '합의서에 관한 양해사항'이 체결되어 "박종석 군 또는 히타치에 입사한 자이니치에 관해, 대화의 필요가 생겼을 경우 상호의 요청에 의해 수시로 대화의 장을 마련하여 성의를 가지고 해결에 임한다"라고 하는 것이 확인되었습니다. 박종석 군은 이 합의서가 작성된 후에 히타치에 입사했습니다. 근무처는 원래 지원했던 히타치 소프트웨어 도츠카戸塚 공장입니다.

## 히타치 투쟁의 의미

이러한 의식 혁명은 모두 앨라배마주 몽고메리의 버스 보이콧 투쟁에서 시작되었다.

— 사루야 카나메猿谷要, 『킹 목사와 그 시절』

동화되어 '피해자 의식으로서 민족의식'밖에 갖지 못했던, 어떤 의미에서는 전형적인 자이니치 박종석 군의 4년에 걸친 투쟁 속에서 민족의 주체성을 추구해온 삶의 방식이 본국(한국)의 주요 신문으로부터 "민족 전체의 귀중한 교훈"(동아일보), "고발정신의 승리"(한국일보)로 평가된 것은 우리에게 큰 자신감과 기쁨을 주었습니다. 정치적 위치나 단지 같은 민족(동포)이라고 하는 생각으로 본국과 자이니치가 연결된 것이 아니라, 자이니치의 삶의 터전에서 인간답게 사는 투쟁과 그 행동을 통해서 본국 동포들과 결합된 것입니다.

히타치 투쟁의 의의에 대해서는 여러 가지 관점에서 분석하는 것이 가능하겠지만, 재판 과정에서 민족 차별의 역사와 현실을 밝히고 히타치의 민족 차별을 명시한 판결을 받아낸 것의 의미는 한없이 크다고 생각합니다. 이것을 계기로 일본 사회에서의 금기가 깨져 국적 차이를 이유로 한 어떠한 차별도 허용해서는 안 된다고 하는 운동이 시작됩니다. 김경득 씨의 변호사 자격 획득도 그중 하나입니다. 자이니치의 인권, 생활권이라는 관점에서, 자이니치를 배제하고 있던 법률이나 관습에 대한 투쟁으로 이어집니다. 민간기업뿐 아니라, 학교 교사와 공무원에 대한 취직마저 '문호'를 개방해야 하는 움직임이 나타난 것도 당연한 일이라고 생각합니다.

히타치 투쟁을 담당한 '박종석 군을 지원하는 모임'은, 일본인과 조선인의 양자가 자기 부담으로, 서로 부딪히기도 하고 받아들이기도 하면서, 일체의 타산(이용주의)도 없이 공동으로 싸웠습니다.[3]

히타치 투쟁을 되돌아보면 '민족의 주체성'이라고 하는 것은 이론이나 이치가 아니고, 결국은 삶의 방식 자체를 말하는 것이 아닌가 하는 생각이 강하게 듭니다. 자신이 처한 현실에서 도피하지 않고 그 현실을 직시해 앞으로 나아가는 당사자(주체)가 되는 것, 한 사람의 인간으로 자립하는 것, 그것이 주체성이 되는 것은 아닌가 하는 생각이지요. 저에게 히타치 투쟁의 의의는, 자이니치의 권리와 민족적 자각의 획득이라고 하는 것에 머무르지 않고, 인간으로서 어떠한 생활을 하면 좋은 것인가 하는 걸 배운 것이었습니다. 민족을 강조하는 것의 문제점을 안병무 교수는 강하게 지적하고 있습니다.

> 우리 역사에는 민족은 있었지만 민중은 없었다. 민족을 형성한 민중은 언제인가 그 "민족을 위하여"라는 미명 아래 수탈 상태로 방치되었다.
> — 안병무,『민중신학을 말하다』

그렇습니다. 자이니치 민중은 동원의 대상도 아니고, 하물며 지도·계몽의 대상이 되어서도 안 됩니다. 현실을 직시하고 현실에서 배워 현실을 변혁한다는 것은 그 민중과 함께 살고, 함께 고민하고, 함께 현실을 열어간다는 것이 아닐까요. 히타치 투쟁을 통해 저는 이것을 배웠습니다.

민족성을 주창하면서도 구체적인 동포들의 실태에 다가가지 못하는 것은, 민중이 빠진 민족 이해이기 때문이라고 말할 수 있습니다. 그러나 저는, 그것은 사상의 '관념화'(다가와 겐조田川建三)에 의한 것이라고 생각합니다. 사람은 끊임없이 현실로부터 자기 검증을 하지 않으면 스스로 획득했다고 생각하는 윤리나 사상이 관념화되어 자기 보존에 빠져서 현실을 볼 수 없게 되어버립니다. '민족'은 물론, '민중'이나 '민주주의'조차 그 사상이나 주장은 관념에 빠질 위험성을 내포하고 있습니다. 사람들은 민중의 현실에서 배우는 겸허한 자세를 잃을 때, 자신이 관념에 빠져 있다는 것을 알지 못하고 겉으로 생각하는 윤리나 사상, 신앙의 정당성을 근거로 타인의 비판을 받아들이지 않게 됩니다. 근대 일본 민중의 실태를 말 그대로 땅바닥을 기어 다니면서 조사한 이로카와 다이키치色川大吉는 다음과 같은 정확한 지적을 합니다.

> 대의명분과 정통의식이야말로 자기비판의 계기를 잃어버리고 교조주의를 키운다.
>
> — 이로카와 다이키치, 『역사의 방법』

저는 히타치 투쟁을 계기로 그 이후 시행착오를 거듭하면서도 끊임없이 구체적인 문제를 거론하며 현실을 개척하기 위해 살아왔습니다. 저에게 '일그러진 민족관'의 극복은 인간으로 자립하는 길과 다름없었습니다.

# 제4장
# 민족·민중운동으로서 지역 활동을 시작하며

## 지역 활동을 시작하다 – 자이니치문제연구소의 주사로

서울 유학을 중도에 마치고 귀국한 저는 이인하 목사를 중심으로 한국 민주화 투쟁 관련 인사들에게서 자이니치 한국 교회가 새로 창설하는 자이니치문제연구소(RAIK, Research Action Institution for Koreans in Japan '레이크') 초대 주사主事를 맡아달라는 요청을 받았습니다(1974년). 저는 단순한 '연구소'라는 것에는 관심이 없었고 자이니치 사회에 대한 차별과 싸우는 구체적인 실천의 필요성을 통감하고 있었습니다. 그래서 히타치 투쟁과 가와사키시 지역 활동을 지속하게 할 것, 그리고 제 행동에 제한을 가하지 않을 것을 조건으로 주사직을 수락했습니다.

그 이후 뜻밖의 장인의 죽음으로 그의 작은 철제 스크랩을 수거하는 회사를 맡게 될 때까지 2년간 가와사키에서 지역 활동에 몰두했습니다. 저는 한국 유학 중 민주화 운동이란 단순히 정치 구호로 되는 게 아니고, 달동네 교회를 중심으로 한 촘촘하게 짜인 실천(민중운동)에 달렸다는 것을 알게 되었습니다. 그래서 일본으로 돌아온 후 가와사키시의 한국 교회를 중심으로 민중운동을 하려고 했습니다.

우리가 목적의식을 갖고 가와사키시에서 지역 활동을 시작한 시기에는 히타치와 싸움이 한창이었습니다. 우리는 박종석 군처럼, 아니 제 자신이 그랬던 것처럼 조선인임을 혐오하고 어떻게든 현실에서 도피하고 싶은 자이니치 동포들에게 "그렇지 않다, 우리도 조선인으로서 가슴을 펴고 차별이라는 사회 불의에 항거하는 삶을 살자"라고 말했습니다. 우리는 자이니치 동포의 자녀가 인간답게 자라주길 바라며, 먼저 어린이회부터 시작해 지역에 뿌리내린, 즉 구체적인 자이니치 동포의 실태에 맞는 운동을 하자고 한 것입니다(장학금 투쟁을 위한 토의 자료 〈민족 차별이란 무엇인가〉).

## 보육원(어린이집)에서 시작한 지역 활동

가와사키시의 자이니치 교회는 "가와사키시에 사는 자이니치 민중의 교회이며…, 단지 교회당을 지키고 앉아 있는 것보다 공간을 개방해 무엇인가 사회에 도움이 되는 것을 하고 싶다"(상기 토의 자료에서)는 소망으로 교회 공간을 개방해 보육원을 시작했습니다. 무허가 어린이집, '사쿠라모토 보육원'은 이렇게 시작되었습니다. 그런데 보육원장을 맡았던 이인하 목사는 '한국인'이 운영하는 어린이집이라고 해서 지역의 일본 부모들이 아이들을 보내지 않는 것만 같아, 무언가 국제적인 인상을 심어 일본 주민들이 관심을 가질 수 있도록 캐나다 선교사를 섭외해 영어를 가르쳐야겠다고 진지하게 생각했더랍니다.

차별과 싸우는 것, 본명을 말하는 것을 삶의 방식으로 모색하기 시작한 저는 어린이집에서 영어를 가르치려는 것 속에 잠재된 문제점과 한국인 보모이면서도 일본 이름을 사용하는 것, 그리고 본명과 일본 이름을 구분해 사용하는 것이 당연하다는 교회와 어린이집의 관습을 비판했습니다. 본명 사용은 먼저 내부 갈등과 저항 속에서 시작되었습니다.

일본 이름을 쓰던 보모는 보육 현장에서 자이니치 동포의 자녀들이 울면서 "나, 조선인인 거 아니죠?" 하고 껴안아 오는 것을 보고 이 아이들을 받아들이려면 자신이 조선인임을 숨기면 안 된다는 생각에 본명 사용을 결심하게 됩니다. 그리고 사쿠라모토 보육원은 우리와 함께 히타치 투쟁에 관여하는 가운데 '민족 보육'을 지향하게 됩니다. 자이니치 동포 자녀들에게는 모두 본명으로 부르는 것이 규칙으로 정해졌고, 일본 어린이들과 함께 조선의 노래와 인사말을 배우게 되었습니다. 아이들은 아무런 저항 없이 본명인 '한국 이름'을 부르며 지냈습니다.

민족반이 생긴다는 것은 필연적으로 일본인반이 생긴다는 것을 의미합니다. 이웃을 사랑한다는 기독교 정신을 내건 사쿠라모토 보육원은, 베테랑 일본인 보육사를 중심으로 장애를 가진 일본 아동들을 받아들여 그 아이들을 돌보는 것을 일본인반의 기둥으로 삼아갑니다.

이러한 사쿠라모토 보육원은 가와사키 남부의 노동자 거리에서 자이니치가 다수 거주하는 사쿠라모토 지역에서 무허가 보육원으로 시작하여, 나중에는 기독교 정신을 내건 사회복지법인 세이큐샤青丘社의 공인보육원이 되어 지역에서 신뢰를 얻어갑니다.

저는 레이크RAIK의 주사로서 지역 활동에 몰두하면서 세이큐샤의 한국인 주사라는 직함을 얻고, 지역 속의 차별 문제를 거론하며 청년들과 어머니들에게 제 뜻을 전하는 일을 자신의 일로, 동시에 삶의 방식으로 삼아왔습니다.

### 지역 활동 성과

보육실에서 열렸던 히타치 취직 차별을 생각하는 지역 집회에서는 박종석 군의 일대기가 소개되거나, 보육원의 활동 사례가 보고되었습니다. 그 집회에 참가한 자이니치 동포의 부모 중에서 같은 지역에 살며 일본인들과 똑같이 세금을 내는데, 법률상 아동수당 수급자는 일본인에 한정되어 우리 자이니치가 받을 수 없게 되어 있는 것은 차별이 아니냐는 목소리가 높아졌습니다. 법률로 아동수당의 수급자는 일본 국적을 가진 사람에 한정되어 외국인은 '적용 외'라고 하는 것이 차별이라는 인식이 당시 우리에게는 없었습니다. 하지만 지역 주민들의 이야기를 들으면서 인권이 법률보다 우위라는 것을 깨달았습니다. 그리고 가와사키 시장에게 요청서를 내기로 결정했습니다. 행정 투쟁의 시작입니다.

왜 외국인은 시영주택에 들어갈 수 없는 것인지, 아동수당을 받을 수 없는 것인지, 히타치 직접 규탄 투쟁과 병행해 행정 투쟁을 진행했습니다. 당시의 가와사키시 시장은 우리의 요청을 받아들여, 법률로는 일본 국적자에 한정되어 있던 것을 가와사키시의 외국인에 대해서는 국적 조항을 폐지해, 시의 책임으로 아동수당을 지불할 것과 시영주택 입주 자격 제안을 폐지할 것을 결정했습니다(1975년). 이 투쟁은 전국으로 파급되었습니다. 게다가 1979년 국제인권규약 비준과 1981년 난민지위협약 가입으로 연금 국적 조항도 철폐되었습니다.

히타치의 취업 차별 재판에 승리함으로써 우리는 차별에 맞서 일어서면 이길 것이라는 확신을 갖게 되었습니다. 가와사키 신용금고가 외국인에게 돈을 빌려주지 않는다는 소문을 듣고 있던 우리는, 재일대한기독교회 산하에 있는 레이크의 또 다른 스텝 B씨와 상담해 가와사키 신용금고에 지역 주민을 대상으로 한 제도융자 대출을 신청하기로 했습니다. 사회적인 지위 등 아무것도 문제될 일은 없었습니다. 그러나 아니나 다를까, 가와사키 신용금고는 호적등본을 제출할 수 없는 외국인이라는 이유로 대출을 거절했습니다. 그것은 히타치와 마찬가지로 민족 차별이라며 여러 차례 은행 측과 교섭을 했고, 차별을 인정하지 않는 은행을 상대로 청년들과 지역 어머니들이 중심이 되어 은행에서 농성을 벌였습니다. 밤이 되어서야 은행 이사장이 나타났고, 최종적으로 자신들이 한 일은 차별임을 인정하고 사과했습니다.

또 할부 계약으로 물건을 샀는데 한국인이란 이유로 할부 계약을 해지해왔다고 울면서 호소하는 어머니의 목소리에 다른 어머니들이 호응해 일어나 어린이집에 관계자를 불러들여 대화한 적이 있었습니다. '잭스'라는 대형 신용판매 회사였지만, 역시 여기도 보험회사가 관련되어 있어 외국인에게는 여신을 인정하지 않았던 것입니다. 어머니들은 '잭스'에 대해 차별을 인정하도록 했고, '잭스'는 이후 차별은 일체 하지 않기로 약속했습니다.

차별을 어쩔 수 없다고 단념하는 것이 아니라, 그건 이상하다고 목소리를 높였고, 실제로 계속해서 우리의 요구가 실현되는 것을 보면서 우리는 큰 자신감과 꿈을 가지기 시작했습니다. 조선인임을 되도록 숨기고 살며, 외국인이라 어쩔 수 없다고 생각했는데 국적을 넘어 인권, 인성 회복을 요구하는 의식 혁명이 시작된 것입니다.

## 사쿠라모토 학원의 설립

박종석 군을 중심으로 한 청년들은 가와사키시에서 지역 활동과 히타치 투쟁에 관심을 가진 일본의 청년들과 협력해 지역에서 차별 철폐 투쟁을 진행하면서 어린이회 활동에 본격적으로 임했습니다. 가정방문이라고 해서 지역을 돌아다녔어요. 이러한 가운데, 초등학 교 저학년부는 학생 보육을 명목으로 가와사키시로부터 원조를 받 게 되어(당나귀 모임, 시의 위탁사업), 고학년부와 중학생부를 아울러 '사쿠라모토 학원'을 만듭니다. 이 사쿠라모토 학원은 무허가에서 사 회복지법인 사쿠라모토 보육원이 된 보육원과 합해 졸업한 아이들 이 계속해서 배울 수 있는 환경을 제공하기 위해 완성된 것으로, 우 리 지역 활동의 핵심이었습니다.

한편, 어린이집에 아이를 맡기고 본명을 밝히라는 요구에 당황하 거나 저항했던 어머니들은 히타치 투쟁의 승리와 다양한 지역 투쟁 을 목격하고 스스로 참여하는 가운데 어머니 자신이 본명을 숨기지 않고 본명으로 살아야 한다고 자각하기 시작합니다. 그녀들은 '아이 를 지켜보는 어머니 모임'을 만들어, 아이가 본명으로 학교에 다니는 것의 괴로움을 호소하고 선생님들의 협력을 구하려고 필사적으로 움직이게 됩니다. 초등학교 측의 무관심과 무지의 벽은 두꺼웠지만 그래도 무언가 아이들에 관한 강연이 있을 때마다 담임선생님도 오 셔서 들으시라고 몇 번이고 제안했습니다.[4]

어머니들은 민족 역사를 배우기 시작합니다. 민족 무용도 배웁니다. 그리고 자신들의 문집을 출간합니다. 그들의 주장은 단순했습니다. 자신들이 겪은 것과 같은 괴로운 일은 아이들에게는 겪게 하고 싶지 않다, 아이들이 차별에 지지 말고 조선인으로 떳떳하게 살아가기를 바란다, 자신의 능력을 힘껏 발휘하길 바란다……. 저는 이렇게 민족운동으로서 지역 활동을 주창하며, 민족 차별과의 투쟁을 민중운동으로 자리매김했습니다. 또한 히타치 투쟁의 승리를 발판으로 행정 투쟁과 개별 차별 투쟁을 진행하면서 자이니치 청년들과 지역 어머니들의 조직화에 전력을 다했습니다.

### 지역의 실태 – 생활 실태로서 민족 차별

장애가 있는 아이들을 받아들여 지역 주민의 신뢰를 얻어온 사쿠라모토 보육원은 가와사키시의 인가보육원이 되어, 자이니치 동포의 아이들에게는 좀 더 민족 문화를 접하게 해주고 싶다는 생각에 민족반을 설치하게 됩니다. 그 민족반의 첫 번째 담임은 제가 유학으로 한국에 갔을 때 서울의 유치원에서 봉사활동을 한 경험이 있는 제 아내 조경희가 맡았습니다. 민족반을 만든 첫 해 크리스마스 모임에서 자이니치 동포의 자녀들이 한국어로 오페레타를 하고 노래와 춤을 선보였을 때의 감격은 아직도 잊히지 않습니다.

우리는 지역의 어린이회에서 시작된 사쿠라모토 학원을 설립해, 박종석 군이나 자이니치 청년들, 그리고 일본의 자원봉사 청년들과 함께 고등학교 입시를 앞둔 자이니치 중학생들을 찾아 나섰습니다. 그들을 인솔해 합숙하러 갔을 때, 그들이 현지에서 전원, 우리를 놀라게 하려고 몰래카메라를 기획한 사건도 있었습니다. 고등학교를 유급한 친구를 자택에서 숙식을 시키며 겨우겨우 졸업시킨 적도 있습니다. 이렇게 해서 지역의 실태를 알면 알수록 민족 차별은 제도가 아니라 생활 실태라는 것을 깨닫게 됐습니다.

우리의 행정 투쟁에 보조를 맞춘 듯이 기성 민족 단체들도 전국에서 행정 투쟁을 시작했습니다. 일본인과 같은 세금을 내는데도 국적 조항에서 차별을 받아 같은 권리를 보장받지 못하고 있다며 국적 조항의 철폐를 호소하고 몇몇 간부가 행정 측과 협상을 합니다. 조선인을 배제하는 제도가 차별이므로, 그러한 제도를 없애는 것이 차별을 없애는 것이 된다고. 젊은이들에게 민족적 자부심을 가지라고 말하며 본명 사용은 한국 국위 고양과 함께 당연시됩니다. 우리 공화국의 재외공민이니까, 한국인이니까. 그러나 우리가 지역에서 본 실태는 그러한 표면적 개념, 관념이 통용되는 세계가 아니었습니다.

예를 들면 한 자이니치의 자녀가 안고 있는 문제를 생각해봅시다. 그 친구는 공부를 잘 못합니다. 매우 섬세한 성격의 소유자이면서 폭력을 잘 휘두릅니다. 이 아이의 아버지는 마을의 작은 철공소에서 근무하고 어머니는 시간제 아르바이트를 합니다. 물론 아이들은 일본 이름으로 통학합니다. 부모님 모두 본명으로 일하고 있을 리가 없습니다. 학교 교사에게는 손이 많이 가는 아이일 것입니다. 어느 날 그 아이가 또 폭력을 행사하고 반 아이를 울렸다고 칩시다. 교사는 당연히 때린 아이를 꾸짖고, 일단은 폭력 행사의 이유를 묻겠죠. 하지만 그는 아무 대답도 하지 않아요. 실은 반 친구가 조선인을 욕하고 조선인은 조선으로 돌아가라고 했습니다. 교사는, 아이들이 조선인이기 때문에 차별을 한 적은 한 번도 없고, 오히려 그 조선인 아이에게 성의를 가지고 일본인과 똑같이, 일본인으로 교육을 하고 있는 것입니다.

조선인들은 당당히 본명을 밝히며 살아야 한다. 이 말은 분명히 맞는 말이고, 우리도 그렇게 생각합니다. 하지만 그 자이니치 동포 자제에게 뭐라고 말해서 본명을 쓰게 할 수 있을까요? 도대체 누가 그를 받아줄까요? 그 교사에게 누가, 어떤 자격으로 이야기하러 가는 것일까요. 아니, 원래 아이의 숨겨진 통증을 누가 함께 나누는 것일까요. 그렇게 친하게 놀고 있는 친구에게도, 자신이 조선인이라는 괴로움을 말하지 못하고 있는 그, 본명으로 학교에 가라고 하면 필사적으로 저항해, 도망치고 눈물을 줄줄 흘리며, "사실은…" 하며 심정을 털어내는 자이니치 동포 친구들. 우리 주변에는 이런 자이니치 동포 자녀들이 많습니다('자이니치의 주체성에 대해' 제5회 민투련 전국교류집회 〈특별기조보고〉).

분수를 못하는 아이, 알파벳을 모르는 아이. 이 아이들은 어떤 마음으로 50분 수업을 참고 들었을까요? 비행, 빈곤, 장래에 대한 전망이 없음. 행정 제도 차별은 이런 동포의 실태를 고정, 확대하는 것이지 국적 조항이 없어졌다고 해서(제도가 바뀐다고) 생활 실태가 바뀌는 것은 아닙니다. 민족 차별이란 곧 생활 실태이기 때문에 민중 스스로가 권리를 요구하고, 투쟁하고, 자기 자신의 상황을 변혁하는 주체가 되는 것으로만 차별 받는 현실은 바꾸어갈 수 있습니다.

### 민족 차별과 싸우는 보루

생활 실태에 바싹 다가가기 위해서는 민족 차별과 싸우는 보루를 만들어야 한다고 생각했습니다. 보육원이나 학원을 중심으로 지역에서 차별과 싸우는 보루를 만드는 것, 거기서부터 행정이나 학교에 우리의 뜻을 전하는 것이야말로 지역에서의 차별과 싸우는 민족운동입니다. 민중 운동으로서 지역 활동을 해보자며 저는 앞장서서 계속 달렸어요. 레이크 정규직원의 직무로서 지역 운동 조직화를 추진해왔는데, 보육원과 학원을 민족 차별과 투쟁하는 보루로 삼으려면 조선인 스스로가 운동의 당사자가 돼야 했어요. 그러려면 반드시 조선인 주사主事가 필요하다고 생각하여, 제 자신이 사쿠라모토 보육원 및 학원의 주사가 되었습니다.

한편, '박종석 군을 지원하는 모임'을 담당해온 일본인 학생들은 졸업 후 각자의 방향으로 나아가기 시작했지만, 몇 명은 가와사키시에 남아 시의 공무원이 되거나 학원을 열거나 운송회사에 근무해 조합을 만들려고 하고 있었습니다. 사쿠라모토 학원의 자원봉사자 중에서 '한국인과 일본인 각각의 사명은 무엇인가'라고 하는 것이 논의되어 부담임 목사인 고스기小杉 씨는 보육원의 법인화라고 하는 힘든 일을 끝내고, 서로의 본연의 자세를 둘러싼 논쟁의 한가운데서 한국 유학길에 올랐습니다. 전문적인 보모로서 일본인반을 맡게 된 부인과 함께 지역 어머니들의 신뢰를 받고 있던 고스기 부담임 목사는, 일본기독교협의회(NCCJ)의 책임자가 되어 바쁜 이인하 목사를 대신해, 일상의 실무를 맡아 헌신적인 역할을 해온 사회복지법인 세이큐샤 설립의 공로자였습니다.

## 장인어른 사후 철제 스크랩 회사를 물려받으며

장인어른이 돌아가신 것은 바로 그 무렵이었습니다(1976년 4월). 장인어른은 자이니치 종업원 4~5명을 고용한 작은 철제 스크랩 수거업을 하고 있었습니다. 저는 민족운동은 정치구호를 내건 관념적인 것이 아니라 자이니치 동포들의 현실에 가까이 다가서는 구체적

것에서 시작해야 한다, 민중과 함께 민중을 위한 운동을 하자고 제창하고 솔선하여 앞장서 달리고 있었지만, 가장 가까이 있던 사람들의 고통을 알지 못했습니다. 운동에, 그것도 민중운동에 몰두해 있으면서 바로 앞의 살아 있는 백성들이 보이지 않았다는 겁니다.

장인어른은 우리가 하는 일을 항상 말없이 지켜봤어요. 히타치 투쟁에서 승리하고 박종석 군이 도스카 공장에 들어가는 것이 밤 7시 NHK 뉴스에 보도되는 것을 보고 '정말, 큰일 했구나' 하며 웃고 있었습니다. 맏딸의 사위가 될 청년이 히타치를 상대로 무언가 열심히 하는데, 어떤 바보 같은 짓을 하고 있을까 하고 생각하고 계셨겠지요. 그것이 어찌된 일인지, 히타치를 이기고 NHK 뉴스에 나오고 있지 않은가. 내심 믿음직하게 생각했을 것입니다. 저는 결혼하기 1년 전부터 데릴사위로 처갓집에서 살고 있었고, 장인과는 매일 저녁식사 때 함께 술을 마시던 사이였습니다.

장인의 장례식 후 주사主事를 그만두고 그의 철제 스크랩 회사를 이어 받고 싶다고 장모에게 말씀드렸습니다. 장남은 아직 고등학생이라 아무도 회사를 이을 사람이 없었습니다. 장모는 반대했습니다. 공부와 시민운동밖에 모르는 사람이 할 수 있는 일이 아니라는 것입니다. 하지만 저는 바로 어음과 수표를 해설하는 책을 사왔어요. 그러다가 직접 트럭을 몰며 스크랩 수거 일을 시작하게 된 거죠. 매일 아침 5시 전에 일어나 조선소의 '찌꺼기'를 수거하러 50Km 남쪽에 있는 요코스카橫須賀까지 갔습니다.

### 민족 차별과 싸우는 보루 만들기

사쿠라모토 학원 후임 주사로는 자이니치 동포 후배들이 들어가

게 되었습니다. 직원이 부족하여 싫다는 것을 억지로 간청해서 응해
준 친구도 있었습니다. 저는 시간이 허락하는 한, 밤에라도 스크랩
수거로 더러워진 작업복 차림에 4톤 반의 큰 트럭을 몰고 학원 현장
에 나가 모두를 격려했습니다. 그러나 이무렵 학원에서는 여러 입장
을 갖거나 생각이 다른 자원봉사자가 많아져 혼란이 시작되고 있었
습니다. 히타치 투쟁은 경험하지 않고 단지 지역 문제에 관심을 가지
는 일본 청년들이 증가하기 시작한 것입니다.

그때 가와사키시 장학금 제도의 민족 차별이 이슈가 되어, 세이큐
샤에서도 이 문제에 관여하여 투쟁으로 이어집니다. '세이큐샤 운영
위원회 설립 경위와 취지서'(1977년 11월 5일)에는 이렇게 쓰여 있습
니다.

세이큐샤의 동료도 나날이 많아지고 규모도 커져 왔습니다. 그러나 실
천의 깊이와 동료의 증가에 따라 지역의 여러 문제점이 단순히 드러나
기만 하여, 그것이 우리 동료의 힘을 분산시키는 결과를 야기했습니
다. 세이큐샤는 지역의 여러 문제를 해결해나갈 실마리조차 찾지 못하
게 되었습니다.

저는 민족 차별과 싸우는 보루라는 인식을 명확히 하고 지역의 실
태에 가까이 다가서는 운동 단체로 자리매김해야 한다고 주장하며
'민족 차별이란 무엇인가'라는 토의자료를 만들고 장학금 투쟁을 통
해서 지역 활동의 전체상과 목적을 명확히 하자며 필사적으로 논의
했습니다.

수차례의 토론을 거듭하며 장학금 투쟁을 진행시키는 가운데, 보

육원·학원 전체를 총괄하는 장場의 필요성이 드디어 세이큐샤의 스태프들과 자원봉사들 사이에서 확인되었습니다. 상기의 '세이큐샤 운영위원회 설립 경위와 취지서' 중에 이하의 확인된 내용이 기록되어 있습니다.

가와사키의 사회복지법인 세이큐샤는

1. 민족 차별과 싸우는 자리다.

민족 차별은 추상적이지 않고 늘 구체적으로 존재한다. 민족 차별은 인격을 파괴하고 인간을 비인간화한다. 따라서 히타치 투쟁의 정신을 이어 받아 지역에서 민족 차별과의 투쟁을 구체적으로 전개한다.

2. 조선인과 일본인의 공동투쟁의 장이다.

민족 차별과의 싸움은 조선인에 의한 조선인을 위한 투쟁이 아니라 조선인과 일본인에 의한 지역 해방 및 인간 회복의 싸움이다.

3. 지역 기반의 실천 단체이다.

민족 차별과의 투쟁은 교육, 복지, 노동 등 전반적으로 전 지역 내에서 이루어지지만 현재는 교육 실천을 최우선으로 한다.

4. 현 단계에는 사회복지법인 아래 사쿠라모토 보육원과 사쿠라모토 학원이 있다.

보육원/학원(당나귀 모임/중학생)은 민족 차별을 아이들의 구체적 상황 (저학력·비행·무기력·빈곤 등) 속에서 파악해, 지역의 실태에 입각하여, 가정·학교와 관계를 강화하고 민족 교육(차별과 싸우는 교육, 인간성 회복의 교육)을 실시한다.

이상을 토대로, 세이큐샤에 관련되는 모든 조직, 개인의 힘을 결집시켜 역량 확대와 내실 다지기를 지향하는 책임 있는 조직으로서 전체 토의의 총의에 근거해 운영위원회를 설립한다.

장학금 투쟁을 진행하는 가운데, 보육원·학원 전체를 총괄하는 장의 필요성이 제기되어 운영위원회를 설립하여, 보육원·학원 운영의 본연의 자세나 차별 투쟁의 진행 방식을 토의해나가게 되었습니다. 운영위원회는 기독교 이념을 내세우는 이사회의 승낙을 받아 출발했습니다. 민족 차별과 싸우는 보루라는 사실을 공식적으로 인정받았습니다. 저는 초대 운영위원장으로 선출되었습니다.

# 제5장
# 가와사키 사쿠라모토를 떠나다

저는 스크랩 회사에 한계를 느끼기 시작하면서도 장인어른이 남긴 회사를 폐업하지 않고 유지해나가기 위한 새로운 일을 찾고 있었습니다. 한편 운영위원장으로서 사쿠라모토 보육원과 학원을 중심으로 우리의 운동체가 민족 차별과 싸우는 보루로서 어떻게 되어가야 하는지를 놓고 직원, 주사님 그리고 많은 자원봉사자들과 토론을 벌이고 있었습니다.

그러나 실제 사회에서 일을 시작한 저는 '운동체'로서 엄마들을 계몽해야 한다는 사명감을 지닌 보육원에 서서히 위화감을 느끼기 시작했습니다. 그 사명감으로 인해 지역의 주민에게서 배우려는 자세보다도 위에서 가르치려고 하는 체질의 조직이 되어가고 있는 것은 아닌가 하고 느꼈기 때문입니다. 엄마들의 고민과 괴로움, 고민을 듣고 함께 그것들을 해결해나가려고 하기보다, 아이의 문제점을 지적한다거나, 지각하는 부모(우리도 레스토랑을 시작한 후부터는 상습범이었음)에게는 엄격한 잣대를 적용하고, 더러워진 양복을 강하게 지적하는 모습들이 눈에 띄었습니다. 지역 어머니들은 보육원에 아이를 맡긴 입장이니 대놓고 말하진 못하더라도 이런저런 생각을 하고 있는 것 같았습니다.

## 학부모회 회장의 고민

그러나 전 민족학교 교사였던 자이니치 Y씨가 학부모회 회장으로 우리 청년이 했던 것처럼 민족 차별 문제를 학부모회 안에서 논의하는 활동을 시작하자, Y씨는 갑자기 모임에서 고립되어버렸고, 마음의 상처로 탈모까지 앓게 됩니다. 지역의 일본인 어머니들의 진심이 나온 것입니다. "'고생하는 것은 조선인뿐만이 아니다. 민족 차별과 싸운다고 하는 것을 자주 말하지만 보육은 어떻게 되고 있는지, 글과 하모니카 등도 가르쳐달라'고 했더니 '여기는 (기독교 정신으로) 아이의 됨됨이를 만드는 곳이니 그런 것을 바라는 사람은 다른 보육원에 가보라'"고 했다, 등등의 불만이나 의견이 나왔습니다.

보육원 학부모회 회장이 고민하고 있으니 상담을 해달라는 것을 보육원 전 학부모회 회장 S씨가 제 아내에게 찾아와 말했습니다. 그때 레스토랑을 시작한 아내는 학부모회 회장 Y씨의 고민을 듣는 사이 사쿠라모토 보육원의 보육 내용에 관한 중요한 문제라고 생각해 이를 보육원에 알리려 했지만 보육원 측은 "보육원에 불평하고 있다"며 반발하며 소통을 거부하기만을 반복했습니다. 그래서 그녀와 보육원 어머니들이 함께 밤마다 이야기를 나누면서 보육원 본연의 자세에 문제를 제기하게 되었습니다.[5]

매일 밤늦게까지 남편에게 야단을 맞으면서도 모여 논의하던 어머니들은 아내도 들어간 5명의 연대서명으로 보육원에 문제 제기하는 성명문을 만들어 자신들의 사정을 들어달라고 교회 예배당에서 집회를 갖게 되었습니다(1980년 12월 9일). 저는 어쨌든 이들의 말을 듣고 보육원, 학원 전체가 끊임없이 지역 주민의 목소리에 귀를 기울이는 체질이 되어야 한다고 생각했습니다. 또 목사가 원장과 겸임하며 원에 자원봉사자처럼 관여하는 것이 아니라 원장은 원장이 책임지고 전문직으로서 보육원 운영에 관여하며 지역 주민들을 받아들이는 체제를 만들어야 하는 것 아니냐고 주장했습니다.

그러나 유감스럽게도 이 일이 이인하 목사에게 내가 교회에서 그를 내쫓는 획책을 하고 있다는 불신을 갖게 해버렸습니다. 저는 운영위원회의 일임을 받아 어머니들의 문제 제기를 어떻게 할 것인지를 운영위원회 차원에서 제시하기 위해 가능한 한 많은 세이큐샤 직원들과 봉사단 청년들을 만나 어머니들의 생각을 어떻게 받아들여야 할지에 대해 연일 오랜 시간 논의했습니다. 일하는 틈틈이 주사와 직원, 봉사활동 청년들을 열심히 만나 어머니들의 비판을 수용하는 것의 중요성을 설파했는데 오히려 제가 어머니들의 배후에 있다는 소문과 오해가 일어나면서 저에 대한 규탄 집회가 발생하는 사태에 이릅니다.

### 어머니들의 문제 제기

어머니들은 보육원, 학원 관계자들에게 민족 차별과 싸우자는 구호보다 한 사람 한 사람의 아이를 잘 지켜봐달라는 호소문을 배포했습니다. 자신들의 생각을 눈물 흘리며 교회 예배당에 참여한 사람들에게 전했습니다. 하지만 그날 집회 바로 뒤에 원장님이 "최승구 군이 이 모임을 주동했느냐"고 물었다고 Y씨는 말합니다. 그녀는 "애써 자발적인 논의를 거쳐 보육원에 요청서를 내고 문제를 제기했는데, 그에 대한 의견이나 자신들에 대한 위로나 격려의 말도 없이 오직 최승구에 대한 이야기만 들었다"며 눈물을 흘리며 분해했습니다.

저는 아내와 어머니들로부터 그들의 문제 제기 내용을 들으면서, 우리가 목표로 해온 운동과 커져온 조직의 존재 방식에 무엇인가, 지금까지 눈치 채지 못했던 근본적인 문제가 있는 것은 아닌가 하고 생각했습니다. 그녀들의 문제 제기를 받아들여 세이큐샤 내부 전체의 문제로 삼으려고 했습니다.

사쿠라모토 보육원(세이큐샤)은 차별과 싸우는 것을 내건 자이니치를 위한 것으로 자이니치가 주축이 되어, 일본인은 그것을 지켜보고 지지하는 종적인 존재였기 때문에 일본인 학부모는 방관자적인 입장이 될 수밖에 없었습니다. 저는 학부모회 회장이 괴로워하는 이유를 곰곰이 생각했습니다. 지역 사회에서의 자이니치 차별 문제를 끊임없이 제기하고, 자이니치가 처한 상황이 다루어지는 것에 대한 반발로 인해 여러 가지 문제가 분출되어 괴로워하게 된 것이라고 결론을 내렸습니다.

아이 한 명 한 명을 지켜본다는 기본적인 생각을 보육원이나 세이큐샤 전체가 공유해왔다고 생각했지만, 아무래도 차별에 굴하지 않는 아이로 자랐으면 하는 우리의 뜨거운 마음이 민족이라는 것을 강조하는 듯한 보육 내용이나, 조직의 존재 방식에 나와 있는 것은 아닌지. 자이니치의 어려움과 차별의 실태를 호소할 때 지역의 일본인 학부모들이 그 말을 듣기는 하지만, '우리 아이들과 우리 생활의 어려움은 어떻게 되느냐'는 식으로 생각하지 않았을까.

아내는 원래 보모로서 사쿠라모토 보육원이 아이 한 명 한 명을 지켜보는 보육 내용이 제대로 작동하고 있던 것인가 하는 것에 대해 깊게 고민했고, 저는 세이큐샤의 존재 의의, 조직의 본연의 자세를 파악해야 한다고 인식하게 되었습니다. 어쨌든 자발적으로 지역의 어머니들이 제기한 문제를 세이큐샤 전체가 하나하나 잘 받아들이는 것이 선결 과제임을 저는 주사들과 직원들, 각 봉사자들에게 열심히 (때로는 밤을 새며) 말을 걸어 설득을 시도했고, 각 현장에서 보육원 부모들이 제기한 문제들을 논의할 때까지 운영위의 동결을 선언했습니다.

보육원 어머니들이 연일 밤늦게까지 논의를 하며 세이큐샤 관계자 전원 앞에서 문제 제기를 하기 전날, "'혼란'의 원인은 많은 사람에게 말을 흘리고 다니며 불안을 야기한 최승구에게 있다"며 제 책임을 묻는 집회가 열렸습니다. 최승구가 미쳤다고 외치는 전 학부모회 회장 S씨는 당시의 기록물을 문제 제기한 어머니들에게 보냈습니다.

저는 규탄을 받으면서도 보육원 어머니들에게서 세이큐샤 전체에 대한 문제가 제기된 이상, 세이큐샤로서 어떻게 전력을 다해 이를 수용해 논의할지 생각해야 하지 않겠느냐고 한 마디만 하고 아무런 변명 없이 침묵을 지켰습니다. 이인하 목사를 포함한 규탄 집회에 참가한 사람들은 제가 어머니들을 선동하고 있다고 생각한 것입니다.

훗날 세이큐샤의 주사 3명은 연대서명으로 '운영위원장' 비판 성명을 발표하고, 운영위원장이 각 현장과 세이큐샤 직원을 '지도'하는 것이 아니라 모든 일을 함께 논의하고 결정하는 '동료되기'의 필요성을 주장했습니다. 그들에게는 그렇게밖에 할 수 없는 강한 필연성이 있었겠죠. 저는 그것을 받아들였습니다. 그리고 어쨌든 현장에 없는 저는, 그들이 주체적이고 자주적으로 하려고 하는 것에 맡기기로 결심했습니다.

## 어머니들의 문제 제기, 그 후

교회 예배당 안에서 울먹이며 호소한 어머니들의 문제 제기 후 잠시 뒤 임시이사회가 열려 아무런 논의도 총괄도 없이 운영위원장 해임이 다수결로 결정되었습니다.

그러나 그 기록은 공개되지 않았습니다(1983년 3월 7일). 따라서 이사회 결정이 운영위원장 해임인지 운영위원회 해산인지 확실치 않습니다. 훗날 그 역사가 밝혀질 것입니다.[6]

저는 보육원 원장을 목사가 겸임하는 게 아니라 보육원 학부모들의 고민은 원장이 정면에 직접 나서서 대화를 통해 문제의 소재를 밝히고, 그 해결을 도모해야 한다고 주장했습니다. 이 사실을 가와사키 교회의 회원이 된 박종석 군은 이인하 목사님께 눈물을 흘리며 호소했다고 합니다. 그러나 NCCJ(일본기독교협의회) 총간사로 선정돼 대외적인 일에 바빴던 이인하 목사님은 신뢰하던 최승구가 자신을 추방하려 한다고 여기며 '제 식구 감싸기'를 우선시하여, 어머니들의 문제 제기를 정면으로 받아들이지 않았던 주사들이나 청년들과 세력을 형성하기로 선택했습니다.

운영위원장인 저를 비판하는 청년들과 주사들은 문제 제기한 어머니들이 곧 원아의 졸업과 함께 보육원을 떠날 것이기 때문에 자신들의 '제 식구 만들기'를 진행하면서 다음 학부모회의 임원이 되는 어머니들과 의논해나가면 된다고 판단한 것 같습니다. 주사들과 청년들의 저에 대한 규탄도 이사회에서의 운영위원장 해임 결정도 모두 한때는 한 배를 탔던 B씨와 원장이 결단, 승낙한 것으로 보입니다.

장모님을 포함한 저희 가족은 지역 활동이나 교회에서 '추방'되어 떠나게 되는데, 그때의 저희 생활은 생전 처음 해보는 식당 사업을 시작한 지 얼마 되지 않은 상황으로, 세 아이에게 제대로 저녁밥을 차려주지 못하는 상황이었습니다. 이따금씩 장녀가 "외로워요"라고 할 정도로 가정을 소홀히 하며 지내는 생활이었죠. 장모님 입장에서는 우리 부부가 자는 시간까지 아껴가며 보육원에 열심히 관여하려던 건 이해할 수 없었을 거예요.

우리는 1970년대 가와사키에서 전력을 다해 제안하고 실천해온 세이큐샤의 '민중운동으로서 민족운동', '민족 차별과 싸우는 보루' 만들기의 흐름으로부터 결과적으로 멀어지게 되었습니다.[7] 원장과 주사, 청년들이 중심이 되어 교회와 세이큐샤(보육원과 학원)는, 문제 제기한 어머니들과 함께 아이들 하나하나를 세심하게 돌보기보다, 스스로 내부 세력 형성(이른바 '제 식구 만들기')에 치중하게 되었습니다. 보육원은 집단 보육을 진행하는 방침을 세우고, 세이큐샤는 다문화 공생을 표방하는 가와사키시와의 관계를 심화시켜 공립민영 아동시설('후레아이관', 사쿠라모토 어린이문화센터)을 운영하게 되어, 점차 다문화 공생의 전국 모델이 됩니다.

저는 운동체를 떠났고 오랫동안 저를 따뜻하게 지켜봐준 교회에서도 아내와 함께 떠나기로 했습니다. 박종석 군도 가와사키에서의 활동에는 관련되지 않게 되었습니다. 그는 히타치를 많은 사람에게 박수를 받으며 무사히 정년퇴직했는데,[8] 그런 그를 세이큐샤후레아이관은 한 번도 부르지 않았습니다. 강연을 의뢰하여 지역의 청년들이나 그동안 우리가 깊이 관계하고 잘 아는 사람들에게 히타치 투쟁의 실태와 그가 히타치에 입사한 이래 어떻게 살아왔는지 물어보려

하지 않았습니다. 히타치 투쟁은 신화화되어 가와사키 지역 활동의 원점이라고 그저 수식어처럼 언급되는 것으로 전락하여 마치 '회칠한 무덤'(마태복음 23장 27절)과도 같아졌습니다. 그러나 히타치 투쟁은 영원히 세대를 거쳐 전해질 것입니다. 그리고 반드시 그 투쟁의 현대적 의미가 모색될 것입니다.

수년 동안 가와사키 교회의 임원이셨던 장모님은 임원 선거에서 재선출되지 않자, 이인하 목사가 필사적으로 말렸지만 역시 교회를 옮기기로 결심했습니다. 저는 장인어른이 남긴 회사를 유지하며 살아남기 위해 철제 스크랩 수거 일을 하면서 2011년 '3·11 후쿠시마 사고'가 날 때까지 생계를 유지하는 일에 몰두하게 되었습니다.

## 마지막으로

저는 지금까지 자이니치 운동을 진행하면서 두 번 '해임'을 경험했습니다. 첫 번째는 히타치 투쟁에 참가하면서, 자이니치로서 본명으로 폐쇄적인 일본 사회에 들어가 일본 사회를 변혁해나갈 것을 제안했다가 동화론자로 규탄받아 재일대한기독교회 청년회의 대표자 자리에서 해임되었습니다.

지금 시대는 바뀌어, 본명으로 살아가는 것이 큰 걸림돌도 아니고 민족 차별은 용서되지 않는다는 것이 사회의 일정한 상식이 되고 있습니다. 그런데도 '왜곡된 민족관'이 현존하고 있는 일본 사회에서, 본명으로 산다는 것은 당사자에게 결코 간단한 일이 아닙니다. 이제부터는 본명으로 살아가는 것의 진정한 의의에 더욱 다가서야 할 것입니다.

두 번째 해임은 보육원 어머니들의 문제 제기를 계기로 제가 스스로 제기하여 필사적으로 구축하고자 했던 '민족 차별과 싸우는 보루'의 모습을 근본적으로 되물어보려 했을 때입니다. '민족 차별과 싸운다'는 관념화된 운동 이념보다 한 명 한 명의 아이들을 돌볼 것을 요구한 보육원 어머니들의 문제 제기는 세이큐샤에 받아들여지지 않았습니다.

'민족 차별과 싸우는 보루 만들기'는 지역에서의 차별과 싸우기 위한 운동론이기 이전에 사실 제 삶에서 필요했던 것임을 알게 되었습니다. 그 보루의 구축이란, 개인을 무너뜨리려고 하는 너무나도 큰 사회의 벽과 관습 앞에 겁을 먹고 멈춰 서던 자기 자신이 그것들을 직시하고 변혁하는 주체가 되는 것이었습니다. 자이니치에게 민족

주체성이란, 역시 '개인으로부터 출발'에서 시작되어, 새로운 과제에 임하는 자신의 삶의 방식이라고 생각합니다.

저는 인간답게 사는 삶의 문제로서 열린사회를 지향하고 자신이 몸담고 있는 지역을 중심으로 하면서도 더 광범위하게 모든 영역에서 국민국가의 틀을 넘어 국제적인 연대를 전개해야 한다고 생각합니다.

물론 사사로운 일이지만 딸이 내일 미국으로 떠납니다(1995년 2월). 아이 셋은 태어날 때부터 전혀 일본 이름을 쓰지 않고 한국 이름으로 학교를 다녔습니다. 그들 나름대로 꽤 힘든 경험을 한 것 같아요. 그녀는 중학교 때 등교 거부를 했는데, 겨우 다시 일어나 고등학교에 입학했고, 대학 입학 후 결국 바로 자퇴하고 미국에 가고 싶다고 했습니다. 감수성이 예민한 아이에게 일본 사회의 폐쇄성은 견딜 수 없었던 것일까요. 그녀가 미국에 "살기 위해 간다"고 말했기 때문에, 저는 그녀의 생각을 받아들였습니다. 그녀 또한 자립을 찾아 떠났습니다.

큰아들은 중2 때부터 혼자 미국으로 유학을 떠났습니다. 살아낼 길을 몰라 탈선한 시기도 있었지만 다시 일어서 한국 인형공장에서 현지 인력과 함께 일한 뒤 중국에서 잠시 일하다가 홍콩 회사에 다니고 있습니다. 독립심이 강한 아이니까 개성을 발휘해서 힘차게 살아가겠죠.

둘째아들은 위 둘의 좌절과 방황, 고민을 지켜본 덕인지 균형이 잡혀 누구에게나 사랑받는 아이인 것 같습니다. 대학에는 가지 않고 배우가 되고 싶어 하는 것 같습니다. 어려운 길이지만 언젠가 꿈을 이룰 겁니다. 셋 다 개성적이고, 부모가 원했던 것처럼 자립심이 강한 아이들이기 때문에 자신의 길을 찾아나갈 것입니다. 저는 그들에게서 어떤 문제가 있어도 꾹 참고 받아들이며 그들이 자기 힘으로 일어나기를 기다려줄 용기가 우리 세대에게 요구되고 있다는 것을 배웠습니다. 이 경험이 없었다면, 지금의 제 가치관은 존재하지 않았을 것이라고 생각합니다.

마지막으로, 저는 아내에게 어떤 감사의 말을 전해야 할지 모르겠습니다. 대학생 때 가와사키 교회에서 만나 그 후에도 한국 유학, 지역 활동 그리고 전망이 보이지 않는 일을 계속 2인 3각 경기처럼 해왔습니다. 유방암 수술 후에도 보모로, 아마추어가 시작한 식당의 책임자로, 어머니와 아내로, 온 힘을 다해 저와 함께 달려왔습니다. 저같은 개성 강한 인간과 함께하지 않았다면 이렇게 고생할 일도 없었을 것이라고 생각합니다. 이 원고에 있는 내용은 우리의 일대기입니다. 그녀의 다정함과 격려가 없었다면, 저는 도저히 여기까지 걸어올 수 없었을 겁니다. 고맙습니다.

# 제2부

# 새로운 출항

## ― 사업의 세계로

# 제1장
# 스크랩 수거 일을 시작하다

    한국에서 밀항으로 일본에 건너온 장인어른은 가와사키시에서 스크랩(철조각) 수거업을 시작했으며 그 이후 줄곧 그 일로 생계를 꾸리셨습니다.

    제가 히타치 투쟁이나 지역 활동에 힘쓰고, 민족운동의 활동가로 전력을 다하고 있을 때입니다. 저는 운동에 박차를 가하고자 결혼 후 한국으로 유학까지 갔는데, 자이니치 문제를 '일본 사회의 일그러진 부분'으로 인식하면서 제 가장 가까이 있었던 장인어른의 괴로움이나 아픔을 헤아려본 적이 없습니다. 장인어른의 부고를 듣고 제가 레이크RAIK 주사를 그만두고 스크랩 일을 이어가려고 한 것은 제가 장인어른이 살아내던 자이니치의 세계에서 살고자 했기 때문입니다.

    저는 아무것도 모르는 스크랩의 세계에 뛰어들어 정신없이 일했습니다. 하지만 장인이 빚어낸 인맥과 장사 방식은 모아둔 철조각을 '셔링머신'이라는 기계로 한 주먹 크기로 부수고, 그것을 자이니치가 운영하는 철물 취급 도매상에 맡겨놓고 철조각의 시세가 오르기를 기다렸다가 파는 일종의 도박판 같은 것이었습니다. 전혀 가망 없는 사업 구조라는 게 제게도 서서히 보이기 시작했습니다.

조선소와 가와사키시 수도국 시설에서 나오는 스크랩을 취급하는 장인어른에게서 물려받은 일은 모두 등록허가제로 제한된 업체만 참가할 수 있는 구조로 되어 있었습니다. 산더미처럼 쌓인 철조각을 사전에 답사하고 업자들이 연회장에 모여 철조각 매입 가격을 적어놓고 제일 높은 가격을 기입한 업자가 물건을 매입할 권리를 얻는다는, 이른바 '담합' 시스템입니다. 연회장에서 물건을 매입할 권리를 획득한 업자가 이때 기입한 가격과 실제 입찰 현장에서 제시한 매입 가격 간의 차액을 모두가 나눠 갖는 것입니다. 당연히 연회장에서 권리를 취득한 업자보다 다른 업자가 실제 입찰에서 낮은 가격을 부르는 건 암묵적 전제로, 대단히 불공정한 구조로 짜여 있었습니다. 하지만 이건 이미 50년 전 가까이 예전의 방식이니 지금은 어떻게 하고 있는지 물론 저는 모르겠어요.

그 지정 업체 중에는 저 이외의 자이니치가 경영하는 회사가 절반 정도 있었을까요? 그러나 그들은 모두 통칭명이었습니다. 처음에 "사이(최씨 성의 일본식 발음)입니다"라고 저를 소개했을 때는 조금 의아한 표정을 지었는데, 그 후 입찰에 참가하는 업자들은 모두 저를 '사이 군, 사이 군'이라고 귀여워했습니다. 자이니치 동업자들은 모두 예전부터 장인어른과 함께 해온 동료였기 때문입니다. 자이니치 동업자들은 장인어른을 잘 알고 있어, 장인어른이 갑자기 돌아가셨고, 아무것도 모르는 초짜인 사위가 이어받아 스크랩 수거 일을 시작했다는 사실을 잘 알고 있었습니다.

진짜 입찰에서 스크랩 더미의 매입 권리를 얻은 업체는 그 스크랩을 수거하러 갑니다. 그리고 현장에서 트럭에 싣고 자기 창고에 가져다 주먹만 한 크기로 잘게 부순 뒤 그것을 도매상에 납품합니다. 시장 가격이나 그보다 높은 가격으로 입찰하는 비즈니스 모델은 아무리 발버둥 쳐도 통상적인 방법으로는 지속 가능한 것이 아니었습니다. 담합이나 접대, 과적이 당연히 자행되었습니다.

장인어른과 함께 일해온 자이니치 베테랑 직원 네 명은 어느 날, 일급에 관해 자신들의 조건을 받아들이지 않으면 그만두겠다고 했습니다. 저 같은 초짜, '도련님'과는 이 일을 할 수 없다고 계산한 뒤의 요구였습니다. 저는 즉시 요청에 응할 수 없다고 단언했고, 트럭만 있으면 그들이 생계를 유지할 수 있다고 생각해서 그들 각자에게 트럭 전부를 퇴직금 대신 주고, 그들의 말대로 그만두게 하였습니다.

남은 트럭은 4톤 반짜리 한 대로, 제가 가진 보통면허로 운전할 수 있었습니다. 자가용 운전조차 잘하지 못하는 저였지만 처남을 조수석에 태우고 다음날부터 이른 아침 요코스카 조선장까지 스크랩을 가지러 갔습니다. 4톤 반짜리 트럭에 10여 톤의 스크랩을 싣고 달리면 언덕길에서 신호대기 중에 멈추면 발차하기 힘들어 조수석 처남에게 내려 트럭이 언덕에서 미끄러져 뒷걸음질 쳐도 사고가 안 나도록 뒤에 정차한 차를 약간 후진해달라고 부탁했습니다. 어음이 뭔지도 잘 모르고 스크랩 업계에 뛰어들어 직원들에게 의존했는데 제가 혼자 트럭을 몰고 간다고 하니 장모님과 아내의 걱정이 컸을 겁니다. 저는 이 일을 3년 반 동안 계속했어요.


여러 가지 추억이 있지만, 뭐니 뭐니 해도 딸의 사고에 대해서는 잊을 수 없습니다. 당시 도쿄에서 작은 샌드위치 가게를 시작하기도

하여 가족들이 모두 바쁘게 일하고 있었습니다. 세 명의 아이를 트럭에 태우고 집에 돌아왔을 때의 일입니다. 제가 집 앞 도로에서 스크랩 적치장에 트럭을 주차할 때 보육원에 다니던 딸이 운전석 반대편 문으로 집에 가려고 내리던 참이었습니다. 그때 백미러에 뒤에서 오는 자동차가 보여서 나도 모르게 "위험해!" 하고 외쳤는데, 딸은 트럭 앞을 가로질러 그대로 뒤에서 온 차에 치여 그야말로 하늘로 날아올라 도로에 내동댕이쳐졌습니다. 순식간의 일이었습니다.

구급차를 불러 시립병원으로 옮겼지만 의사는 오늘 하루가 고비인데 어떻게 될지 모른다고 진단했습니다. 부딪힌 차의 모서리는 움푹 들어가 찌그러져 있었고, 딸은 제대로 얼굴과 머리를 부딪쳤는데, 세상에, 얼굴에는 찰과상 하나 없었습니다. 축 늘어진 딸을 보고 저는 얼마나 후회했는지 모릅니다. 하지만 기적이 일어났어요. 저는 병원에서 잠 못 이루는 밤을 보냈지만 다음 날부터 딸은 의식을 되찾았고 그 후 며칠 더 입원했을 뿐 정말 아무런 상처 없이 퇴원할 수 있었습니다. 의사에 따르면 어린아이 몸은 고무공 같이 탄력이 있어서 충격을 받아 날아가도 아무렇지 않을 수 있다는 것이었습니다.

교회에 다니는 우리 가족은 딸이 무사하다는 것을 기뻐하며 신에게 감사할 때 하나님 덕분에 살았다는 말을 들은 딸은 자신은 살았는데 왜 같은 보육원 친구는 교통사고로 죽었느냐고 물었습니다. 그 아이의 부모를 잘 아는 저는 대답할 수가 없었어요.

저는 스크랩 수거 일을 하고 있을 때의 경험을 고생이라고 생각한 적은 없습니다. 자이니치 삶의 세계를, 장인어른이 경험한 일을 저도 하고 있다고 생각했습니다. 그때의 경험을 이야기하기 시작하면 저는 딸의 사고 생각이 납니다.

당시 세 명의 아이를 멀리 떨어진 사쿠라모토 보육원에 보내고 있었고, 그 사고는 보육원에서 세 명의 아이를 픽업해 집으로 돌아올 때의 일이었습니다. 눈앞에서 딸이 공중에 뜨는 것을 보고 허둥지둥 트럭에서 내려 딸을 끌어안고 집으로 뛰어간 저는 트럭의 사이드 브레이크를 걸지 않고 두 아들을 차 안에 둔 채 뛰쳐나왔기 때문에 트럭은 그대로 언덕길을 천천히 미끄러져 내려갔습니다. 기특하게도 큰 아들이 자신과 동생을 지키려고 트럭의 브레이크를 밟았고, 나무에 부딪혀 트럭의 정면 유리는 깨졌지만 두 아들은 무사했습니다. 정말 십년감수하는 날이었습니다.

# 제2장
# 식당을 시작하다

저는 처남과 함께 스크랩 수거 일을 계속했고, 4톤 반 트럭으로 많을 때는 10톤이 넘는 스크랩을 운반했습니다. 그때, 트럭의 중량을 측정할 수 있는 중량측정기나 트럭으로부터 스크랩을 끌어올려 적지창까지 옮기는 거대한 자석, 스크랩을 주먹 크기로 절단하는 셔링머신 등 이 모두를 일괄로 임차하고 싶다는 자이니치 동업자로부터의 제안이 있었습니다. 집세가 나오고, 운반해온 스크랩을 그대로 매입해줄 수 있다고 하니 저는 곧바로 흔쾌히 승낙했습니다. 다만, 머지않아 스크랩 적치장과 창고를 개조해 생활과 식당 운영을 함께 할 생각을 하고 있던 저는 그때가 되면 임대를 중단하겠다며 양해를 얻었습니다.

빨리 식당을 시작하지 않으면 언제 회사가 부도날지도 모르고 처제의 결혼에도 지장이 있다고 걱정했던 저는, 처제의 결혼식을 앞당겨서 무사히 오사카에 보낼 수 있었습니다. 하지만 그 후 적치장을 되돌려달라는 말을 아무리 해도 그 동업자는 응답이 전혀 없었습니다. 그래서 저는 섣달 그믐날 스크랩 300톤을 운반해 적재할 곳을 확보해놓고 공장을 해체하기로 결심했습니다. 경찰이 출동하는 사태까지도 예상했기 때문에 가족 모두에게는 여행을 가 있으라고 말해두었죠.

300톤 상당의 스크랩은 대형 덤프트럭으로도 50번 이상 운반해야 하고, 공장을 해체하려면 산소를 이용해 기초 파이프를 절단해야 합니다. 이때 저를 도와준 건 사쿠라모토 보육원 원아의 자이니치 아버지입니다. 우리는 한밤중부터 아침까지 작업을 계속했습니다. 그러다 마지막 철주 1개 남은 시점에 경찰이 찾아왔습니다. 전 종업원이 신고한 듯합니다.

'출입 금지' 사인의 테이프가 현장을 감쌌고 저는 동업자에게 기물파손과 절도 용의로 고소당했습니다. 물론 300톤짜리 스크랩은 다른 곳으로 옮겼을 뿐이어서 절도가 성립하지는 않았습니다. 몇 번인가 경찰에 불려갔을 때, 담당관이 "너희들 조선인끼리 싸우고 그게 뭐냐, 민폐다"라는 말을 하여 저는 그렇지 않다고 큰 소리를 쳤고, 그 길로 저를 고소한 동업자의 집을 찾아갔습니다. 물론 맞을 걸 각오를 했죠.

저를 본 그 동업자는 멱살을 쥐며 달려들었지만, 한숨 돌리더니 "사이, 너 잘났어"라고 말하더군요. 제가 가족을 생각해서 이런 대담한 일을 했다고 이해해준 것이겠지요.

공장을 해체한다는 결정을 내렸을 때, 장모와 아내, 세 아이는 차로 이즈伊豆(가와사키시에서 차로 두 시간 정도 거리의 지방) 쪽으로 가주었습니다. 캄캄한 어둠 속을 달려 지저분한 민박집에 묵었을 때의 불안했던 이야기를 나중에 아내에게 들었습니다. 가족이 돌아왔을 때 저는 집에 있을 수 없어 밖에서 자고 다녔고, 경찰이 집 주위를 테이프로 둘러치고 있는 상황에서 가족들은 밤에도 불을 켜지 않고, 어디서 전화가 걸려 와도 그저 떨며 가만히 있을 뿐이었답니다.

최종적으로는 배상금을 지불함으로써 그 자이니치 동업자와 화해했습니다만, 둘러진 '출입 금지' 테이프 너머로 마침 아파트를 건설하기 위한 공터가 있었기 때문에, 거기서부터 아는 시공업자를 불러 식당을 만들어, 그로부터 몇 개월 후 식당을 오픈하게 됩니다.

돈이 없는 저는 당시 가와사키 역 근처에서 다방을 운영하던 오병학 화백의 소개로 도쿄의 시공업자를 불러 식당을 세웠는데, 선금은 말할 것도 없고, 공사 대금을 지불할 수도 없어 매달 매출에서 지불하는 것으로 양해를 받았습니다. 그는 제가 정말 빈털터리라고는 생각하지 않았겠죠. 그냥 오병학 선생님을 믿고 해준 것 같아요. 정말 많은 분에게 신세를 졌습니다.

식당 메뉴는 모두 수제로, 밤을 새워가며 세이큐샤 자원봉사 여성들과 함께 만들었습니다. 가게 이름은 장모님의 성씨 '이'에서 따와 Lee's House(리즈 하우스)로 정했습니다.

말 그대로 '수를 써서' 식당을 개업한 저는, 그 사이 리즈 하우스는 자이니치가 주로 개업하는 단순한 '고깃집'이 되어선 안 된다고 생각하고, 도쿄와 요코하마, 치바를 돌며 시장 조사를 하고 어떤 식당으로 할지 고민했습니다. 스크랩 적치장인 공장을 주차장으로 만든, 현대식 패밀리 레스토랑을 염두에 두고, 메뉴에 김치 필라프나 갈비, 스프, 철판 야키니쿠 코스나 한국식 소면 등 우리가 집에서 자주 먹는 메뉴로 구성하면서도, 예쁜 양식 중심의 카페 레스토랑으로 꾸미기로 했습니다. 지금도 신가와사키 역에서 택시를 타고 그 위치를 말하면 "옛날에 맛있는 야키니쿠 가게가 있었지, 자주 갔었어" 하고 말해주는 운전수가 있을 정도로 나름 이름을 날렸습니다.

그다지 일손이 많이 가지 않고 아마추어도 만들 수 있는 요리나 차를 중심으로 했습니다만, 영업용 요리를 만든 경험이 없는 장모님은 제가 존경하는 재야의 화가 오병학 선생님이 운영하는 역전다방에서 햄버거 등을 만드는 방법을 배웠습니다. 리즈 하우스는 도로변이라고 해도 사람들의 출입이 적은 곳이었지만, 이윽고 많은 사람에게 사랑받는 가게가 되었습니다.

요리사는 예전 동료였던 B씨의 소개로 알게 되었습니다. 장모님과 아내는 주방, 저는 홀을 맡았고 그야말로 온 가족이 다 함께 카페 레스토랑을 시작했습니다. 2층에 있던 아이들은, 갑작스런 환경 변화에 당황해 아무도 일을 도와주지는 않았고, 딸은 한밤중에도 외롭다며 울고 있었다고 합니다. 유방암 수술 후에도 보육원에서 일하던 아내는 보모 일에 미련을 남기면서도 '식당 아줌마'가 되는 것을 결단해 줬어요.

가족과 함께 하던 가게입니다만, 일주일에 몇 번 와주시는 요리사를 가게가 끝난 뒤 제가 차로 도쿄의 그의 집까지 바래다주기로 했습니다. 배웅을 마치고 귀가 도중 너무 피곤해서 몇 번이나 아침까지 차 안에서 잠을 자기도 했습니다. 집사람은 상당히 걱정했을 겁니다. 사고가 없어서 정말 다행이었어요.

우리가 어떠한 생활을 하고 있었는지, 그 당시 스크랩 수거 일에 관여한 계기, 그 일의 내용, 경찰 소동, 식당 개업의 어려움 등을 누구에게도 이야기한 적이 없었습니다. 그래서 많은 사람이 우리가 여유롭게 식당을 개업해 보육원 일이나 지역 활동에 관계하고 있다고 생각했을지도 모릅니다.

하지만 저는 돌아가신 이인하 목사님께는 자세히 보고를 드렸습니다. 그것을 알고 계신 장모님은 이인하 목사의 기도를 통해 위로와 격려를 바랐던 것 같습니다만, 도쿄의 샌드위치 가게에서도, 미나미카세에서 레스토랑을 개업하기까지 수년에 걸쳐 힘들 때도, 기도하러 와주신 적은 한 번도 없다며 실망하셨죠. 장모님은 언제 어느 때라도 기도에 위안을 구하는 분이었어요.

# 제3장
# 이불, 인형 판매와 기타 비즈니스

저는 스크랩 수거 일을 그만두고 식당 일을 가족에게 맡기고 교회 친구들이 시작한 네트워크(알음알음 소개를 통해 형성된 그룹)를 만들면서 이불을 판매하는 사업에 참여했습니다. 그런 조직 판매는 당시 일종의 붐으로 다단계 판매에 매우 가까워 높은 수입을 미끼로 대량의 이불을 사게 하는 방식입니다. 하지만 저는 제 자존심을 걸고 그런 일은 하지 않기로 결심하여 친구를 떠났으며 제 밑의 '다단계' 멤버에게는 재고를 전혀 주지 않았습니다. 그 대신 깃털이불과 자석이 내장된 건강매트 세트를 구입하고, 다른 사람을 소개해주면 우리가 직접 방문판매 영업을 하는 것으로, 이때 거래가 발생하면 소개자에게 커미션을 지불하는 방식으로 한 것입니다.

저에게 이불을 공급해준 제조업자는 전국적으로도 유명한 오사카의 노포도매점으로, 보통 저와 같은 아마추어는 상대하지 않고 고액의 보증금을 요구합니다. 하지만 다단계 상술이 아니라 소개해준 사람에게 커미션을 지불하는, 이불 재고를 발생시키지 않는 사업 모델임을 알게 된 임원 중 한 사람이 회사를 설득해 보증인이 되어주었습니다. 그래서 보증금도 없이, 단지 구매자의 신용이 확인되는 것을 조건으로 이불을 직접 배송해주었습니다.

건강매트도 오사카의 노포도매점과 거래를 하고 있음을 알게 된 도쿄의 어느 대기업이 거래해주었습니다. 신용회사의 허가가 나면 제가 건강매트를 발주해 고객사에 직송하는 것이기 때문에, 그 회사에는 거래 리스크가 아무것도 없고 제게도 재고 리스크가 전혀 없는 사업 모델인 거죠.

저는 그 방법으로 간토 지역뿐만 아니라 규슈와 오키나와, 간사이, 홋카이도, 시코쿠까지 영업에 들어가 거래처 고객사가 상당히 많아졌습니다. 요코하마에서는 문구 도매점의 오너가 저를 상당히 예뻐해주었습니다. 그들이 주최하는 1박 여행에서는 열차 안에서 제가 자석이 들어간 건강매트를 설명하며 자석이 내장된 막대기로 등을 문지르는 마사지를 해드리면서 "어떻습니까? 기분 좋죠? 건강매트에서 주무시면 매일 밤 이런 기분으로 주무실 수 있습니다"라고 영업을 했습니다. 각지의 회원이 고객을 소개해주고, 다시 회원이 급속히 늘어났기 때문에 컴퓨터를 구매해서 고객을 관리해야 하는 규모로까지 성장했어요.

규슈의 미야자키宮崎에서는 작은 사무소를 개설하고, 처남이 주재하며 현지에서 채용한 사무원과 저, 이렇게 세 명과 교회 후배인 R군도 합류하여 본격적으로 영업 활동을 전개했습니다. 미야자키의 사무원은 제가 가와사키에서 패밀리 레스토랑을 경영하고 있다는 것을 알고 도쿄의 사무실에서도 일을 해주었습니다. 스크랩 수거 일로 많은 빚을 지고 은행, 보증협회에 대출금을 상환하지 못해 은행 블랙

리스트에 올랐던 저는 이로써 밀린 빚을 모두 갚았습니다.

## 레저 테이블 판매

그 후, 우연히 우리 식당에 장모님을 만나러 왔다며, 한국에서 레저 테이블을 개발했다는 사람을 만났습니다. 영화 속에 나오는 은색 돈 가방 2개 정도의 크기로 가방을 열면 표면이 테이블이 되어 4개의 의자가 나오는 디자인적으로도 뛰어난 플라스틱 제품이었습니다. 무심코 소개를 들었다가 제품에 반한 저는 레저 테이블을 우선 제가 구매하겠다고 요청했어요. 그 레저 테이블을 개발한 사장은 놀라면서도, 컨테이너 단위로 선금으로 사준다면 어떻겠냐고 제안해 그렇게 하기로 했습니다.

당시 시대는 레저 붐이 일고 있었고, 저는 이불 판매 경험을 살려 각 광역단체마다 하나의 총대리점을 설치하여 직접 판매 책임을 지도록 했습니다. 총대리점이 한 개 컨테이너 분(레저 테이블 40개)을 현금으로 구입한다는 조건으로 말입니다. 주유소나 지점을 많이 가진 문방구 도매상이 지역 총대리점이 되어줬고, 저는 거기서 선금을 받아 한국에 송금하고 레저 테이블을 수입한 겁니다. 은행에 제공하는 담보도 압류되어 은행의 LC(Letter of Credit, 신용증서) 제도를 이용할 수 없었기 때문에, 총대리점 시스템을 도입해 각 대리점에서 선금을 받는 것으로 수입을 성사시켰습니다. 시대 유행을 타고 레저 테이블을 취급하고 싶다는 신청이 많이 들어왔습니다. 우리는 도쿄의 '기프트 쇼'에도 참가해 각지의 총대리점을 모집했습니다.

## 인형 제조 판매

잘나가던 레저 테이블 판매도 유사품이 대만에서 들어와, 저는 그 해 여름까지는 버티겠지만 그 후로는 사업성 전망이 없다고 판단했습니다. 뭔가 새로운 비즈니스 아이템이 될 것은 없는지, 별 다른 목적도 없이 미국 LA에서 열린 '기프트 쇼'를 혼자서 처음으로 보러갔습니다. 그때 발견한 것이 곰 인형이 그대로 배낭이 되는 '베어허그'라는 이름의 귀여운 인형이었습니다.

저는 즉시 베어허그 제조 회사 오너에게 말을 걸어 이야기를 듣고 있었는데, 일본의 다른 바이어가 관심을 갖고 찾아왔습니다. 미국 다카시마야(일본의 대형백화점 브랜드)라고 합니다. 완전 아마추어인 저보다 '베어허그'의 오너가 다카시마야에 관심을 보인 것은 당연한 일입니다. 인형에 대해서는 아무런 경험도, 판매 전략도 없었지만 저는 그 상품에 반해 그 자리에서 컨테이너 한 개만큼의 인형을 구매하기로 결심하고 신청했습니다. 천하의 다카시마야라고 해도 일개 사원이 독단적으로는 구매 계약을 할 수는 없습니다. 거기서 오너와 저는 악수를 하고 컨테이너 한 개분의 인형을 매입하기로 계약합니다.

오너 이야기에 따르면 '베어허그'가 그의 아이디어와 디자인으로 만든 것이지만 실제 제조원은 한국이었습니다. 그는 자신이 고안해낸 인형을 한국의 인형 제조업체에 생산하도록 의뢰했습니다. 그래서 저는 현장을 확인하려고 한국으로 날아가 인형 업체 담당자를 만나러 갔습니다.

지금까지 없었던 상품이기도 하고 인형이 배낭이 된다는 귀여운 콘셉트 때문에 레저 테이블의 판매처에서 이 '곰 배낭' 판매를 희망하는 회사가 나왔습니다. 그들 중에는 잡화 전문점도 있었으니 곰 배낭

인형뿐만 아니라 인형과 동질의 재료로 장갑과 목도리, 귀마개를 제 안해주어 그것들을 제조사에서 생산해주기로 했습니다. 이것이 또 일본에서 흥행을 얻었습니다. 일본 최대의 외제차 판매대리점 야나 세YANASE와 대기업의 잡화 제조 도매상도 관심을 보여, 저는 야나세 를 총대리점으로 지정해 전국적인 네트워크를 만들었습니다.

저는 한국 인형 공장에서 베어허그 외에 미국 최대의 '데이튼 허드 슨'이라는 대형백화점 의뢰로 제조하던 산타클로스 모자와 목도리 를 착용한 흰곰을 만났습니다. '산타 베어'라는 이름을 가진 이 흰 곰 은 일정 금액 이상의 물건을 구입해준 손님에게 무료로 크리스마스 에 선물하는 사은품 같은 것이었는데, 저는 그 이름이 마음에 들어 귀국 후 바로 일본에서 인형 분야의 의장등록을 신청했습니다.

그러던 어느 날 '소니플라자'라는 소니 계열에서 전국 잡화 체인의 점포를 운영, 관리하고 있는 회사의 임원이 저를 만나러 가와사키까 지 왔습니다. 소니플라자는 산타 베어가 미국에서 인기 있다는 사실 을 알고, 그 산타 베어를 모든 잡화 분야에서 의장등록해서 판매할 계획이었던 것 같습니다. 그리고 그들은 산타 베어의 취급회사로 당 시 '다카라'라는 일본 완구 톱 메이커와 이야기를 진행하고 있었다고 합니다. 그러나 이 핫한 봉제인형은 제가 먼저 의장등록한 것이라 자 신들에게 권리를 양도해달라고 제 집까지 과장과 부장이 찾아온 것 입니다. 저는 처음에는 거절했습니다. 하지만 자꾸 부탁하러 왔기 때 문에 저에게 산타 베어의 공급을 맡긴다는 조건으로 권리를 팔았습 니다.

산타 베어 인형은 '다카라'의 디자이너가 새롭게 일본 시장용으로 섬세하고 귀여운 것으로 완성해주었기 때문에, 그 네이밍이 좋고 또

브랜드 파워가 있는 소니플라자와 다카라가 함께 산타 베어 총판매원이 됨으로써 잘 팔렸습니다.

제가 발주하는 인형 생산량은 많아졌고 한국의 인형제조업체는 미국과 유럽에서 오는 발주에 대응하기 힘들 정도로 발주량이 많아져 생산지를 중국과 필리핀, 인도네시아로 넓혔습니다. 저도 해외 공장을 둘러보았습니다. 중국 공장에서는 그야말로 몇 백 대, 몇 천 대의 생산기계(미싱기)를 두어 미국과 유럽에서 오는 발주에 대응했습니다.

저는 인형을 생산하면서 불량품이 나오지 않게 하려고 현장 상황을 연구하지 않을 수 없어 상품 관리나 발주 방법에 대해서도 많이 배웠습니다. 일본 회사의 발주는 인형의 귀여움만을 추구하며, 유럽에 비해 발주 시기가 늦고 발주 단위가 작으며, 게다가 발주 방식도 애매합니다. 곰돌이 얼굴의 어떤 부분을 더 귀엽게 해달라는 식의 방식으로, 미국과 유럽처럼 사양서에서 크기와 위치가 명시되어 있는 것이 아닙니다. 완구 회사의 발주로 인형을 제조하는 일본 메이커는 이제 가격 경쟁력에서 해외 메이커에 대항할 수 없게 되어갔는데 저는 비로소 일본 메이커들이 발주처의 의중을 잘 해석해가며 얼마나 힘들게 생산하고 있었는지 알게 되었습니다.

일본 회사의 경우 불시검사에서 몇 퍼센트 이상의 불량품이 있으면 컨테이너 전체 상품을 불량품으로 간주하는 기준이 없어 우리도 일단 일본 항구에 들어온 상품을 전수 조사해야 하는 경우도 있었습니다. 그런 경험으로 저는 다카라든가 소니플라자와 손잡고 그들의 오리지널 아이템을 해외에서 생산하는 입장이 되었고, 그 무렵에는 은행신용보증제도(LC)도 사용할 수 있게 되었습니다. 그렇게 일정기간이 지나자 지금까지의 실적이 평가되어 이제 LC가 아닌 우리 쪽의 발주로 해외에서는 생산을 해주고, 결제는 상품이 일본에 도착한 후에 진행하는 방식으로 자리잡아갔습니다.

## 인형 전문회사의 길로

산타 베어의 비즈니스가 궤도에 오르기 시작한 이듬해, 저는 뉴욕의 기프트 쇼에 가서 털이 없는 천으로 만들어진 곰이 멋진 의상을 입은, '베어린 먼로'나 '베어 블루스' 같은 누구나 잘 아는 인물을 상상할 수 있는 네이밍 센스가 압도적인 인형을 발견합니다. 뉴욕 센트럴 파크 가까운 곳에 사무소를 둔 그 회사의 사장은 매력적인 여성으로, 우수한 디자이너와 봉제를 전문으로 하는 네팔 사람과 함께 그런 '하이엔드한' 인형을 만들고 있었습니다. 노스아메리칸베어(NAB, North American Bear)라는 회사로 그들은 종류마다 2400개밖에 만들지 않았습니다. 그래서 상품에 부가가치가 붙어서 실제 판매가가 점점 올라가는데 추가 생산을 하지 않았습니다.

그런데 일본의 '다카라' 이외의 상장 완구회사도 NAB 상품에 주목하여 계약 협상을 하고 있다는 것이었습니다. 저는 통역을 끼지 않고 "이런 훌륭한 상품은 일반 완구점에서 일반 인형과 함께 대량으로 판매될 것이 아니다. 나는 벤츠와 링컨의 외제차의 독점판매를 하고 있는 '야나세'와 파트너십을 맺고 있으니, 부디 일본에서의 판매권을 내게 양도해달라"고 단도직입적으로 부탁했습니다.

저는 센트럴 파크가 내려다보이는 고급주택에 초대를 받아 함께 저녁식사를 했습니다. 홈 다이닝에 초대한 이유를 저랑 더 이야기하고 싶어서라고 했는데, 차린 것은 샐러드와 스파게티와 와인 정도로 간단했지만 저는 그 느낌이 너무 좋아서 정말 맛있게 먹었습니다. 그리고 저는 전량을 야나세에 판매한다는 조건으로 NAB의 일본 내 독점판매권을 얻을 수 있었습니다.

야나세 측도 매우 만족해하며 회장이 선두에 나서 기자회견을 진행했고 데이코쿠호텔(일본의 국빈관으로, 우리나라 신라호텔에 해당하는 고급호텔 - 역자 주)의 가장 큰 연회장에서 연회를 열어주었습니다. NAB의 오너는 재미있게도 인형이 입은 의상과 같은 의상을 입고 등장했습니다. 매스컴도 크게 다루었고 야나세는 독자적인 판매루트를 통해서 NAB의 상품을 판매하게 되었습니다.

몇 년 후 NAB가 개발한 일반 모제인형이 좋은 입소문을 타고 유명해졌습니다. 하지만 저는 야나세 임원이 중개자인 저를 통하지 않고 직접 NAB로부터 상품을 매입할 의향을 가지고 있다는 사실을 알고 즉시 야나세에게 "저는 이제 그만 손을 뗄 테니 직접 NAB와 거래해달라"고 부탁했습니다. 친분이 쌓인 야나세의 담당 임원은 저에게 미안하다고 했지만, 저는 아무것도 요구하지 않았습니다. 하지만 야나세 측이 사례를 받아달라고 해서 나름의 사례를 받았고, 저는 전혀 미련 없이 NAB와의 사업에서 손을 뗐습니다.

산타 베어로 봉제인형 제조를 한국에서 했기 때문에 저는 실제 공장이 아니더라도, 봉제인형 제조회사에 생산을 의뢰함으로써 저희 회사가 제조업태로 분류될 수 있음을 캐치하여, 이번에는 제 자신이 유명 브랜드의 권리를 취득하여 상품화할 생각을 했습니다. 거기서 주목한 것이, '코카콜라'입니다. 세계적인 브랜드이기 때문에 완구나 잡화 이불, 인형 판매와 기타 비즈니스를 취급하는 규모 있는 회사들

중에는 그 상표를 활용해 상품화할 것을 코카콜라사에 제휴해 오는 회사도 많았습니다. 하지만 저는 카탈로그 판매부문에서 일본 최대의 회사와 파트너십을 맺고 그 회사가 카탈로그 상품의 경품으로 무료로 산타 베어를 고객에게 건네는, 미국 최대의 백화점 브랜드 '데이튼 허드슨'의 검증된 비즈니스 모델을 본떠 자신의 카탈로그에 있는 상품을 구입해준 고객에 대한 경품으로 배포했습니다. 그럼으로써 인형을 보통 상품으로 판매할 때보다 훨씬 더 많은 인형을 생산하게 됩니다.

저는 코카콜라 상표관리 회사에 인형의 상품화를 신청했어요. 코카콜라사의 상표관리 회사는 상품화를 신청한 대형 인형 메이커보다 훨씬 낮은 수준의 보증한도를 제시하는 저에게 처음엔 당혹스러워 하는 반응이었습니다. 하지만 결국에는 저희 회사와 계약을 진행하기로 결의해주었습니다. 그리하여 코카콜라 로고를 사용하거나 코카콜라 병을 들고 있는 인형의 일본 내 독점 제조회사로서 카탈로그 판매의 상품을 개발해 카탈로그 판매사로부터는 발주를 받고 제조는 한국에서 진행하는 시스템이 갖춰집니다.

제조원은 한국뿐 아니라 한국 업체들이 해외로 옮겨갔기 때문에 코카콜라 로고를 사용한 잡화상품을 중국이나 인도네시아, 필리핀에서도 제조하게 되었습니다. 코카콜라의 애틀랜타 본사를 방문한 적도 있는데, 본사 카페테리아를 비롯해 사내의 자유로운 분위기에 놀랐던 기억이 떠오르는군요.

하지만 독자적 판매망 없이 실제 판매망을 가진 대기업과 인형제조업체의 중간에서 다리만 놓는 비즈니스에 한계를 느끼기 시작한 저는 결국 인형 사업을 접기로 했습니다. 아마 독자 중에는 제가 관련된 인형 상품을 보신 분도 계실 것 같습니다. 오사카에 있는 처제 집에 갔을 때 역 근처 사진관에 놓여 있던 산타 베어를 발견한 저는 뛸 듯이 기뻐하기도 했습니다. 지금도 제 책장에 작은 산타베어를 놓아두고 있어요.

## IT 소프트웨어와의 인연

행운의 만남에서 시작된 레저 테이블 사업, 배낭이 되는 인형, 산타 베어, 그리고 궁극적으로 코카콜라 상표를 사용한 상품들을 취급하느라 저는 자주 한국에 가게 되었습니다. 유학 시절에 배운 한국어를 활용하면서, 이번에는 야나세를 포함해 한국의 IT 소프트웨어에 관심을 가지기 시작한 많은 일본 기업을 상대로, 매월 한국의 호텔에서 일본의 대기업과 한국의 실력이 뛰어난 소프트웨어 개발 스타트업들을 연결하게 되었습니다. 그러다가 일본 대기업이 한국에서 개발된 소프트웨어 구입뿐만 아니라 그 소프트웨어 회사에 투자를 하게 되었고 저는 소개한 대가로 투자에 참여할 수 있게 됩니다.

일본 대기업의 한국 소프트웨어 회사에 대한 투자는 그 기업이 장래에 상장기업이 된다는 평가를 받은 것이나 다름없었습니다. 저는 없는 돈을 끌어 모아 전 재산을 투자했을 뿐만 아니라, 그 행운을 친구들과 친척들에게도 나눠주고 싶어서 친한 지인들에게 추천하기도 했습니다. 하지만 아무리 좋은 소프트웨어를 개발했다고 해도, 그걸로 상장할 수 있는 건 정말 축복받은 극소수 회사뿐이었습니다. 10개 중 1개, 아니 100개 중 1개 회사가 될까 말까 하는 수준의 좁은 문이었습니다. 상장을 목적으로 투자하는 것은 매우 리스크 높은 일이었습니다. 결과적으로 투자한 모든 회사는 한 곳만 빼고 상장에 실패했습니다. 그중 한 회사는 기업으로 성공하여 한국에서는 애니메이션 제작 1위 자리를 유지하고 있지만 아직도 상장을 하지 못하고 있습니다.

한편, 아내가 중심이 되어 운영하던 식당은 다른 사람에게 운영을 임대했고, 아내는 비정규직으로 근처 공립보육원에 복귀했습니다. 두 번째 유방암 수술도 받았는데 완치했고, 지금은 환갑이 넘은 '최고참'이지만 가장 건강한 보육원 교사로 동료들의 존경을 받으며 열심히 일하고 있습니다.

첫 번째 유방암 수술 때 그녀는 20대였고, 장인어른이 돌아가셔서 제가 스크랩 수거 일을 시작한 이듬해였습니다. 3년 생존율이 50% 이하라는 의사의 말을 듣고, 저 혼자만 가슴에 담아두었던 기억도 나는군요. 당시 아내의 사정을 생각하면 도저히 '진실'을 말할 수 없었습니다. 양성종양이라고는 설명했는데 어쩌면 그녀는 알고도 속은 척했던 것일지도 모릅니다.

암 전이를 막기 위해서 유방 전체를 절단하는 '홀스테드법'이라고 불리는 수술 방법을 의사에게 설명을 듣고 수술 승낙을 했습니다. 그러나 나중에 알게 된 바로는, 그 당시 이미 서구권에서는 그런 잔혹한 방식은 시대에 뒤떨어져 유방을 절단하지 않는 항암제 치료나 방사선 치료가 일반적이더군요. 제가 의사의 말을 그대로 믿지 말고 스스로가 납득할 때까지 리서치를 거듭해야 한다고 생각하게 된 것은 이 당시의 분한 경험이 있기 때문입니다.

그 후 아내는 의사에게 권유받은 대로 암의 전이를 방지하고자 항암제를 먹고 있었습니다. 어느 날 저는 암 전문의 곤도 마코토近藤誠 씨의 책을 읽고, 아내에게 처방된 약이 일본에서만 사용되고 있는 것으로 서구권에서는 먹고 있지 않다는 사실을 알게 됐습니다. 그래서 아내를 설득해 약을 끊도록 권유했습니다. 아내가 고민하다 약물 치료를 중단하면 어떻겠냐고 의사에게 문의하니 "아, 그럼 그렇게 하시죠" 하는 것으로 끝났습니다.

병원(의사), 의약품 메이커, 후생성(우리나라의 보건복지부에 해당 - 역자 주)은 한통속으로, 암세포를 작게 하여 전이를 막는 약이라고 하는 것은 막대한 매출을 올렸지만 사실 그것은 일본에서만 통용되고 있는 처방이었습니다. 저는 곤도 마코토 선생이 쓴 일련의 저서 내용에 납득이 가더군요. 그러나 그는 일본 의학계에서 이단아로 알려져 있습니다. 그래도 '암은 일단 자르고 보는 것'이란 상식을 깬 그의 공적은 크다고 생각합니다.

### 나의 실패담 – 모든 것을 잃고 새로운 여정에

제 개인사에 대해서는 이제 말을 좀 줄이겠습니다. 특히 최근의 일에 대해 말하기 시작하면 많은 사람에게 민폐가 된다고 생각하기 때문입니다. 학생 때부터 자이니치 문제에 문제의식을 갖게 된 저는 차별사회와의 투쟁을 선언하고 본명으로 살아간다거나 히타치 투쟁, 지역 활동을 수반한 구체적 실천에 매진했는데, 이는 혁신적 움직임인 동시에 주변 사람들의 거센 반발을 사기도 했습니다. 자이니치 교회의 청년회와 가와사키시의 세이큐샤에서는 책임 있는 자리에 있다가도 해임되어 추방되기도 하였습니다.

'네가 패가망신하는 걸 지켜보겠다'는 증오하는 말을 들었던 적도 있어요. "성공할 리 없다"는 그들의 예언은 매우 훌륭하게 적중했습니다. 말 그대로 빈털터리가 되었습니다. 하지만 한편으로 그렇게 됨으로써 난생처음 해방감을 맛보았고, 새로운 인생의 길로 나아갈 수 있게 되었습니다. 그래서 오히려 그들에게 감사한 마음을 가지려고 했습니다.

모든 것을 잃고도 아무것도 없다는 것이 이렇게 개방적이고 자유를 주는 것인지, 저는 다시금 지난 날 사색해왔던 것들에 대해 근본적으로 다시 생각해보려 합니다. 저는 "지팡이 하나 외에는 아무것도 없다"(마가복음 6장 8절)는 말이 고대의 일이라고 생각했습니다. 성경 속 기적 이야기는 실제로 일어난 일이 아니라 고대 기독교 집단의 신앙 고백이 반영된 것으로 알고 있었습니다. 하지만 지금 그 일들이 제게 현실로서 다가온 것이죠.

성경은 기적 이야기를 일상을 초월한 신비한 일로 기록합니다. 하지만 기적을 모든 것을 포기한 지점에서, 인간의 모든 노력의 가능성이 끊어진 데서 일어난 생각지도 못한 사건으로 받아들인다면 저는 모든 것을 잃었을 때 바로 그 기적을 경험했습니다. 사업 실패 때문에 남은 부동산 모두가 경매에 매물로 나왔고, 그것이 전혀 모르는 제3자에게 낙찰되었으므로, 우리는 그 낙찰일로부터 6개월 이내에 집을 나오는 수밖에 없었습니다. 저는 그것을 예상하고 가족 모두에게 마음의 준비와 각오를 요구해왔으니까요.

저는 감사하게도 가족 중 누구에게도 저의 실패에 대해 비난 받지 않았습니다. 장모님도 아내도, 처남 가족도 담담하게 이 사태, 제 실패의 결말을 받아주었습니다. 저는 가족들의 사랑과 그들의 배려에 감사할 수밖에 없어요.

경매 낙찰이 결정된 바로 그 길로 저는 낙찰 받은 부동산 중개인을 만나러 갔습니다. 낙찰 받은 물건을 토지와 함께 팔거나 신축 아파트를 짓는 것이 그들에게는 상식입니다. 저는 무모하게도 그 회사 사장에게 면담을 요청했고, 저의 연속된 실패를 지켜봐준 장모님이 돌아가신 남편(장인어른)이 물려준 장소에서 돌아가셨으면 좋겠다고 생각해서 그녀가 살 수 있게 해달라고 호소했습니다.

회사 사장은 장모님이 타계할 때까지 그냥 계속 살아도 좋다는 조건으로 허락해주었어요. 이건 제게는 그야말로 기적이었습니다. 제가 해온 모든 일의 결말인 동시에, 제 깜냥을 넘어선 영역으로부터 혜택을 받았다고 생각할 수밖에 없습니다.

되돌아보면, 저는 본가와 처가 모두를 책임지려고 했던 것 같아요. 오사카 남바의 노른자위 땅 빌딩은 아버지의 세 번째 부인이 당신의 병상에서 이혼으로 인한 1억 엔이 넘는 위자료를 요구하자, 그 돈을 마련하려고 은행에 담보로 넣었습니다. 그러나 그것은 동시에, 제가 물려받은 장인어른의 사업을 지탱하는 담보이기도 했습니다. 여러 사업을 통해 어떻게든 빚에서 벗어나고 싶다는 생각이 지금 생각하면 제게 잠재적인 짐이었던 것입니다. 무리한 투자를 거듭한 것도 금전 문제를 단번에 해결하려고 한 것으로, 냉정하게 판단할 이성을 잃었던 것이라 생각합니다.

이제는 지금까지처럼 돈 문제로 고민할 일은 없습니다. 제가 원했던 한일 간의 비즈니스는 '한 알의 밀'이 되어주기를 바랄 뿐입니다. '자이니치' 문제에 대해서는『인권의 실현 ― '자이니치'의 입장에서』, 『인권론의 재정위』(전5권, 法律文化社),『'민족 차별'이란 무엇인가 ― 대화와 협력을 찾아서』,〈계간 피플스 플랜People's Plan〉 11월호에 정리해, 지금부터 제가 나아가야 할 방향에 대한 '큰 그림'도 그렸습니다.

저는 고대의 아브라함처럼 앞으로의 여생을 새로운 땅을 찾아 살게 됩니다. 다만 제게 다행이었던 것은 저를 이해하고 지지해준 아내와 함께 그 여정에 나설 수 있다는 점입니다. 지금껏 해온 일에서 마치 아무 일도 없었던 것처럼 여기고 앞으로의 새로운 삶을 살 수 있다는 생각에 마음이 들뜨기도 합니다. 게다가 오늘 아침, 새로운 기쁨이 찾아왔어요. 차남에게서 둘째가 태어났다는 소식이 전해져왔습니다.

제3부

자이니치로 걸어온
길에 대한 고찰
― 지역 사회의 당사자로서

# 제1장
# '공생 도시' 가와사키시에 묻는다

 

 

 

저와 박종석 씨가 세이큐샤, 세이큐샤후레아이관 현장에서 떨어져 20년이 지났을 무렵 도쿄도의 한국 국적 직원이 '당연한 법리'[1]를 이유로 관리직 승진 시험 신청을 거절당하고 도쿄도를 제소했다는 신문기사를 보았습니다(1994년 9월 16일). 제소자가 C라는 이니셜이었기 때문에 처음에는 그 C가 옛날에 가와사키 지역에서 함께 활동한 정향균 씨인 줄은 몰랐습니다. 그 후, C가 정향균 씨 본인인 것을 알고 그녀의 재판 투쟁에 도움이 되면 좋겠다고 생각했습니다. 저는 외국인에 대해 '문호 개방'을 이미 실현하고 있던 가와사키시의 인사과를 방문해 이야기를 들었습니다. 그러나 거기서 안 것은 가와사키시나 도쿄도나 '당연한 법리'를 전제로 하고 있는 것에는 변함이 없다는 사실이었습니다. 가와사키시도 '문호 개방'을 했지만 채용한 외국적 공무원에 대해서 관리직 승진이나 직무의 제한을 하고 있음을 처음으로 알게 된 날입니다.

그 일이 계기가 되어 이듬해 저와 박종석 씨는 알고 지내던 자이니치 친구나 새롭게 알게 된 일본 친구를 모아 1997년 1월 '국적 조항'에 관한 집회를 열었고, 그 후 '외국인에 대한 차별을 허락하지 말라! 가와사키연락회의'(대표: 모치즈키 후미오望月文雄, 이하 '연락회의')를 결성하고, 시와의 직접 교섭과 집회(스터디), 자료·뉴스의 배포를 시작했습니다.

지난 활동을 통해 저는 가와사키시의 '다문화 공생'으로 실현된 긍정적인 부분과 문제점 양면을 모두 알게 되었습니다. '공생'은 시 당국과 시민운동 단체 및 시 노조가 서로 협력하는 것으로 추진되어왔으며, 가와사키시의 다문화 공생 정책은 아베阿部 시장이 내세우는 신자유주의 정책과 일체화되어 있다는 점에 유의해야 합니다. 그것은 비단 가와사키시만의 상황이 아니라 일본 사회 및 전 세계가 글로벌 시대를 배경으로 자본과 인간(노동력)이 국경을 넘나드는 상황에서 발생한 문제로 파악해야 할 것입니다.

이 글에서 대해 저는 가와사키시와의 직접 교섭을 통해 발견한 이 '공생'의 실태를 드러내고, 구체적인 사례를 검증하는 것으로 '공생'이란 무엇인가, 특히 신자유주의 정책과 '공생'과의 관계를 고찰해보려 합니다. 그것은 '열린 지역 사회'를 요구하는, 일본인과 자이니치 양자의 공통과제로서 양자 연대의 존재방식과 방향성을 모색하는 작업으로 연결된다고 생각하기 때문입니다.


## 가와사키시의 외국인 시책 — '인권·공생의 마을 조성' 검증

세이큐샤 등 여러 단체에 의한 문제 제기는, 교섭을 통해 쌓아온 행정과의 신뢰관계를 바탕으로 가와사키시를 외국인 시책의 선진적 지자체로 발전시켰고, '다문화 공생'은 가와사키시를 특징짓는 중요이념의 하나가 되었다(김윤정).[2]

세이큐샤, 후레아이관의 '공생'을 목표로 하는 움직임에 호응하는 형태로 시 측도 성의를 가지고 대응을 하여 이토 사부로伊藤三郎 시장이 지문날인 거부자를 고발하지 않는다고 선언했습니다(1985년 2월 23일). 또한 교육면에서는 '가와사키시 재일외국인 교육 기본방침 ─ 다문화 공생 사회를 지향하며'(1986년)가 제정되었습니다.[3] 나아가 자이니치가 많이 거주하는 지역에서 커뮤니티센터 역할을 수행하는 후레아이관이 설립되어 '다문화 공생 사회 실현'은 가와사키시의 슬로건이 되었습니다.

가와사키시는 지금까지 외국인에게 닫고 있던 공무원의 문호를 개방했고(1996년 5월), 시정 참가를 주창한 외국인시민대표자회의를 발족시켰습니다(1996년 12월). 모두 NHK의 7시 톱뉴스가 될 정도로 파장이 큰 사건이었습니다.

여기에서는 가와사키시의 외국인 시책에 관해서 4개 요소를 검증하고자 합니다. 하나는 가와사키시가 외국 국적을 가진 주민을 일본 국적을 가진 일본인 주민과 마찬가지로 가와사키 시민으로 간주하고 있는가 하는 점입니다. 두 번째는, 외국인의 공무원 채용에 관해서 전국에 앞서 실시된 '문호 개방'의 실태입니다. 세 번째는, 외국인의 시정 참가라고 하여 높은 평가를 받은 외국인시민대표자회의에 대해서이고, 마지막은 '중앙의 고이즈미小泉·가와사키의 아베阿部'를 선거의 헤드카피로 쓰면서, 행정 개혁을 주창하며 시장직에 당선된 아베 다카오<sup>阿部孝夫</sup> 시장이, "외국인은 준회원"(《正論》, 2002년 1월호)이라고 발언한 진의에 대해서입니다.

## 외국인은 일본인과 같은 시민·주민인가?

우선 가와사키시는 외국인에 대해 일본 국적을 가진 일본인 주민·시민과 같은 주민·시민으로 인식하고 있는가에 대해서입니다. 대답은 '예스'이기도 하고 '노'이기도 합니다. 시의 공식 견해에서는, '외국인 시민'이라고 하는 카테고리를 마련했고, 가와사키시 다문화 공생 사회추진지침에서는 "본시에서는, 외국적의 주민은 지역 사회를 구성하는 둘도 없는 일원이라고 생각해 1996년에 제정된 가와사키시 외국인시민대표자회의 조례를 계기로 외국인 시민이라고 하는 말을 사용하고 있습니다"라고 되어 있습니다. 일본인과 완전히 같다면, 이러한 '외국인 시민'이라는 카테고리를 설정하는 것 자체가 자가당착입니다. 이것은 결국 '노'라는 것입니다.

그렇지만 가와사키시의 '자치의 기본을 정하는 최고규범'인 2005년에 제정된 '가와사키시자치기본조례' 제3조의 '시민'의 정의는 "본시 관할구역 내 주소를 가지는 사람, 본시 관할구역에서 일하거나 혹은 배우는 사람 또는 본시 관할구역에서 사업 및 그 외의 활동을 실시하는 사람 또는 단체를 말합니다"라고 되어 있습니다. 이 정의에 따르면 외국인은 영주권의 유무에 관계없이 시민이 됩니다. 이 조례 제31조의 '주민'의 정의에는 "본시 관할구역 내에 주소를 보유한 사람"이라고 되어 있으며 이에 따르면 외국인도 주민으로 되어 있습니다. 여기선 '예스'입니다.

그러나 참고로, 주민에 대해서는 헌법 제93조 2항에 따르면, "지

방 공공 단체의 장, 그 의회의 의원 및 법률이 정하는 그 밖의 공무원
은 그 지방 공공 단체의 주민이 직접 이것을 선거한다"고 되어 있고
지방자치법 제10조 1항에서는 "시, 정, 촌 구역 내에 주소를 가지는
자는 해당 시, 정촌 및 이를 포괄하는 도도부현의 주민으로 한다"고
되어 있으나 이 법 제11조에서는 "일본 국민인 보통 지방공공단체의
주민은 이 법률이 정하는 바에 따라 그 속하는 보통 지방공공단체의
선거에 참여할 권리를 가진다"고 하여 식민지 지배 당시 일본에 살게
된 대만인과 조선인의 기본적 인권(법적 지위를 포함)은 전혀 고려되
지 않았다는 실태가 부각됩니다. 헌법상, 주민이 지방공공단체의 선
거권을 갖고 외국인도 지방공공단체에 주소를 가진 주민인데 지방
선거권을 주지 않는다면 외국인은 주민이 아니냐고 묻고 싶기도 합
니다.

가와사키시의 조례에서 '주민'은 외국인의 참가에 대해 기술돼 있
는 주민투표 항에서 논의되고 있습니다. "주민투표제도는 간접민주
제를 보완하는 제도인 점 등에서 주민투표를 발의할 수 있는 시민의
범위에 대해 주민으로서 법인을 제외한 본시 관할구역 내 주소를 보
유하는 사람으로 정하고 있습니다"('자치기본조례 제31조[주민투표제
도]의 해석에 대해'제2회 주민투표제도검토위원회[2005. 12. 27] 자료 2에
서).

엄밀하게 말하면 지방자치법과 가와사키시의 자치기본조례와는
주민의 파악 방법이 다른 것처럼 보입니다. 주민을 단지 일본국 또는
가와사키시에 사는 사람으로 파악하면, 가와사키시가 말하는 주민
은 지방자치법에서 염두에 두고 있는 지방참정권을 가지는 주민(일
본인)과 다르지만, 지방참정권을 가지지 않는 외국인도 가와사키시

에서는 일본인 주민과 같이 주민투표를 할 수 있다고 하는 것입니다. 회색지대입니다. 같은 주민이라도 국적에 따라 정치에 참여할 권리의 범위가 다르고(차별이 있어) 외국인이라도 주민투표는 좋지만 지방참정권은 인정할 수 없다는 근거는 명시되어 있지 않습니다.

저는 가와사키시 자치기본조례에 명시된 시민·주민의 정의를 편견 없이 읽었습니다. 외국인은 가와사키시에서 일본 국적을 가진 일본인과 같은 시민이며 주민이라고 인식했습니다. '외국인 시민', '외국인 주민'이라는 새로운 개념이나 용어는 불필요하다고 생각합니다. 외국인을 '준회원'(=2급 시민)으로 하는 아베 전 가와사키시 시장의 사고방식에 반대합니다. 그러나 아베 전 시장의 이 발언에는 비판이 많아 그 후 똑같은 발언이 되풀이되는 일은 없었습니다만, 아베 전 시장 본인은 그 발언을 철회한다는 등의 발언은 하지 않았습니다.

### '문호 개방'의 실태에 대하여

가와사키시는 지문날인 거부운동과 후레아이관 설립을 통해 외국인의 인권에 대해서는 다른 어떤 지자체보다 열심히 대처해온 경위가 있어 시의 노조, 시민 단체('가나가와민투련')와 함께 시간을 들여가며 협의를 했습니다. 다른 지방의 선례를 참고하면서도 가와사키시 독자적인 방안으로 외국인의 공무원 임용에 관한 '문호 개방'을 실현하기 위해 노력을 거듭하여 1996년, 가와사키시 직원모집요강에서 국적 조항을 철폐했음을 밝혔습니다.

여기서 최대 관문은 외국인 공무원 임용을 금지하는 당연한 법리였습니다. '당연한 법리'에 대해서는 1953년의 내각법제국이 "공권력 행사, 또는 국가 의사 형성에의 참가에 종사하는 공무원이 되기 위해서는 일본 국적을 필요로 하는 것이라고 해석해야 한다"는 견해를 제시한 것에 근거를 둡니다.

'가와사키 방식'이란 '공권력 행사'를 가와사키시 독자적으로 해석하여 '당연한 법리'에는 저촉되지 않도록 한 것입니다. 원래 공권력 행사란 국가 통치에 관한 개념입니다. 외국적 공무원의 직무에 대해서 제한을 두는 근거가 되는 '공권력 행사'와 그 본래 의미로서 '통치'와의 관계를 주제로 한 '연락회의'와 시 사이에 교섭 자리를 가졌습니다. 인사과 과장에게 가와사키시에서 '통치'에 관계하는 직무란 무엇인가라고 물어도 "그런 것은 없습니다"라고만 대답했습니다.

가와사키시는 새롭게 '공권력의 행사'를 '통치'가 아닌 '시민의 의사에 관계없이 권리·자유를 제한하는 것'이라고 '독자적인 해석'을 함으로써 3509개의 직무 중 이에 해당하는 직무를 일률적인 기준을 적용해 182개의 직무를 뽑아냈습니다('외국적 공무원의 임용에 관한 운용 규정'). 182개 직무(세금 징수, 전염병 환자 격리, 사례지원담당자 등)는 '공권력 행사'와 관계하는 것으로 분류되었고, 이 182개를 제외한 나머지를 외국인에게 '문호 개방'한 것입니다. 이것이 국적 조항 철폐의 실태입니다(1996년 5월).

여기에는 '당연한 법리'를 준수하겠다고 선언하지 않으면 '문호 개방'이 중앙 정부로부터 승인되지 않을 것이란 판단이 있었을 테고, 다른 지자체가 '문호 개방'을 단념한 사실로만 봐도 이는 가와사키시의 '지혜로운 판단'이 평가된 이유일 것입니다. 그러나 지자체의 임용 정책은 지방 분권 원칙을 보더라도 반드시 독자적인 판단으로 이뤄져야 할 이유는 없습니다. 또한, 지금까지 가와사키시의 '지혜로운 판단'은 주목받아도, 이 '문호 개방'은 제한된 것이며, 그것을 가능하게 한 '공권력 행사'의 '독자적인 해석' 자체의 시비가 논의된 적도 없습니다.

지방자치법에 따르면, "지방공공단체는, 주민 복지의 증진을 도모하는 것을 기본"(제1조의 2)으로 하고 있습니다. 따라서 '공권력의 행사'는 이 '주민 복지의 증진을 도모하기' 위해 존재한다고 생각하는 것이 타당할 것입니다. '시민의 자유와 권리의 제한'을 한다고 한 가와사키시의 '공권력 행사'에 대한 정의 자체는 벡터의 방향이 반대인 것입니다.

원래, 공무원이 자의적으로 '시민의 의사에 관계없이 권리·자유를 제한하는 것'이 허락될 리가 없습니다. '시민의 권리·자유를 제한한다는 것'은 법률에 의해 한정적으로만 허용됩니다. 공무원이 모두 법률에 따라서 시민에게 영향력을 행사하는 것이라면, 채용된 외국 국적 공무원이나 일본 국적 공무원이나 법률에 근거해 행동하도록 요구되는 것은 같을 것입니다.

또 인사과 과장에게 확인한 바에 따르면 관리직 결재 사항은 내규로 정해져 있고[4] '공권력 행사'로 인해 시민의 일상생활에 영향을 줄 수 있는 안건은 그 내용에 따라 과장, 부장, 국장 그리고 마지막으로 시장의 결재로 집행될 것입니다. 그렇다면 현장에서 집행을 맡고 있는 공무원은 자신의 자의적인 판단이 아니라 상사의 결재로 인해 바로 명령을 따를 뿐인데, 그 현장 집행자 공무원의 국적이 문제가 된다는 것은 어떤 이유 때문일까요.

'공권력 행사'를 가와사키시가 독자적으로 해석하여 '문호 개방'을 실현시킨 논리라는 것은 요컨대, '문호 개방'의 실현을 꾀하려는 나머지 국가의 '당연한 법리'에 대한 저촉을 피하기 위해 고안된 타협의

산물로, '당연한 법리'가 갖는 배외성의 문제점, 지방 분권의 내실화 (독자적인 인사 정책), '공권력 행사'에 대한 너무 형식적인 해석에 대해 그 후 폭넓게 논의되지는 않았던 것입니다.

'당연한 법리'를 지킨 다음 '문호 개방'을 한다고 하는 가와사키시의 방안은, 외국인을 채용한 후에 직무 제한을 적용해 승진을 인정하지 않는 등 '문호를 닫는' 결과를 가져왔습니다. 예를 들어, 광견병 예방에 관한 사무로서 '강아지의 등록, 광견병 예방주사표의 교부 등'이 '공권력 행사'라고 제한되어 있습니다. 이번에 새롭게 '재검토된' 예에서 보면, '특정 동물사육업에 관한 허가·취소·권고·명령 등', '자동차 재활용법 관련 사업자등록 허가', '노상흡연자에 대한 주의·지도·그 외 지시에 따르지 않는 경우에 대한 과태료 징수의 실시' 등이 있습니다. 이들 직무에 외국적 직원이 있어선 안 된다는 것은 그것이 '당연하기' 때문이라는 식으로 설명될 뿐입니다. 이것은 결국 동어반복의 오류를 범하고 있는 것으로 전혀 설명되지 않습니다. 가와사키시는 '공권력 행사'를 행정 현장의 실태에 입각해 재해석하고, 지방 분권의 원칙을 명확하게 한 다음, 외국적 공무원을 국적에 따라서 차별하는 현행 임용제도를 개정해야 할 것입니다.

가와사키 방식을 자치성(현 총무성의 전신기관으로, 대한민국의 '행정안전부'에 상당하는 기관 – 역자 주)이 인정한 것은 분명한 사실입니다. 그 후 많은 지자체가 답습하게 됩니다. 가와사키시는 '가와사키 방식'을 구체화하기 위해서, '외국적 직원의 임용에 관한 운용 규정 ― 외국적 직원의 활기찬 인사를 지향하며'를 작성했습니다. 덧붙여서 '운용 규정'은 완전하게 시장의 판단으로 개정·재검토되는 것으로, 의회의 승인은 필요 없습니다.

전 인사과장은 '연락회의'와의 교섭 속에서 가와사키시에서 제한하고 있는 직무 중에는 다른 지자체에서 인정받고 있는 것도 있어 다른 지자체와의 형평성도 고려하지 않을 수 없지만 외국인 공무원의 장래를 위해서도 여러 경험을 쌓기 위해 기존의 (10년 전의 낡은) '운용 규정'의 재검토가 필요하다고 설명했습니다. 그런데 전 과장의 제안은 최종적으로 시장에 의해서 각하된 후, 2007년의 9월이 되어 '운용 규정'이 재검토되어(우리가 볼 때는 '개악'되어), 시장의 최종 결재를 거쳐, 제한되어 있던 직무가 182개에서 오히려 192개로 증가되었습니다.[5]

이번 '운용 규정'의 '재검토'에 대해서 시 노조와 '가나가와 민투련'은 시의 자의적인 판단이 아니고 법의 개정 등에 따라서 자동적으로 증가한 것으로 "어쩔 수 없다"는 식의 인식을 드러내, 공식적으로는 아무런 반대 의사 표시도 하지 않았습니다. 그러나 당당하게 '재검토'를 비판하는 한국인 공무원 한 사람이 나타났습니다('다시 묻는 가와사키의 채용규정', 〈민단신문〉 2007년 11월 28일). 그는 지금까지 자신이 가고 싶은 직무의 부서를 희망해도, '운용 규정'을 방패삼아 부서의 변경 신고를 인정하지 않았던 인사과에 대해서, 네 번째 이동 신청을 냈습니다('당연한 법리에 도전, 금년도', 〈민단신문〉 2007년 12월 5일). 사례지원담당자로 직무 이전을 바라는 네 번째 신청에 대해서는 인사과도 어떻게든 돌파구를 찾아보려고 노력한 것 같습니다만, 유감스럽게 최종적으로 시장의 판단을 뒤집을 수 없고, 이번에도 각하되어 '공권력 행사'에 저촉되지 않는 다른 직무를 권유한 것 같습니다.

인사과의 주장은 명확합니다. 오늘날 압도적으로 많은 직원이 기피하는 사례지원담당자를 희망하는 이 청년에 대해 '생활보호신청'

을 할 수 없는(='의사<sup>意思</sup> 행위'를 할 수 없는) 사람에게 사례지원담당자 '직권'으로 '조치'를 취하는 직무가 공권력 행사에 해당한다며 이동을 거부한 것입니다.

생활보호신청은 '모든 국민의 건강하고 문화적인 최저한도의 생활을 영위할 권리'(헌법 제25조 1항)에 근거한 것이며, 사례지원담당자는 '주민 복지의 증진을 도모하기' 위한 '보조' 기관에 지나지 않습니다. 이 경우의 사례지원담당자의 '조치'는 바로 '주민 복지의 증진을 도모하기 위한 것'이며, '시민의 자유와 권리의 제한'을 하는 가와사키시의 독자적인 해석에 의한 '공권력 행사'에 해당한다고 볼 수 없습니다. 오히려 지방자치법의 목표로 볼 때 '공권력 행사'를 통해 적극적으로 '주민 복지의 증진'을 도모하는 것이 사례지원담당자의 일이라고 할 수 있습니다. 어쨌거나 한국 국적의 직원이 사례지원담당자가 되어서는 안 된다는 시의 판단에는 무리가 있는 것 같습니다.

이 한국 국적 공무원의 사례지원담당자 직무 희망을 부정하는 논리를 따져보면, 관리는 일반 시민을 관리하며 권리를 부여한다는 발상과 결부되어 있고 사례지원담당자 역시 저소득층을 관리한다는 전제에서 성립된 논리입니다. 최근, 규슈에서 생활보호가 중단되어 아사한 케이스와, 워킹푸어(비정규직의 저소득 노동자)의 식대에 비해 기초생활수급자의 식대 산정이 너무 높으므로 삭감해야 한다는 자민당의 논조도, '주민 복지의 증진'을 도모한다고 하는 지방자치법이나 헌법의 정신에 반하는 것이라고 하는 의미에서는, 같은 문제라고 말할 수 있을 것입니다.

또 하나, '운용 규정'에 대해 확인해두어야 할 것이 있습니다. 그것은 외국적 공무원을 대상으로 한 것으로 되어 있었지만, 실은 시의 중장기 합리화 정책의 일환이었다는 것입니다. 이미 수 천 명 규모의 인원 삭감 계획이 발표되었습니다. 공생이라는 큰 흐름 속에서 외국인의 '문호 개방'이라는 이름을 붙여 만들어진 '운용 규정'은, 모든 직원을 대상으로 한 중장기 합리화 시스템 구축의 일부였다는 것입니다.[6] 외국적 공무원에게 '문호 개방'을 하기 위해서라고 말하면서 동시에 시 당국은 대규모 구조조정 준비를 착착 진행하고 있었다는 것입니다.

저는 이 '운용 규정'의 구조를 보면, 모든 것은 일면에서만 봐서는 안 된다고 통감합니다. 민족 문제에 특화된 사고방식을 가지고서 민족 문제만의 성과를 요구하는 것은 큰 흐름을 간과할 수 있습니다. 반대로 생각하면, 위정자는 '공생'이라고 하는 누구나가 반대할 수 없는 간판을 내걸면서, 실은 그들이 본래 실현하고자 했던 계획을 차근차근 실행에 옮기는 준비를 해온 것입니다.

### '외국인시민대표자회의'에 대하여

지방참정권이 없는 외국인을 아무리 일본인과 같은 시민·주민으로 간주한들, 또 '둘도 없는 이웃'이라고 한들, 문제가 해결되지 않는 것을 잘 이해한 가와사키시 당국은 '외국인 시민'이라고 하는 카테고리를 만들어 참정권은 없어도 외국인이 시정에 참가할 수 있는 길을 찾아냈습니다. 1976년에 조례로 설치된 '가와사키시 외국인시민대표자회의'는 시 당국이 시민운동의 의향을 수용해 독일 현지 시찰을 수행하는 등 각계 전문가들의 협력을 얻으면서 지혜를 총결집해 만든 것입니다. 이것은 이토 사부로 시장의 지문날인 거부자 불고발 선언(1985), 후레아이관 설립(1988), '문호개방'(1996)으로 이어지는

'공생' 정책의 총결산이라고 해도 과언이 아닐 것입니다.

많은 관계자와 연구자가 외국인 시민의 시정 참가라고 하는 것으로, 이 '대표자회의' 설치의 의의를 기려 출판도 하고 있습니다.[7] 그러나 2007년 7월 15일의 '다문화 공생을 생각하는 연구 집회'에서 우에노 치즈코 씨는 '대표자회의'에 대해 "행정의 가부장적 온정주의"이며, "외국인 참가의 제도화가 행해졌다고는 도저히 말할 수 없다"고 단언했습니다. 그때까지 학자 중에서 '외국인시민대표자회의'의 문제를 언급한 사람은 눈에 띄지 않습니다. 이 '대표자회의'에 대한 평가의 격차는 무엇을 의미하는 것일까요.

실제로 가와사키시 외국인시민대표자회의 조례에서는 회의의 위상에 대해 외국인 시민과 관련된 "사항에 대해 조사·심의하고, 시장에게 그 결과를 보고하거나 또는 의견을 신청할 수 있다"(동 2조)고 되어 있을 뿐이며, 시장은 그 '책무'로서 "보고 또는 의견 신청이 있는 때에는 이를 존중한다"(동 3조)고 되어 있어 매우 제한된 것일 뿐입니다. 외국인 시민에게 필요한 일을 결정하는 것은 '당사자'가 아니고 결국 시장이라는 구조 자체의 근본적인 문제점을 우에노 씨가 지적한 것입니다. 다른 사람들은, 제한된 것이든 간접적이든 어찌됐든 외국인이 시정에 '참가'하는 형식 자체를 긍정적으로 평가한 것이라고 생각할 수도 있겠습니다.

또 이 회의에 참가하는 '대표'라고 하는 것은, "자신의 국적이 속하는 나라의 대표가 아니고, 가와사키시의 모든 외국인 시민의 대표"(동 5조), 즉 '개인의 참가'라고 명기되어 있음에도, 자이니치에 관해서는 민단·총련·'가나가와 민투련'이라는 조직이 각각 일정한 영향력을 확보해 참가하는 것이 결정되었습니다. 그리고 몇 년 후 아무런

평가도 어떤 설명도 없이 이 대표자회의의 민단과 조총련 할당석은 사라져버렸습니다.[8]

저는 '외국인시민대표자회의'의 의의를 무조건 부정하는 것은 아닙니다. 외국인 당사자가 외국인 시민으로서 정치에 참여하고 싶은, 스스로의 운명을 스스로 결정하게 되기를 바라는 것은 당연한 일입니다. 그러나 이 '대표자회의'는 본질적으로 마이너리티의 외국인 시민이 스스로의 요망을 구현하는 정치 수단이 되고 있지는 않습니다. 우선 '대표자회의' 진정한 의의를 갖기 위해서는 시장에게 단순히 '보고'하거나 '의견 신청'에 머무는 것이 아니라, '대표자회의'에서 조사·심의한 내용을 스스로 결정하고 시장은 그 결정을 '존중'이 아닌 '준수'를 해야 한다고 변경해야 할 것입니다.

가와사키시의 외국인 주민 인구는 전체 인구 대비 2%이므로, 예를 들어 전체 예산의 2%를 외국인 주민에게 사용한다거나 전체 직원의 2%를 외국인 기준으로 확보한다거나 하는 '결의'를 하고 시장이 그것을 '준수'한다면 '대표자회의'는 의미가 있을 것입니다.

또한 '대표자회의'에 참가하는 멤버의 구성에도 문제는 남습니다. 시 측이 선정한 심사위원회가 '대표' 지원자 중에서 26명을 선출하는 형태로 되어 있습니다만, 입국 체류기간이 지난 외국인을 포함해 더 큰 곤경에 처한 사람 등 다양한 외국인의 소리가 반영되는 구성은 아닙니다.

당초 매스컴에서 크게 보도되어 많은 전문가들에게 높게 평가되며 가와사키시 거주 외국인들에게 큰 기대를 안겼던 '대표자회의'는, 유자격자 전원에게 엽서로 대표자 모집 안내가 도착해 외국인 주민의 관심도 높았습니다(저도 지원했습니다). 하지만 지금은 예산 사정으로 시의 홈페이지나 각 구청 등에서 안내될 뿐 외국인 주민에 대한 관심은 급속히 사라지고 있습니다. 1996~1997년도의 제1기 지원자 258명에 비하면, 최근의 제6기에는 32명으로, 약 10% 수준으로 줄어들었습니다.[9] 그야말로 풍전등화 상태입니다. 지원자의 급감 원인은 지원자에 대한 안내 방법이 변화했기 때문이라기보다는 외국인 시민 당사자가 '대표자회의' 자체에서 의의를 찾아낼 수 없게 되었기 때문일 것입니다.

'연락회의'와 시 사이의 직접 교섭 장소에서 드러난 사실인데, 시의 직원이 '대표자회의'에서 나온 시장에 대한 제안 내용을 수정한 사실이 밝혀진 적이 있습니다. 그러나 '대표자회의'의 운영은 기본적으로, 의제 설정을 포함한 준비 단계부터 회의록 작성 등 그것을 발표하는 실무 작업을 모두 시의 직원이 담당하고 있으므로, '대표자회의'의 외국인 대표는 시가 설정한 프레임에서 벗어나지 못한 것이기도 합니다. '대표자회의' 설립에 큰 역할을 완수한 시 직원 야마다 다카오山田貴夫 씨는, "실제 반영된 제언들을 보면, 제언을… 보고의 근거 자료로 활용하는 담당 직원의 존재가 크다"라고 밝혔습니다.[10] 이것은 사실상 뒤에서는 시의 직원이 솔선해서 '재주를 부리고' 있었음을 암시합니다.

'외국인시민대표자회의'가 설립된 지 10년이 됩니다. 외국인의 지방참정권을 긍정하는 움직임이 국회에서 활발해지는 가운데, '대표자회의'에 참가하는 대표의 선출 방법과 운영 방법, 그리고 무엇보다도 '대표자회의'의 권한에 대해, 한층 더 당사자의 의견을 구체화할 권한을 부여할 것인지 근본적으로 검토해야 할 시기에 와 있다고 생각합니다.

## 아베 시장의 '외국인은 준회원' 발언의 진의에 대하여

마지막으로 가와사키시의 최고 책임자인 아베 시장이 2002년 당선 직후부터, 매스컴뿐만이 아니라 공개석상에서 반복해온, '외국인은 준회원'이라고 하는 발언[11]의 진의를 생각해봅시다.

아베 시장은 '다문화 공생사회의 실현'을 내세우면서 향후 10년의 가와사키시가 나아갈 바람직한 방향을 명시하여(신종합계획 '가와사키 재생 프런티어 플랜' 2005년) 이때까지 시민운동으로부터 제기된 제안을 모두 시의 방침 속에 반영하고, '가와사키시 다문화 공생 사회 추진지침 — 함께 사는 지역 사회를 지향하며'를 발표했습니다. 이것은 관-민 라운드테이블을 마련해 모든 의견을 '민주적으로' 집약한 것이라고 합니다. 하지만 미리 작성된 초안이 준비돼 있었고, 그 자리에서 질문을 주고받기 위해 질문서에 (초안과 다른) 자기 의견을 적어도 거론되는 일은 없었다는 경험을 그 미팅에 참석한 제가 했습니다. 일정한 절차를 거쳐 작성된 것이라 하더라도 그 지침 속에 외국인 시민의 생각이 반영되어 있다고는 말할 수 없습니다.

아베 시장은 '다문화 공생 사회의 실현'을 목표로 그러한 지침을 만들어왔는데도 왜 '외국인은 준회원'이라고 발언하고 그 발언을 철회하고 사과하는 것을 거부해왔을까요? 아베 발언의 진의는 무엇이었는지, 좀 더 제 견해를 피력해보겠습니다. 그는 외국인에게 참정권이 없는 상황이라 준회원이라는 발언을 한 것이 아닙니다. 2002년 인터뷰에서 아베 시장은 "국가라는 것은 전쟁을 할 때의 단위"이며, "지자체는 국권에 관련된 업무의 일부를 담당하고 있다"고 말했습니다. (참정권이 있든 없든) 유사시에 전쟁에 동원되지 않는 외국인은 국민국가의 대원칙으로 일본인과 같은 '회원'으로 인정할 수 없다고 생각한 것입니다. 아베 시장의 그 '준회원' 발언에 대해 수많은 비판과 사과 요청서가 나왔지만 이 전쟁 대목을 문제시하지는 않았습니다. 하지만 저는 아베 시장의 이 국가관 자체가 더 큰 문제라고 생각합니다. 이 국가관으로부터 자동적으로 '외국인은 준회원'이라는 발언으로 이어지기 때문입니다.

아베 시장 개인이 대학의 정치학 강의 중에서 국민국가란 무엇인가를 논하고, 신자유주의가 얼마나 올바르고, 그 시책의 중요성·유효성이나 개헌의 필요성을 역설하는 것은 충분히 있을 수 있는 일입니다. 그러나 일본은 전쟁을 포기하는 헌법을 가지고 전쟁을 하지 않는다는 것을 국시로 삼고 있습니다. '국가는 전쟁하는 단위'라고 하고 외국인을 '준회원'으로 하는 것은 외국인은 '전쟁에 동원되지 않는 자'라고 생각하기 때문입니다. 그러면 '전쟁에 동원되지 않는' 장애인과 노인, 그리고 무엇보다 여성들도 이 '회원'에서 제외될 것입니다. 또 시민을 '준회원', '회원'이라고 나누는 발상에서는 불법체류자 외국인은 '준준회원', 나아가 주민표도 없이 세금을 납부하지 않은 노숙자는 '비회원'[12]이라고 말할 수 있을 것 같습니다. 우에노 씨의 발언은 정확합니다. "회원·준회원이라고 하는 말은, 전전戰前의… 3등 국민과 다르지 않습니다. 아니면 2급 시민과 전혀 다를 바 없습니다."

마지막으로 아베 시장은 왜 이 발언을 철회하고 사과하지 않았을까요? 물론 그것이 그의 신념이라는 것은 앞서의 논의에서 확인되었습니다. 그러나 저는 반대로, 장래의 열린 지역 사회 건설을 위해서는 결코 인정해서는 안 되는 내용임에도 '외국인은 준회원'이라는 발언을 철회하지 않고 변명을 통해 문제를 해소하고자 했던 아베 시장을, 어째서 당초 비판의 목소리를 높였던 단체들은 왜 그대로 방치했는지 묻고 싶습니다. '가나가와 민투련'의 요청서[13]를 봐도 가나가와 현에 소재지를 두고 있는 양심적인 운동 단체의 상당수가 이름을 올렸습니다. 아베 시장이 어떤 해명을 했기에 그의 발언을 비판하는 움직임이 소멸되었을까요? 시장 응답 중 하나는 그 발언이 비공식적이었다는 것이고, 또 하나는 지금까지와 같이 공생 정책을 계속하겠다는 약속입니다.

전자에 대해서는 아베 시장이 공적인 자리에서 '준회원' 발언을 한 것이 확인되었으므로 비공식 발언이라는 변명을 인정할 수 없으며, 백보 양보하여 비공식 발언이라고 해도 비공식이라면 시장의 그러한 차별 발언을 허용할 수 있는가 하는 문제는 남아 있습니다.

후자는 공생 정책에 의해 사업화되어온 것 및 공생 정책으로 결정한 것은 기존 방침대로 실행하고 앞으로도 추진하겠는 약속이며, 실제로 체계적인 '가와사키시 다문화 공생 사회 추진지침'을 발표하기도 했습니다. 외국인시민대표자회의 1기와 2기 의장이자 세이큐샤 이사장인 이인하 씨는 분명히 그 발언의 부당성을 시장 앞에서 비판했습니다. 하지만 이인하 씨는 나중에 시장에 대해 '입단속'을 했다고 했고, 이후 시장은 준회원이라는 말을 하지 않을 테니 시장의 발언을 더 이상 문제 삼지 않겠다는 태도를 보였습니다.[14]

저는 이인하 씨의 언행이 자이니치 운동의 리더로서 문제시되어야 할 발언이자 자세라고 생각합니다. 미국의 흑인운동 리더가 뉴욕 시장의 흑인 차별 발언에 대해 함구하고 시장은 그 후 차별 발언을 하지 않게 되었으니 문제가 없다고 할까요?

아베 발언은 개인의 발언이 아닌 공인의 발언이며, 그 배타적인 발언에는 일정한 지지자가 있는 것입니다. '준회원' 발언을 하지 않게 됨으로써 시민운동 측에 성찰의 태도를 연출하고, 발언 철회를 하지 않음으로써 그의 발언을 지지하는 일정한 보수층에게는 자신의 신념을 굽히지 않을 것이라는 메시지를 보내고 있는 것입니다. 이시하라 신타로石原慎太郎 도쿄도 지사의 '제3국인' 발언이 그 후 그런 발언을 하지 않겠다는 것으로 끝나지 않도록, 공인의 차별 발언은 '없었던 것으로 한다'가 아니라 철저하게 철회를 요구할 필요가 있습니다. 그것은 시민운동 측의 상대적인 역량의 문제가 될 것입니다. 운동의 역학에 의해서, 비록 그의 진심이 어떻든 간에 '외국인은 준회원'이라고 한 발언은 부적절했으므로 철회한다는 말을 끌어내야만 하는 게 아닐까요.

그럼에도 아베 시장의 '준회원' 발언 철회의 언질을 포착하지 못한 채, 그의 애매한 변명을 이유로 발언 철회의 요구를 중단한 것은 시장이 앞으로도 계속 다문화 공생 사회의 실현에 매진하겠다고 약속했기 때문이라고 생각합니다. 즉, 이것은 기존의 공생 파트너에 대한 기득권 보장이라고 저는 생각합니다. 아베 시장의 발언은 그의 개헌 주장[15]과 함께 우익적·국가주의적인 사상을 배경으로 신자유주의 정책에 매진하는 정치인의 자세를 여지없이 보여줍니다. 동시에 다문화 공생 사회의 실현 슬로건에 따라 공생을 추진하는 기득권을 가진 조직, 운동 단체와 밀착관계를 유지하면서 반대 세력을 모두 회유하기도 합니다. 이런 정치 판단을 계획했다고 생각할 수 있지 않을까요?

아베 시장이 신자유주의 정책을 내걸고 당선되기 전에는 가와사키시는 '혁신 시정'으로 그때 내걸린 공생 정책을 아베 시정도 답습한 것이지 아베 시정이 되고 나서 새롭게 공생 정책을 진전시킨 것은 아닙니다. 오히려, 혁신 시정이 가지고 있던 외국인 시민에 대한 인식의 한계를 넘지 못하고, 뉴커머(패전 직후 일본에 잔류한 대만인, 조선인 '올드커머'에 대비되는 말로, 전후 일본 사회에 자유의지를 가지고 이주해온 외국인들 - 역자 주)의 증가와 함께 이념으로서 '다문화 공생 사회의 실현'을 내걸어 그동안 가와사키에서 논의되어온 외국인 시책을 총집합시킨 것입니다. 그러나 현실은 중앙 정부가 표방하는 '당연한 법리'를 그대로 긍정해, 가와사키시가 독자적으로 외국적 공무원의 차별을 없애는 임용정책을 취하는 일은 일어나지 않고 있습니다. 그것은 지방 분권의 흐름에 역행합니다. 또 공생을 내세우면서 민영화 노선을 추진하고 있는 것은 나중에 이야기하겠습니다. 아베 시정의 정치사상과 정책을 비판적으로 극복하는 시점이 요구되는 이유입니다.

## 가와사키시의 '공생' 사례 검증

### '공생'과 내셔널리즘에 대하여

히타치 투쟁은 자신의 본래 모습을 부정하는 사회에 대한 자이니치의 투쟁이었습니다. 이 투쟁이 민족적 정체성을 찾아가는 내셔널리즘한 것으로 귀결되는 것 같아 보이지만 실제로는 편협한 민족주의 이데올로기를 해체하는 움직임이었다고 생각합니다. 저는 '민족운동으로서 지역 활동' 거점으로 '민족 차별과 싸우는 보루' 구축 역시 민중운동으로 인식했습니다. '민족 차별이란 일상 수준에서의 차별 실태를 말하는 것'으로 인식하고 지역 사회에 보다 가까이 다가서는 걸 표방한 사실로 볼 때 그 움직임은 편협한 민족주의 이데올로기를 해체해가는 것, 내셔널리즘의 '탈구축'을 목표로 하는 것이었다고 저는 평가하고 있습니다.

이 평가를 바탕으로 지금까지 자이니치들이 당연하게 사용해온 '동포' 개념도 그대로 인정할 수 없게 됩니다. 똑같이 차별과 억압을 당해온 같은 민족, 같은 동포라고 생각하는 것인데, 이를 테면 지문 날인 거부운동은 널리 확산되어 실질적으로 지문날인 제도를 폐지시키기도 했습니다. 그러나 최근 일본 정부는 테러 방지라는 명목으로 구식민지 출신자 조선인·대만인을 대상으로 발급한 특별영주권을 가진 외국인은 별도로 하더라도, 일반영주자를 포함하여 새로 입국하는 외국인의 지문날인을 재개했습니다. 더구나 그 정보는 사망 시까지 보존되어 경찰 당국이 열람할 수 있습니다(2007년 12월 1일 시행). 이 일본 정부의 법률 개악을 저지하는 운동을 자이니치의 조직·운동 단체는 전개할 수 없었습니다. 대상이 '동포'가 아니어서일까요? 물론 일본의 운동 단체도 마찬가지입니다. 정말 창피하기 짝이 없습니다. 이것은 재일 외국인들에 대한 분할통치입니다. 편협한 민족주의 이데올로기는 극복되어야 합니다.

다문화 공생은 원리적으로 소수자의 내셔널리즘을 긍정하는 것이면서 다수자의 내셔널리즘과도 유화적입니다. 저는 '공생'을 주장하는 것만으로는 일본의 내셔널리즘 공세에 맞서 싸울 수 없다고 생각합니다. 동시에 '공생'을 비판하는 것이 편협한 내셔널리즘을 비판하는 것과 연결된다고 생각합니다.

이 점에 대해서 하나, 민족 교육 문제를 통해서 살펴보겠습니다. 세이큐샤·'가나가와민투련'의 지역 기반 투쟁은 가와사키시의 교육위원회를 움직여 '가와사키시 재일외국인 교육 기본 방침'을 제정했습니다. 이것은 일본 학교에 재적하는 자이니치 자녀의 문제를 다룬 사례입니다. 지금까지 문제시하지 않았던 것을 짚는 일이었습니다. 자이니치 자녀를 앞에 두고 무지·무관심한 교사에게 역사나 현실을 알리겠다는 의미에서는 큰 전진인 것은 틀림없습니다. 하지만 시각을 바꿔서 생각해봅시다. 시민운동이 교육위원회를 움직여 그 교육위원회가 현장 교사를 지도하고 관리한다는 구조 자체가 교육위원회의 입지를 강화하는 결과를 이끈다는 사실을 간과해선 안 될 것입니다. 교육위원회를 규합해가는 운동 단체의 생각은 이해할 수 있습니다. 하지만 그 운동론 자체가 현장 교사에 대한 교육위원회의 관리 강화라고 하는 국책에 편승한 것이라고 할 수 있을 것입니다.

'국기, 국가법' 성립 이후, 교육 현장에서 일장기를 우러러 기미가요를 부르도록 지시·강제하는 교육위원회의 힘이 압도적으로 강해져, 개헌론자인 아베 시장의 체제에서 가와사키시의 교육위원회 또한 도쿄도와 같은 방향을 걷는 것은 틀림없을 것입니다. 가와사키시의 교육위원회가 공생을 목표로 한 기본 방침을 추진한다는 것 자체가 다문화 공생이 일본의 내셔널리즘과 유화적이며, 결국 편협한 내셔널리즘의 공세에 저항할 수 없다는 것을 말해줍니다. 가와사키시의 교육위원회는 외국인 자녀의 모국의 국가나 국기를 존중한다고 하면서 동시에 일본인 학생들에게 기미가요, 히노마루를 강요하려고 할 것입니다.

가와사키시의 교육위원회는 어떻게 '가와사키시 재일외국인 교육 기본 방침'을 현장 교사에게 전달해 현장 교사의 이해를 심화할까요. 일본 대기업이 부락민에 대한 차별을 없앤다고 형식적으로 인사과 사람들을 모아놓고 인권 교육으로 역사나 윤리 등을 강의하는 것처럼 교육위원회도 현장 교사들을 모아놓고 민족 차별에 관한 강의를 하는 것일까요. 그런 형식적인 것으로, 정말로 현장의 차별이 없어지는 것일까요. 자이니치가 다수 거주하는 지역의 옆 지역에 사는 우리 가족은 친지를 포함하여 최근 수십 년간 기본 방침에 대해 학교로부터 한마디 설명도 들은 적이 없습니다. 단 한 번, 아무런 설명 없이 기본 방침을 적은 프린트물을 받은 적이 있다고는 하네요.

자이니치 차별 문제는 차별 문제로 특화될 것이 아니라 일본의 과거사를 직시하고 이를 계기로 삼아 교육의 기본 방향을 근본적으로 다시 생각하는 차원에서 다뤄져야 할 것입니다.

## 가와사키시의 문제에 대하여

저는 가와사키시가 외국인 시책에서는 전국에서 가장 선진적인 지자체라고 평가하고 싶습니다. 그러나 동시에 문제점도 지적해왔습니다. 시장의 '외국인은 준회원'이라는 발언 문제는 아직도 해결되지 않고 있습니다. 이 발언은 가와사키시의 정책 '다문화 공생 사회 실현'을 강조하면서 외국인을 '준회원'으로서 2급 시민으로 취급하고 있는 점 및 국가가 전쟁을 하는 것을 전제로 한다는 점에서 간과할 수 없습니다. 또 '외국인시민대표자회의'도 유명무실해진 것임을 설명했습니다. 문호를 개방해 채용한 외국인을 운용 규정에서 차별합니다. 문호를 닫은 '운용 규정'은 시장 한 사람의 결단으로 간단히 재검토할 수 있다고 하는 것도 주지의 사실입니다.

아베 시장은 원래 국가주의적인 국가관에 바탕을 둔 신자유주의자로서 시민의 자기 책임과 시정 참가를 대대적으로 장려하지만, 동시에 시의 재정 문제 개선을 최대 과제로 생각하고 있는 정치가입니다. 그 시책은 당연히 사회복지 예산을 삭감하고 애국심을 요구하게 될 것입니다. 그 과제 수행을 위한 수단으로 민영화 노선을 강행하려고 합니다. 그의 정책은 복지를 중시하는 역대 혁신 시장들이 추진한 노선과의 결별을 전제로 합니다.

민완의 아베 시장은 이시하라 신타로 도쿄도 지사와 같이 '원맨쇼' 수준을 이미 넘어섰습니다. 꿋꿋하게 자기가 세운 방침을 실행해 성과를 올려간다는 자신감을 가지고 있는 것 같습니다. 이런 시장에게 어떤 활동이 가능한 것일까요. 시의 노조도 당초에는 진보 진영의 입후보자를 지지하고 있었지만 지금은 아베 시장을 추천하게 되었습니다. 복지 예산을 삭감해 직원의 구조조정을 진행하는 시장에게 반대하기는커녕, 그 시책에 반대하는 조합원에게 반대로 압력을 가하는 모양새입니다.

아베 시정을 지지하게 된 가와사키시 노조로 시선을 돌려봅시다. 외국인 조합원 동료를 차별하는 제도가 밝혀져도 그것과 싸울 수 없는 조합의 존재 의의는 무엇입니까? 20명이 넘는 외국 국적 공무원은 자신의 문제인데도 목소리를 내지 못하고 있습니다. 하지만 이번에 처음 목소리를 낸 한국인 직원이 있다는 사실은 앞서 언급했습니다. 그만큼 규율이 엄격하고 관리가 철저해서 움직일 수 없다는 것이겠지요.

지난 10년간 '공생 도시'가 선전되면서 '다문화 공생 사회 실현'은 가와사키시의 슬로건 중 하나가 되었지만 채용한 외국적 공무원을 차별하는 제도에 반대운동이 확산되지 않았던 이유는 무엇 때문일까요. 조합도 운동 단체도 일단은 반대합니다. 그러나 앞서 언급한 것처럼 '가와사키 방식'이라는 차별의 제도화·구조화를 초래하는 이

방식을 시 당국과 함께 마련했으니 반대하는 입장에도 한계가 있음이 당연합니다. 외국인을 배제하는 생각을 바탕으로 만들어진 '당연한 법리'를 전제로 하여 외국인을 '준회원'이라고 인식하는 아베 시장에 대해서는 '운용 규정' 하나만 놓고 봐도 그 문제점을 지적하려면 시장과 대치할 각오가 없으면 할 수 없습니다. 직장이나 조합에서도 고립을 피할 수 없게 될 것입니다.

히타치 투쟁이 민족 문제에서 시작하여 자신이 사는 지역이나 직장을 '열린 장소'로 만들어가는 싸움으로 발전한 사실이 있는데도, 가와사키시 직원 중 자이니치 문제의 이해자들 대다수는 이 문제를 단순히 '민족 문제'에 국한시켜 인식하고 있습니다. 그래서인지 자신의 직장 환경을 자신의 문제로 인식하고 변혁하려고 하지 않습니다. 자이니치 문제가 아니고 자신의 문제라는 것을 이해하지 않으면, 자이니치에 대한 '혜택 부여', '돌봐주기'에 그쳐버립니다. 바로 '패터널리즘', 즉 가부장적 온정주의입니다. 외국인 시민들에게 이해심이 많고 '의식이 깨어 있는' 직원[16]은 지금의 보수정치 흐름에 몸을 사리면서 다음 기회를 기다리고 있을까요. 가와사키시의 조직문화의 '패러다임의 전환'은 언제 일어날까요. 가와사키시 안에서도 새로운 히타치 투쟁이 필요한 것이 아닐까요.

### 시민운동의 문제에 대하여

재일대한기독교회 가와사키 교회가 이웃에 대한 사랑을 내세우며 신앙의 증표로서 만든 사회복지법인 세이큐샤는 자신의 행보를 홈페이지에 이렇게 기록하고 있습니다.

세이큐샤는 자이니치들이 많이 사는 가와사키 남부 공장 지대에 인접한 지역에 소재합니다. 자이니치와 일본인이 공동으로 민족 차별을 없애는 시민운동과 지역 활동을 추진하는 가운데 탄생했습니다. 가장 약한 위치에 놓인 아동들의 성장에서부터 민족 차별의 영향이 두드러진다는 점에 착안하여, 아이와 함께하는 활동을 중심으로 '사쿠라모토 보육원'을 설립하여 지역 활동을 실천해왔습니다. 1988년에는 민족차별을 없애고자 하는 시민운동이 행정 측과의 파트너십을 추구하며 오랜 토론의 과정을 거쳐 '후레아이관'을 탄생시킵니다. 보육, 어린이집, 사회교육, 고령자 복지, 장애인 복지 등 새로운 생활과제들을 해결하고자 생활자의 입장에 선 폭넓은 사업 실천을 담당하는 세이큐샤의 네트워크를 구축, 유지하고 있습니다(세이큐샤 홈페이지 http://www.seikyu-sha.com/profile/seikyusya.html).

사업체로서 후레아이관은 다른 NPO 활동과 마찬가지로 본래 시가 해야 할 일을 민간단체가 저렴하게 위탁받아 진행하는 사업이기 때문에 운영면에서 부담도 만만치 않을 것입니다. 행정이 요구하는 '민영화'란 본질적으로 민간업자가 행정기관을 대신하여 주로 비정규직 근로자를 고용해 저임금으로 일을 시키는 구조입니다. 이 점도 우에노 씨가 기조보고에서 가와사키시의 응용문제로 지적한 대로입니다.

세이큐샤라고 하는 사회복지법인이 민족 차별과 싸우는 운동 단체로서 기능하던 '행복한 시기'가 있었습니다('히타치 투쟁이란 무엇이었는가' 참조). 후레아이관이 시의 위탁사업으로서 완전히 경제적으로 종속된 상태가 되더라도 시의 파트너로서 상호 비판과 정보 공개의 원칙을 지키며 시가 안고 있는 문제점을 지적·비판할 수 있을까요? 이것은 세이큐샤 후레아이관이 풀어야 할 문제인 동시에, 일본의 NPO 전체가 안은 문제이기도 합니다.

몇 년 전, 가와사키의 초등학교에서 아동이 2층에서 떨어져 뇌좌상과 두개골 골절을 입는 중대한 사건이 발생했습니다. 가와사키시가 재정 개선이라는 큰 방침 아래 철저한 민영화 노선을 진행하기로 결정하던 시기입니다. 방과후 학교를 폐지하고 고학년 아동을 포함한 전 아동을 대상으로 하는 민간사업 '두근두근플라자' 사업을 추진하고 있었습니다. 세이큐샤는 가와사키 남부 자이니치가 많이 거주하는 지역 내의 위탁 계약을 시와 맺고 '두근두근플라자'를 운영하기로 되어 있었습니다. 그 '두근두근플라자'에서 일어난 사고입니다(가와사키시 '두근두근플라자'에 관한 DCI Defence for Children International 일본 지부의 견해(제2차안) 2002년 12월 26일, http://www.eqg.org/fighters/waku/dci/20021226dci.htm).[17]

작은 시설에 전 학년 층의 아동들이 모이는 것을 명분으로 한 '두근두근플라자' 사업에는 당초부터 안전성에 대해 여러 지적이 있었습니다. 위험을 무릅쓰고 사업을 전개하는 것이라면 나름대로 준비가 필요했을 것입니다. 2층 창가에 물건이 놓여 있는데 사전에 확인하지 않고(확인한다는 것은 계약상 명기되어 있습니다), 2층에는 아이를 돌보는 직원이 아무도 없기 때문에 사고가 발생했습니다. 직원에 대한 교육도 없고 매뉴얼도 준비하지 않은 상태에서 사업에 참가한 것 자체를 문책해야 할 것입니다.

사후 처리도 문제였습니다. 가와사키시의 담당과장과 후레아이관 현장의 직원은 사고 책임을 물어 경찰로부터 서류 송치되었습니다. 보통의 민간사업체라면, 사업체의 책임자가 처분을 받거나 책임을 지고 그만두지 않으면 안 됩니다. 그런데 이번의 경우 아무도 책임을 지지 않고, 아무런 처분도 없었던 것 같습니다. 이 사업을 결정한 세이큐샤의 이사회, 이 사업의 추진 주체인 후레아이관 내부에서, 이 사고를 둘러싸고 철저한 검증이 이루어졌을까요?[18] 이는 30년 전 어린이집 엄마들의 문제 제기 때 제가 세이큐샤 내부 체제를 재검증해야 한다고 주장한 점과 맞닿아 있습니다. 문제가 발생했을 때에, 조직·운동 단체 본연의 자세를 철저하게 재검토하는 일 없이는 조직·운동 단체의 내실을 다질 수 없습니다.

다음 의문점입니다. 어째서 가와사키 남부의 자이니치가 다수 거주하는 지구에서의 사업권을 가와사키시는 당연하다는 듯, 사회복지법인 세이큐샤·후레아이관에 위탁계약했는가 하는 것입니다. 가와사키 전체에서, 세이큐샤 후레아이관에게만 유일하게 '공생' 정책의 일환으로 '두근두근플라자'의 사업권이 주어졌다면, 후레아이관 본연의 자세를 생각했을 때 이것은 매우 위험한 징조입니다. 민족운동·활동을 추진해온 것을 기득권 삼아 자신들의 사업으로 해나간다는 것을 시와 세이큐샤 상호가 서로 이해하고 있었다면, 그 자체가 문제입니다. 이것을 운동의 성과로 기뻐하는 것이 좋은 것인지 저는 의문입니다. 견해를 바꾸어보면, 공생의 상징으로 후레아이관의 사업화는 시의 민영화 노선 추진과 '공생' 정책에 따른 지역 브랜딩에 활용됨으로써 세이큐샤가 사업 확대의 이권을 기득권으로 얻게 된 것으로밖에는 보이지 않기 때문입니다.

이러한 의심을 불식하려면 세이큐샤 후레아이관이 시 당국에 대해 시시비비를 가리는 등 명확한 태도를 보이고, 문제가 있을 경우 주민의 대변자로 시 당국과 담합하지 말아야 합니다. 주민이 정확한 정보를 얻어 스스로 판단하고 행동할 수 있는 지역 커뮤니케이션 센터 역할을 명확히 할 필요가 있습니다. 그러기 위해서는 무엇보다도 세이큐샤 후레아이관 스스로가 상호 비판과 정보 공개를 보장하는 열린 조직이 되어야 할 것입니다.

세이큐샤 후레아이관이 가와사키시의 파트너라 해도 스스로는 지역에서 꾸준한 활동을 지속함과 동시에 시 당국에 대해 차별제도를 비판하고, 당사자의 요구를 주장하는 다른 단체와도 우호적으로 연대하여 지역의 큰 전선을 구축하는 방향으로 나아갈 필요가 있지 않을까요? 세이큐샤 후레아이관 혹은 '가나가와민투련'이라고 하는 시민운동 단체가 가와사키시의 유일한 파트너, 창구가 되는 것은 열린 지역 사회를 만들어가는 데 적합하지 않습니다. 독점은 조직의 폐쇄성과 독선, 권력과의 유착을 가져올 수 있기 때문입니다.


## '열린 지역 사회'를 찾아서

민족 차별과 싸우는 보루는 '조직'이 아니라 사실 나 자신인 '개인'에게 요구됐던 것이다. 그 보루란 개인을 무너뜨리려고 하는 너무나도 큰 사회의 벽과 관습 앞에 겁을 먹고 움츠리는 자기 자신이 그것들을 직시하고 변혁해가는 주체가 되는 것은 아니었는가. 민중운동이란, 변혁을 요구하는 개인과의 만남, 접촉에서 시작된다. 조국 땅에서 떨어져 살며 일본 사회의 주변부로 쫓겨난 우리는 사실, 개인이 자립하고 서로를 존중한다는 전 세계 흐름의 중심에 있는 것이다. 자이니치에게 민족 주체성은 역시 이 개인의 자립에서 출발한다.

— 최승구, '개인으로부터 출발'


히타치 투쟁의 역사적 의의를 살피면서 투쟁 과정 중에 '패러다임 전환'이 일어났다는 것을 밝혔습니다. 그 '패러다임의 전환'에 의해서, '열린 지역 사회'나 직장을 향해 나아갈 방향이 드러났습니다. 그 투쟁이란 바로 당사자로서 투쟁을 의미합니다. 우리 자이니치와 일본인과의 '공투'는 서로가 명확한 목표를 내걸고 스스로의 과제를 가지며 함께 할 수 있는 것을 담당하는 것입니다. 운동을 진행하는 조직체제의 내실·주체가 의문시됩니다. 생각뿐 아니라 그 생각을 구체화하기 위해서는 많은 시민과 개인의 협력이 필요합니다.

현실적인 문제로는 앞서 언급한 사례지원담당자가 되길 바라는 자이니치 직원의 희망을 실현하는 일입니다. 그리고 동시에 그 배경에 있는 시민을 관리대상으로 하면서 재정난을 이유로 주민의 복지를 소홀히 하는 가와사키시의 신자유주의적 정책을 바꾸어갈 필요가 있다고 생각합니다.

야마다 다카오 씨가 지적하듯 외국적 시민이 같은 시민으로서 '내외인 평등'[19]을 요구하는 것은 가장 중요한 과제 중 하나입니다. 그러려면 외국인을 '준회원'이라고 한 시장의 발언은 철회시켜야 합니다. 이러한 일을 추진하기 위해서는 기성 노조와 같은 큰 조직에 의지하지 말고 시 직원을 포함해 시민과 개인의 입장에서 일어서려는 사람들 간에 협력을 해야 합니다. '공투'를 목표로 한 운동을 추진하기 위한 원칙은, 명확한 지침과 함께 상호 비판과 정보 공개를 보장하는 것입니다. 이 원칙에 근거해 지금까지의 추진해온 운동의 기본 방향과 오랜 세월에 걸쳐 구축된 운동의 공과와 구조를 재검토할 때가 되었다고 생각합니다.

어떠한 조직도 지역에서 일정한 기반을 가지기 시작하면 많은 문제를 안게 됩니다. 후레아이관 관장이 어느 날 지역 어르신들을 모아 놓고 "무슨 문제가 있어도 시에 집단으로 항의하러 가지 말고 (후레아이관이 시와 협상해서 잘 해결해줄 테니) 후레아이관으로 오시라"며, 후레아이관이 지역 주민의 대변자가 되는 듯한 발언을 했다는 것을 당일 집회에 참석한 지역의 어머니에게 들었습니다. '지배 계급'이 되어 기득권과 특권의식을 갖기 시작하여 주민들을 대변하는 것뿐만 아니라 행정의 방파제 역할을 하는 체질이 되지 않도록 주민 스스로가 시와 협상을 벌여야 합니다. 이를 위해서도 다시 한 번 시의 민영화 노선을 타고 위탁사업을 확대하는 것과 관련해 반드시 그 공과를 철저히 검증해야 합니다. '열린 지역 사회'를 지향하는 운동의 기본 방향과 그것을 담당하는 체제에 대해 근본부터 재검토해야 합니다.

30년 전 세이큐샤 사쿠라모토 보육원에 문제를 제기했던 보육원 어머니들의 진심어린 호소와 자발적인 활동을 받아들이지 못하고, 그 문제 제기로 내부 형태를 바로잡지 못했던 과거의 '사건'을 다시 현재의 문제로 인식해야 합니다. 자신의 존재방식과 조직의 체제를 직시하고 내실을 다지는 작업이 이뤄지지 않은 채, 시와 제휴관계를 맺고 확대 노선에 매진할 때 반드시 큰 문제에 직면할 것입니다. '두근두근플라자' 사건은 과거의 것이 아닙니다.

저는 히타치 투쟁 후 만들어진 지역 활동의 기반인 세이큐샤 후레아이관이 향후 내실을 다지고 지역을 기반으로 남북한 정부 산하에 있는 대중단체(민단과 조총련 – 역자 주)에 속하거나 아무 데에도 속하지 않는 자이니치 민중과의 공생을 추진해갔으면 좋겠습니다. 동시에 지역에 사는 모든 시민이 국적·민족을 넘어 '열린 지역 사회'를 향해 나아가는 일에 공헌하면 좋겠습니다. 그것은 우리가 히타치 투쟁 후의 지역 활동을 하며 그리던 청사진이 실현되는 일이기도 합니다. 우리 자신도 그런 움직임에 참여하고 함께 싸울 수 있기를 바랍니다.

지금 일본은 외국인의 존재 없이는 성립할 수 없는 나라가 되었습니다. 그렇다면 자신이 사는 지역 안에서 다른 입장을 가진 모든 사람이 볼 때 이상한 것에 대해서는 '이상하다'고 주장하면서 자신들의 요구를 계속해야 할 것입니다. 그러기 위해서는 타인의 요구도 이해하고 서로 살아갈 수 있는 사회를 만드는 수밖에 없습니다. 그것은 지방 분권을 추진해야 할 지자체를 거점으로 열린 지역 사회를 요구하는 것입니다. 그것은 더 이상 혈통원리에 의한 사회가 아닌, 국적이나 민족이 다른 모든 사람이 함께 건설해나가는 지역 사회입니다. 그러한 사회의 건설이 일본인 자신의 목표이기도 한 것은 아닐까요. 그렇기 때문에 우리는 공동으로 투쟁할 수 있는 것입니다.

공명당과 민주당이 외국인의 지방참정권 실현을 표방했기 때문에, 외국인 주민의 지방참정권 이야기가 화제가 되기 시작했습니다. 하지만 지금으로선 선거권은 있어도 피선거권이 없습니다. 정당의 세력 확대를 위해서가 아니라 외국인 시민의 권리를 어디까지 생각하고 있는지 의문이 듭니다. 외국인 배제를 명시한 '당연한 법리'의 문제점, 그것을 전제로 하는 지자체 임용 정책의 문제가 인식되고 있는지도 의문이 듭니다. 외국인 당사자의 실태를 논의하는 일 없이 외국인에게 참정권을 부여하는 것은 향후에도 많은 문제가 남는다는 것을 꼭 인식해야 합니다.

외국적 공무원의 차별을 전면 철폐한다는 것은 국가의 '당연한 법리' 원리에 구속되지 않고 지자체가 독자적으로 임용 정책을 전개하는 일로, 지방 분권의 내실을 추구하는 일이 될 것입니다. '열린 지역사회'의 실현과 지방 분권의 확립은 표리일체의 과제입니다. 저는 우리 외국인 시민의 요구가 일본 사회의 변혁을 바라는 일본인 시민의 과제와 일치한다고 확신합니다. 공동 투쟁의 목표는 명확합니다. 현재 가와사키시의 신자유주의 정책과 다문화 공생과의 관계는 신자유주의를 극복한 다음 시대에는 어떻게 될까요? 그 대답은 당사자들이 스스로 내실을 다지고 지금 자신의 일상에서 벌어지고 있는 문제를 직시해 그 변혁을 요구해가는 과정에서 찾을 수 있습니다.

저는 자이니치의 사회 참여가 실현되길 기원하며 이를 찾아 투쟁하며 살아왔습니다. 제 주장은 비판을 하지 말고 내부로 들어가자(=참여하자)는 취지에서 나온 슬로건 '요구에서 참가로'와는 다릅니다. '외국인시민대표자회의'와 같이, 외국인 시민이 시장에게 '보고'나 '의견 신청'을 할 뿐, 스스로가 당사자로 관여할 수 없는 조직에 참여하는 것이 자이니치가 마땅히 해야 할 참가라고 주장해서는 안 될 것입니다. 그것은 2급 시민에 만족하는 일입니다. 문제가 있는 사회에 매몰되는 참여가 아니라 그 사회를 변혁하기 위해 우리 스스로가 당사자가 될 권리를 요구해야 합니다. 요구를 통해서, 우리는 계속 사회에 참가하는 것입니다.

저는 지금까지 히타치 투쟁의 역사적인 의의를 찾으면서, 공생을 표방하는 일본의 지방정부 가와사키시와 시와 제휴하는 시민운동 측의 실태를 비판적으로 검증했습니다. 이 검증은 일본인과 자이니치를 포함한 외국인 주민이 공동 투쟁하여 나아갈 본연의 자세와 방향성을 모색하고 '열린 지역 사회'를 요구하기 위한 것입니다. 비판이란 상대의 존재를 부정하는 일이 아닙니다. 상호 비판과 정보 공개가 운동이 진보하는 전제입니다. 우리는 그 전제에 서서 모든 입장의 사람들과의 공동투쟁을 모색하고 싶습니다. 이 글에서 논의해온 것이, 다른 지역에서 스스로의 과제를 해결하고자 싸우는 사람들에게 조금이라도 참고가 되기를 바랍니다.

마지막으로 아주 바삐 활동을 하고 있는 우에노 치즈코 씨가, '공생을 생각하는 연구모임'의 기조보고를 맡아주시고, 또 많은 조언을 해주신 것에 진심으로 감사드립니다. 그녀의 '가와사키에 대한 응용문제'라는, 대담하고 용기 있는 발언에 호응하고자 이 글을 쓴 것입니다.

# 가와사키의 다음 목표
## ─ 차별을 없애는 운동이 온 세상의 미래로 통한다 ─

### 혐오 데모를 중지시킨 시민운동

6월 5일 혐오 데모를 중지시킨 시민들의 행동은 획기적이었습니다. 혐오 데모의 리더격 인물의 영상을 봤습니다. 그런 인물이었을 줄은 몰랐습니다. 역시나 하는 느낌이 온 것이지요. 가와사키의 혐오 데모에 관한 저항은 우선 일단락된 것 같군요. 이건 역사적인 승리였다고 생각합니다. 가와사키시의 혐오 데모 부대에 대한 공원 사용 불허가에서 시작된 일련의 운동 성과를 저는 페이스북과 트위터, 블로그에 잘 옮겨 적었습니다. 독자들의 반응은 상당했으며 누적으로 수만 명이 다음과 같은 제 글을 읽어주셨습니다.

### 가와사키를 출발점으로 일본에서 차별을 근절하는 사회를 위한 조례화

하지만 우리가 없애야 하는 것은 헤이트스피치에 대한 대항뿐만이 아닙니다. 가와사키를 출발점으로 일본에서 차별을 근절하는 사회를 만드는 것이라고 생각합니다. 이를 위해서는 다양한 형태의 차별들을 금지하는 조례를 만들 필요가 있습니다. 가와사키시에서는 세계적인 수준의 차별금지조례가 조만간 논의될 것이라 봅니다('가와사키시 차별 없는 인권존중 마을 만들기 조례'는 실제로 2019년 12월에 제정된 바 있습니다).

하지만 조례 제정만으로 차별을 없애는 것은 충분하지 않다고 생각합니다.

이미 여러 번 소개한 바 있습니다만, 저는 가와사키시가 외국 국적의 지방공무원 차별을 제도화한 문제가 불문율에 부쳐진 채로 오늘날에 이르고 있다는 점에 대해 시민들이 힘을 합쳐 반드시 극복해야만 하는 과제라고 생각합니다.

### '당연한 법리'에 대하여

'당연한 법리'는 샌프란시스코 강화조약 체결 이전, 일본의 식민지 지배 과정에서 많이 배출된 조선인과 중국인 공무원들(당연히 당시에는 일본 국적자들이었지요)을 배제하기 위해 만들어진 '정부의 견해'입니다. 이 정부의 견해를 각 지자체들이 여과 없이 금과옥조마냥 받아들이고 답습하고 있는 것이 현실입니다. 지방국가공무원법에는 국적 조항이 없음에도 불구하고 가와사키에서 나고 자란 자이니치가 공무원이 되는 건 있을 수 없는 일인 셈이지요. 하지만 그럼에도 문호는 개방되어왔습니다. 많은 자이니치들은 외국인에 대한 문호 개방을 반겼습니다. 관리직 승진 금지와 직무 제한(약 20%)에 대해 알게 된 당시 가와사키의 자이니치 '어머니'들은 가와사키시가 문호를 앞으로는 열면서 뒤에서는 닫아버렸다고 표현한 바 있습니다. 참으로 명언입니다.

결국 전후 '평화와 민주주의'란 무엇이었는지를 묻는 일이라고 생각합니다. 경제 부흥을 목표로 '평화와 민주주의'를 내세우면서도 식민지 지배의 청산이 이루어지지 않았습니다. 외국인에 대한 차별이 일반 시민들 사이에서 묵인, 당연시되어온 근본적 문제라고 생각합니다. 전후 일본의 운동이 식민지주의의 청산 문제를 직시하는 일 없이 미국의 핵우산 아래에서 일국평화주의에 그쳐버린 사실과 관계된 일이겠지요.

이는 나라의 존재방식을 묻는 문제입니다. 동시에 지자체가 반성의 태도를 지니고 지자체의 독자적인 존재방식에 대해 고민하는 것은 당연한 과제였습니다. 하지만 일본의 민주주의는 이런 내실을 다지지 못했습니다. 제도화된 차별이 일반인들의 차별의식을 재생산하고 확대해온 것이지요.

## 가와사키의 다음 과제는

가와사키시는 일본 전국에서 최초로 외국인에 대한 문호를 개방하면서도 채용된 외국인 공무원에게는 관리직 승진을 제한했습니다. 시민들에게 명령하는 직무에 앉지 않겠다는 내부규약을 만들었습니다. 여기에는 행정과 조합, 시민운동이 모두 관여했습니다. 문호 개방의 조건으로 이런 내부규약이 만들어진 것이라 생각합니다. 하지만 가와사키시의 이 '차별제도'야말로 바로 차별의 상징이라고 생각합니다. 이 문제가 해결되지 않는 한 가와사키시에서 차별을 없애는 일은 이루어지지 않을 것입니다.

"헤이트스피치는 용납하지 않는다"거나 "차별하지 말라"고 발언하는 사람들 사이에서도 가와사키에 이런 문제가 있다는 사실을 모르는 분들은 상당히 많을 거라 생각합니다. 가와사키의 전 시장은 "유사시에 전쟁에 동원되지 않는 외국인은 '준회원'이다"라고 발언했습니다. 가와사키의 많은 시민단체는 이 발언을 자이니치에 대한 차별 문제로 인지했습니다. 자신들의 문제이자 지자체의 존재방식을 묻는 것이라고는 이해하지 못했습니다. 그 결과 시장은 이전과 같이 '공생정책'을 유지하는 것으로 임기를 마쳤습니다. 그리고 지금은 이 문제가 보류된 채로 가와사키시가 '공생의 도시'로 불리고 있는 것입니다.

문호 개방에 의해 지방공무원이 된 외국 국적 공무원에게 과장급 이상의 승진을 금지하고 일반시민에 대해 명령하는 일은 시키지 않겠다는 직무 제한을 유지하고 있는 현 상황에 대해 현직 시장은 "차별이 아니라 구별이다"라고 말하고 있습니다. 이 문제는 가와사키시 뿐만이 아닙니다. 일본 전국의 모든 지자체에 대해서도 같은 상황이라 말할 수 있겠습니다.

### 차별을 없애는 운동이 온 세상의 미래에 통하는 운동이 된다

가와사키의 시민운동은 재특회 계열의 혐오 데모를 중지시키는데 성공했습니다. 이 승리 이후의 과제는 무엇일까요. 가와사키시가 이런 차별을 제도화하고 있다는 사실을 정확히 짚고 인지해주시길 바랍니다.

이 문제를 다루는 과정에서 다양한 문제들이 떠오를 것입니다. 반핵평화도시선언을 한 가와사키시는 시내에 전쟁에 가담하는 기술 및 제품을 판매하는 대기업들을 다수 유치하고 있습니다. NEC는 물론 이중에서도 가장 큰 기업은 도시바입니다. 도시바는 최근 15년 동안 64기의 원전을 제조, 수출하는 계획을 발표한 바 있습니다.

일본의 정당과 언론은 원전 수출에 대해 언급하는 일이 적습니다. 그래도 일본공산당 등은 반원전의 기치를 내세우고 있습니다. 하지만 다른 정당들과 마찬가지로 구체적으로 도시바, 히타치, 미쓰비시 중공업(그 외 이들의 하청업체 다수)의 이름을 거론하는 일은 없습니다. 이는 마치 연합체와 같이 기업 안에 정당과 관계 맺는 조합이 있기 때문인 것일까요? 저도 그 이유는 잘 모르겠습니다.

하지만 가와사키 시민 중에서 도시바와 히타치가 후쿠시마에서 사고를 낸 원전을 제조한 회사라는 사실을 아는 시민은 압도적으로 적습니다. 심지어 도시바가 64기의 원전을 제조, 수출하려고 했던 사실을 알 가능성은 더욱 적겠지요.

도시바의 원전 소형화 기술 및 원전 수출에는 그 유명한 빌 게이츠 씨도 관여하고 있습니다. 반원전 운동이 한 나라에서뿐만 아니라 국제적인 연대 차원에서 추진돼야만 하는 이유입니다.

매년 1,000명을 넘게 반원전 3·11 집회를 추진하고 있는 가와사키에서도 자기들 지역에서 원전이 생산되어 수출되고 있다는 사실에 대해 반대하는 목소리는 나타난 적이 없습니다. 원전 수출은 무기 수출입니다. 원전은 '전력'입니다. 우리들은 원전 제조업체 소송과 관련해 원전 제조 그 자체가 위헌이라는 것을 주장하고 있습니다.

반핵무기와 반원전은 함께 가는 말이 돼야 합니다. 가와사키에서 헤이트스피치를 없앤다거나 차별을 없앤다거나 하는 시민운동이 확산되는 일은 핵무기와 원전에 의한 '원자력 공포'로부터 해방되어 살아가는 사회를 만드는 운동으로 이어집니다. 차별을 없애는 운동이 온 세상의 미래에 통하는 운동이 된다는 것을 여러분 모두가 이해해 주시길 바랍니다.

## 제2장
# 인권 실현에 대하여
## ― 자이니치의 입장에서

가와사키의 공업화(근대화) 역사는 올해 100년, 한국 병탄과 때를 같이합니다. 1958년 8월 11일, 공해[1]와 차별, 빈곤의 한복판에서, 일본 사회에 절망한 가와사키의 자이니치들에게서 조선으로 귀국하고 싶다는 여론이 높아졌습니다.[2] 지금 여기에 사는 자이니치들은, '출애굽(이집트)'을 하여 조국에서 생존할 장소를 구할 것이 아니라, '이집트'를 변혁하고, 국적을 넘어 모든 '주민이 잘 먹고 잘 살기' 위한 '지역 변혁'에 전력을 다해야 한다고 저는 생각합니다.

### 들어가며

이 단편적인 평론에서는, 자이니치의 '인권 실현'에 대해 이하의 관점을 제시할 것입니다. 우선 첫째, '인권 회복'이 요구되는 것은 사실 일본인 사회라는 부분을 분명히 하고자 합니다. 소수자인 자이니치에 대한 차별은 일본인 사회가 안고 있는 '병'에 근원이 있으며, 정말로 인간답게 살도록 요구되고 있는 것은 다수자인 일본인 쪽이라는 관점입니다.[3] 그러나 본론은 지금까지 자주 언급돼온 자이니치 문제는 일본인 문제라는 점에서, 자이니치 문제에 대한 관심이나 자이니치 문제에 대한 구체적인 관계를 요구하는 주장과는 전혀 의견을 달리하고 있습니다.[4]

일본인 사회는 패전 후 국민 차원에서 철저히 식민지 지배를 청산했어야 합니다. 그러나 그것은 오늘날까지도 이루어지지 못하고 있습니다. 일본인 사회는 이러한 상황을 스스로의 '존재 이유raison d'etre'에 관한 문제로 인식하는 것을 피해갈 수 없습니다. 이에 대해서는 이미 많은 지식인이 지적하고 있으므로, 오히려 저는 자이니치의 시각에서 일본인 사회의 '병리'에 대해 논하고자 합니다.[5]

둘째, '인권 실현' 논의에 '지역 사회의 변혁'이라는 관점을 넣어보고 싶습니다. 식민지 지배 문제를 일본인 지식인들이 자신의 문제로 받아들이려 하지 않는다고, 지금까지 많은 자이니치 학자가 비판해 왔습니다.[6] 그 지적의 대부분은 맞으며, 왜 그런 비판을 하는지, 이해할 수 없는 것은 아닙니다. 그러나 저는 그 비판에 부족했던 것이 생활자의 일상적 관점이 아닌가 하고 생각하게 되었습니다. 철저한 상호 비판을 하면서도 아카데미즘의 테두리 안에 머무르지 않고 끊임없이 실천적인 과제를 생활자의 일상적 관점에서 함께 끌어안는 자세가 부족했던 것은 아닐까요?

이 생활자의 일상적 관점은 필연적으로 생계를 위한 생업과 함께 지역에서 살아간다는, 지역 사회 전체의 존재방식에 대해 언급하지 않을 수 없게 됩니다. 개인의 '인권 실현'은 개인의 노력이나 시민운동, 사법의 장에서의 변화로만 실현되는 것이 아니라, 자연환경과 경제, 문화를 포함한 "인간의 사회적 협동의 기본 단위"(나카무라 고지로 中村剛治郎)가 지역 사회 전체의 존재방식을 모색하는 가운데 추구되어야 합니다.[7] '인권 실현'은 지역 사회 자체의 변혁을 통해 실현된다고 하는 관점을 제시하고자 합니다.

셋째, 지역 사회에 관여하는 방식에 대해 자이니치 측의 생각은 지금까지 어떠했는지를 검증하고자 합니다. 자이니치 지식인이나 활동가, 운동체에서는 국가론이나 민족론, 자이니치론, 민족주체성론이 거론되어도 외국 국적 주민의 지역 참여 방법이나 정치 참가 구조는 논의되지 않았습니다. 오히려 일본 사회의 문제는 "일본인들만의 책임"(서경식)이라는 생각으로, 지역 실태에 관심을 소홀히 해왔던 것은 아닐까요.

한편, 자이니치 중에서도 가와사키와 같이 지역 활동을 적극적으로 전개하고 행정 측과의 거버넌스를 통해 '다문화 공생'을 표방하는 실천도 나타났습니다.[8] 이 글에서는 전국적으로 확산되기 시작한 이 흐름이 문화 측면에서 다양화를 주장하면서 증가하는 외국 국적 주민의 '통치', '통합'에 기여할 것인지, '열린 지역 사회'에 공헌하는 것이 될 것인지 검토해보겠습니다. 자이니치의 '인권 실현'을 위해 지역 사회의 변혁을 요구한다는 생각에 대해, 저의 지평에서 관찰해온 생각을 표현해보고자 합니다. 독자들의 비판을 바랍니다.

# 다수자 일본인 사회의 문제점

## 일본인 다수자 '병'

> 다수자성majority은 자기의식의 배후에서, 자신이 속한 사회에 대한 르
> 상티망ressentiment('증오', '복수심'이란 의미의 프랑스어 – 역자 주)을
> 품고 있는 것이 아니겠는가.
> — 곽기환, 『차별과 저항의 현상학 — 자이니치의 '경험'을 중심으로』

소수자 문제는 다수자 문제입니다. 즉 자이니치의 문제는 일본인의 문제라고 자주 언급됩니다. 그 말이 맞긴 하지만 제게는 적지 않은 위화감이 듭니다. 뭔가 틀 안에 끼워져 있는 듯한, 전체에서 일부가 빠져 있는 듯한 느낌을 받는 것이죠. 누가 이런 개념을 만들었는지 궁금해집니다.

우리는 '눈앞에 외국인의 문제가 있으니 그 해결을 위한 구체적인 방안을 생각해봐야 한다'는 선의의 발상, 발언 속에서 일본인 다수자성의 패터널리즘paternalism(온정주의)을 느낍니다. 다문화 공생도 마찬가지죠. 거기에는 다수자성의 존재방식 자체를 묻지 않고, 타민족을 외국인에 포함시킴으로써 다수자들이 져야 할 책임을 완수한 것 같은 다수자들의 '사치'가 있습니다. 저는 그런 게 아니라 다수자 사회가 만드는 틀 자체를 파괴해야만 한다고 강하게 주장합니다. 곽기환은 그것을 "다수자들을 그 망상의 '지위'에서 '끌어내린다'"라고 표현합니다.

가와사키시의 경우 외국인을 '둘도 없는 이웃'이라고 칭송하며 여

타의 도시보다도 '다문화 공생', 외국인 정책에 관해서는 앞서나가고 있다고 평가받습니다. 현 시장은 8년 전 당선 때 "전쟁 등 유사시에 동원되지 않는 외국인은 '준회원'이고, 정회원과 준회원 간 권리 의무에 있어서 구분 짓기가 있는 것은 오히려 당연한 일이다"고 발언하고 지금까지 철회하지 않았습니다.[9] 이를 차별 발언이라고 하여 민족 단체와 20개가 넘는 시민 단체가 항의했습니다. 하지만 이에 관여한 일본인들은 시장의 이 발언을 뒤집어 생각하면 결국 전쟁 등 유사시에 동원되는 건 '정회원' 일본인들이라는 것까지는 간파하지 못했습니다.[10]

물론 '정회원'이 전쟁터에 가야 한다, 가지 말아야 한다는 것에 관해서는 의견이 나뉩니다. 하지만 이것은 일본 사회가 일본인의 것이며, 외국인이 일본 사회의 구성원이 아니라는 것을 당연하게 여기는 사고에서 나온 발상이 아닐까요. 또한 우익, 좌익(혹은 자유주의자)의 정치 성향을 불문하고 그들 스스로가 그저 '다 같은 일본인'으로만 정체성을 내재화해왔기 때문이라고 생각합니다.

외국인을 "권리와 의무에서 구분을 짓는 것은 오히려 당연"하다고 차별한 것이 나쁜 것이었지, 자신들이 대전제로 삼고 있는 '정회원' 의식, 주인의식 그 자체가 문제시되지는 않았던 것입니다. 그것은 메이지 시대부터 오늘날까지 민족국가의 역사를 가르쳤고 이 민족국가 의식이 교육과 언론, 가정, 소속 단체, 지역 사회 등 모든 곳을 통해 내재화되어왔으며, 무지각한 민족국가적 정체성을 갖기에 이르렀기 때문이라는 가설은 설득력이 있습니다.[11]

그러나 민족국가적 정체성을 내재화한 다수자 일본인들이 자이니치를 '타인'으로 인식하는 것을 넘어 차별 대상으로 여기는 현상은 설명할 수 없습니다. 일본 민족의 우위성을 가르치고 타민족이 이에 동화되는 것을 '은혜로운 것'이라고 하며 아시아 침략을 추진한 것은 역사적 사실이지만 사회과학적인 분석만으로는 설명할 수 없는 것이 있다고 생각합니다. 이 점에서 저는 젊은 연구자 곽기환에게 주목합니다. 그의 이론에 따르면 차별의 배후에 다수자 일본인이 자신이 속한 사회에 품고 있는 '르상티망ressentiment'을 원인으로 꼽습니다. 그는 그것을 일본인 사회의 병리로 인식합니다. 이는 실증적인 연구로 나온 이론이 아닙니다. 어디까지나 자이니치로서 경험을 바탕으로 사회철학적 고찰을 통해 현상학의 입장에서 구축된 것이죠.

이 세상에 태어난 이상, 다수자 측에 속하든 소수자로 분류되든 사회에 르상티망을 품어보지 않은 사람은 없다고 생각하지만, 저는 곽기환의 주장에 수긍합니다. 일례로 제가 가와사키시 시의회에 있는 외국인의 지방참정권에 대한 요구서를 만드는 일에 관여했을 때, 모르는 일본인 청년에게서 전화가 왔습니다. 자이니치는 왜 자신처럼 지자체 시험에서 떨어진 사람의 운동을 하지 않는가, 차별과 싸운다고 하는데 어째서인가, 라는 것으로 시작되어, 만화와 인터넷으로 알았다고 하는, 전후의 암시장이나 번화가에서 판치는 자이니치 역사를 비난조로 말하는 전화였죠.[12]

그는 대학을 나왔는데도 일자리가 없고 '재특회' 멤버라고 했습니다. 이야기 도중에 감정이 북받쳤는지 갑자기 울기 시작했어요. 어떤 생각으로 이렇게 말하게 된 것인지 모르겠지만, "모든 것은 자이니치의 탓"이라고 말하며 언성을 높였습니다. "지자체가 자신을 시험에서 떨어뜨린 것은 능력 차별"이라고 말했지만, 저는 "응석도 적당히 부려라"고 대답하면서도 그 청년이 하는 말을 어느 정도 이해했습니다. 일자리를 못 구하는 대학 졸업자가 많아지고 비정규직 해고가 당연해지고 있으니 말입니다. 자이니치는 차별이 있으면 그것과 싸우고 지원해주는 단체가 있다, 하지만 자신들은 일자리도 없고, 직장은 외국인에게 빼앗기고 있다고 생각하는 '병든' 일본인들에게 정신적으로 도피처가 자이니치에 대한 차별이라면, 그들은 우리의 적이 아니라, 우리와 함께 이 사회를 변혁해가는 동료가 되어야 하지 않을까요. 차별의 배경에는 일본인 사회의 본질적인 병리가 있습니다.[13]

## 나의 가설

일본인들은 식민지 지배의 역사를 잘 모릅니다. 이는 역사를 알 기회가 적었고, 제대로 알려지지 않았다는 것이 원인이라는 점에 의문의 여지가 없습니다. 서구 열강의 제국주의에 저항하기 위해서는 전쟁이 불가피했고, 아시아의 해방으로 이어졌다고 전쟁을 미화하고 조선의 근대화에 기여했다는 왜곡된 역사관이 판치고 있습니다(나카츠카 아키라中塚明, 『현대 일본의 역사 인식 — 그 자각되지 않은 결함을 묻다』, 高文研). 도쿄의 스기나미구에서는 이미 그런 왜곡된 교과서가 사용되고 있으며, 요코하마시에서는 모든 중학교에서 그런 교과서가 사용될 가능성이 높다고 합니다.[14] 최근 저는 어느 대학의 세미나에서 한일병탄 사실조차 모르는 대학생이 많다는 것을 알았습니다.

그러나 침략의 한복판에 있던 사람이 자신이 보고 듣고 경험했을 만행의 의미를 파악하지 못한 것은 왜일까요. 노다 마사아키野田正彰는 1998년 출간한 저서 『전쟁과 인간』(岩波書店)에서 전후 중국에서 일본인 병사가 어떤 과정에서 자신이 저지른 죄를 자각하고 울음을 터뜨리게 됐는지, 그리고 일본으로 귀국해 고향에서는 금의환향한

'영웅'이 되었는데, 중국에서 자신의 겪은 있는 그대로의 심정을 말하자 "그런 말 하면 안 된다"고 하여 그 후 죽을 때까지 침묵을 지켰다는 것을 담담하게 감동적으로 적고 있습니다. 저자는 전쟁의 죄책(감)이 공유되지 않은 것이 전후 일본의 본질을 형성했다고 주장합니다.

성폭행과 살인을 상관의 명령이었다며 태연해 하던 일본인 병사들이 오열하기에 이른 것은 중국인들의 배려와 장시간에 걸친 중국의 교육 시스템에서 일본인 병사가 자신이 죽인 중국인, 그 가족에게 마음을 두고 그들의 마음을 '이해'했을 때, 즉 피해자의 마음과 입장에 '동일화'되었을 때 자신의 죄를 알고(인간성을 되찾고 자신의 '병'을 깨닫고) 울음을 터뜨린 것입니다.

비영리 단체 Bridge For Peace(BFP)[15]의 진 나오코神直子 대표는 일본 병사의 영상편지를 찍어 필리핀에 가서 현지인에게 보여주고, 현지인의 생각을 다시 동영상으로 제작해 일본에서 상영하고 있습니다. 전쟁을 알리려고 하는 청년 세대의 주목할 만한 활동인데, 노다 마사아키가 기술한 것 같은 예는 중국에서의 경험자에게는 거의 없다고 직접 들은 적이 있습니다.

외지에서 외국인 종군 '위안부'의 존재를 많은 사람이 알고 그녀들을 상대로 한 일본인 병사는 많았을 텐데, 그들에게 그 여자는 인격 없는 '사물'이며, 병사는 사람을 죽인 경험과 마찬가지로 그 '위안부'와의 경험도 가슴 속에 묻어버린 채 아예 없었던 일로 하는 것일까요. 그들은 한국의 '위안부' 할머니들의 고발을 어떻게 듣고 있을까요. 그것이 당시에는 당연한 일이었고 이제 와서 문제 삼는 것이 이상하다고 거짓말을 할까요. 귀와 마음을 닫은 채 이 부끄러운 마음을 후세대에 전하지 않고 할머니들의 고발을 '이해'하려 하지 않고 죽어가는 것일까요.

그 고발을 받아들여 그들을 '이해'하는 행위는 식민지 지배의 역사와 그 속에서 살 수밖에 없었던 자시 자신을 어떻게 받아들이는가 하는, 사회와 자신에 대한 철저한 통찰을 통해 '상식'을 의심하는 관점을 명확히 해나가는 작업 없이는 있을 수 없습니다.

일본인 사회가 전후 책임이나 식민지 지배의 청산에 무관심하고 현재도 공공연한 차별이 있는 것은 어째서일까요? 그것은 식민지 지배와 거기서 살 수밖에 없었던 자기 자신에 대한 철저한 통찰이 널리 사회적으로 이루어지지 않고, 노다 마사아키가 지적하듯이 전쟁의 '죄책(감)'이 공유화되지 않았던 사회의 존재방식과, 그 사실을 아이들에게 다 전달할 수 없는 교육의 존재방식에 문제가 있다고 말할 수 있겠습니다. 하지만 저는 그것을, 일본의 전후민주주의에서 주민자치 구조라는 관점에서 다시 생각해보고 싶습니다.

일본 사회는 대의민주주의를 수입했습니다. 일본의 시민들은 자신이 사는 지역 사회의 여러 문제를 자신들의 책임하에 해결하지 못하고, 4년에 한 번씩의 선거에서 의원 '선생님'들을 뽑을 뿐입니다. 여기서 선출된 '선생님'들은 3만 명 이상의 지자체에서는 거의 주민소환(recall)을 당한 적이 없습니다. 주민이 중심이 되어 지역 사회를 운영하는 '주민 주권에 근거하는 주민 자치' 구조가 되어 있지 않다고 하는 결함이 엄연히 존재하는 것이죠.

이해가 상반되거나 '견해'가 다른 이웃과의 대화를 통해 상대를 '이해'하고, 자신들을 둘러싼 어려운 문제에 맞서기 위해 대화를 통해 해결하는 '주민 주권에 근거한 주민 자치' 구조와 그 꾸준한 실천이 있다면, 상대방의 견해, 배경, 역사에까지 '이해'가 미치고, 그렇게 하면 서로가 서로를 이해하고 수용하는 관계로 발전하는 것은 아닐까요. 현행 일본 지자체의 주민 자치 실태를 비판적으로 검증해, 새로운 구조 만들기에 시급히 착수해야 한다고 생각합니다.

즉, 일본인 사회가 과거의 식민지 지배에 무관심하고 전후 책임에 대해서도, 외국인의 인권에 대해서도 생각이 미치지 못하고 차별이 계속 존재하는 것은 현행 지방 자치가 형식적인 대의민주주의에 그치고, 주민이 중심이 되어 주민끼리의 대화를 거듭하면서 문제 해결을 도모하는, '주민 주권에 근거한 주민 자치' 구조가 되어 있지 않다는 현실과 맞물려 있다는 것이 저의 가설입니다.

### '당연한 법리'에 대하여

일본 사회는 일본인의 것이며 자신은 그 일원이라는 의식은 민족국가의 정체성이며 일상생활에서는 표면화되지 않습니다. 본인은 그런 의식을 갖고 있다는 자각조차 없을 것입니다. 보이지 않는 것, 자각되지 않은 것은 당연한 일이지만 논리화할 수는 없겠죠. 일본인 학자들이나 활동가들 또한 전후 일관해서 자이니치의 생활 실태를 파악하지 못했습니다. 봐도 '보이지 않고', 알고 있어도 '이해'할 것이 없었던 것입니다(이이누마 지로飯沼二郎, 『보이지 않는 사람들』, 日本基督敎団出版局, 1973).

헌법이 기본적 인권을 일본 국민(일본 국적자)으로 한정한다 해도,[16] 일본인 사회는 그것을 당연하게 여기고 받아들였습니다. 일본에 남은 조선인과 대만인은 해방 후에도 샌프란시스코 강화조약에 의한 일본의 독립 전까지는 외국인간주자로, '일본 국적'인 채로 외국인등록증명서를 받게 됐고 선거권은 일찌감치 박탈당했습니다. 이때 조선인과 대만인 공무원을 배제하기 위해 일본 정부가 내세운 견해가 당연한 법리[17]이며 공권력의 행사, 공공의 의사 형성에 해당하는 직무는 일본 국적자로 한정했습니다.

즉 조선인과 대만인 공무원은 귀화를 요구받았다는 것입니다. 이 국적에 따른 차별을 정당화하는 '당연한 법리'는 공무원의 직장 문제에 그치지 않고 사회생활, 복지 현장에서도 외국인에 대한 차별과 배제를 당연시하며 증폭하는 데 큰 역할을 해왔다고 생각합니다. 그러나 일본인의 전후 책임 발언 가운데 이 문제를 언급한 지식인은 극히 드뭅니다.

당연한 법리는 지금도 살아 있습니다. 히타치 투쟁[18]이나 고 김경득 변호사의 변호사 자격 획득 투쟁이 자이니치 생활환경에서 진행되는 가운데, 자이니치는 대기업이나 지자체에 취직할 수 있게 되었습니다. 그러나 '당연한 법리'에 따라 관리직이나 '공권력의 행사'에 관련되는 직무에 종사하지 못하고 있습니다.[19] 정향균 씨의 대법원 판결에서는 외국적 공무원의 존재 자체는 문제될 것이 없다고 전제하면서도 그의 관리직 승진을 거부한 도쿄도의 행위를 불법으로 인정하지 않았고 외국적 공무원이 맡은 직무와 관리직 기준 또한 밝히지 않았습니다. 그 판단을 각 지자체에 맡기는 내용으로 되어 있는 거죠.[20] 외국 국적을 가진 공무원을 관리직에 앉히지 않는 이유는 '당연한 법리'의 '공공의 의사 형성에 대한 참여'에 저촉된다는 것입니다.

공권력 행사의 정부 견해에 반한다는 이유로 외국적 공무원에게 제한되는 직무가 사실상 지자체에는 없다는 것을 가와사키시의 인사과장이 천명한 바 있습니다. 그런데도 현실은 지자체마다 당연한 법리를 이유로 외국적 공무원의 직무를 제한하고 있습니다. 이 점은 시민운동에서도 학계에서도 문제가 되지 않고 당연하게 받아들여지고 있지만, 전후 일본의 기본 방향을 물을 때, 현재까지도 계속되는 '당연한 법리'의 사고방식, 구조는 철저하게 문제시되어야 합니다.

'공권력 행사'란 본래 '통치' 개념으로, 가와사키시에서는 '공권력 행사'를 독자적으로 해석해 '시민의 의사에 관계없이, 시민의 자유와 권리를 제한하는' 직무로서 외국적 공무원이 해당 직무를 담당할 수 없도록 '운용 규정'을 만들었습니다. 즉 국적에 따른 차별을 제도화한 것이죠. 본래 어떤 공무원이든 시민의 자유와 권리를 제한한다는 것은 법률에 명시된 범위 내에서만 인정되는 것인데 같은 공무원인 외국적 직원에게만 공권력 행사의 직무를 제한한다는 것은 있을 수 없습니다. 사용자는 노동자의 국적, 신조 또는 사회적 신분을 이유로 임금, 노동 시간 및 기타 노동 조건에 대해 차별적 취급을 해서는 안 된다(근로기준법 제3조)고 법률에 명시되어 있습니다.

현재 가와사키시는 공권력 행사를 독자적으로 해석해 운용하고 있기 때문에 현장에선 터무니없는 부조리가 난무합니다. 예를 들어 빈 깡통이나 담배꽁초 무단투기에 주의를 주는 것까지 공권력 행사라는 이유로 외국 국적 직원은 이 직무에 종사할 수 없게 돼 있는 것이죠.

일본의 정당이나 정치인들은 외국의 영향을 받는 것을 피하기 위해, 외국인에게서 정치 헌금 받는 게 금지되고 있습니다. 외국인 지방참정권의 법안화에는 여당(자민당) 내에 반대가 많아 이번 국회에서는 법제화에 이르지 못했는데, 지방자치에서 외국 국적 주민의 정치 참여를 어떻게 보장할 것인가 하는 논의를 진행하는데도 이 '당연한 법리'가 걸림돌이 됩니다.

주민투표에 외국적 주민의 참가를 승인하는 지자체는 이미 많습니다. 그러나 가와무라 다카시河村たかし 나고야시 시장은 현행 지방자치제도를 개혁해 '(순수 일본인에 의한) 진정한 주민 자치'를 위해, 초등학교구(또는 중학교구)를 단위로 한 '지역위원회'를 일본인에 한정하는 국적조항을 설정했습니다.[21] 저는 이것의 문제점을 지적한 논문을 저는 전혀 본 적이 없습니다. 지역과 밀착된 작은 행정 단위로 주민의 정치 참여를 보장하는 '주민 주권에 기초한 지방 자치' 구조를 구체화하는 것은 현행 유명무실해진 지방자치를 변혁하기 위해 필수 불가결한 과제입니다. 작년 교토와 가와사키의 단체장 선거에서도 '구민협의회'나 '구민의회'를 만들겠다고 공약한 후보자가 나타났죠. 그러나 그들 또한 외국적 주민의 참여에 대해서는 덮어두고 넘어갔습니다.

외국인의 지방참정권 실현에는 국회에서 법률 개정이 필요하지만 주민 자치를 추진하는 지자체의 거버넌스 구축은 시의회 조례 제정으로 가능합니다. 그런 조례가 생기면 당연히 외국 국적 주민의 선거권과 피선거권이 보장받게 됩니다. 그 예로 미에현의 '읍면리' 합병으로 탄생한 이가시伊賀市가 직원에게는 '당연한 법리'를 적용하면서도 기존의 '읍면리'를 '지구'라고 하여 각 지구의 자주성을 존중하기 위해 각 지역 안에 '구'를 설치했고, 그 '구장'에 한국인 주민이 출마해 당선되었다고 보도된 바 있습니다(〈민단신문〉 2010년 6월 23일자).

이번 가와무라 나고야시 시장의 전례는 지방참정권뿐만 아니라 주민 자치 구조 자체에도 외국적 주민의 정치 참여를 금지한 것이 되어, 그것이 아직 시험 단계라고는 해도 그 사고방식이 일본 전국으로 확산하는 것을 저는 크게 우려합니다.

## '병리'의 실태

봐도 보이지 않고, 알고 있어도 이해할 게 없다는 것은 무엇 때문일까. 박종석 군의 히타치 투쟁 때 히타치의 노조는 일의 경위를 보고 무슨 일이 일어났는지 알았을 텐데도 박종석 군을 이해하려 하지 않고 사측 입장에 서서 그의 싸움을 무시했습니다. 재판 승리 후 그가 입사하고 나서도 회사의 대응이 잘못되었음을 인정하고 그를 지원하지 않은 것을 자기비판하지 못한 이유는 무엇일까요. 당시 추진되던 노사일체화 정책이라는 것만으로는 설명되지 않습니다. 대기업에서 일하는 사원들의 뒤에 숨겨져 있을 '병리'의 실태가 눈앞에 어른거립니다.

박종석 군은 1년 후면 정년을 맞습니다. 그의 경험에 따르면 직원들은 '사축'(회사가 부리는 가축 – 역자 주)으로, 마치 마른 걸레를 짜내는 듯이 할당량이 부과되고 회사와 한 몸이 된 노조 환경에서는 제대로 말을 할 수 없는 상황이라고 합니다. 그런 환경에서 대기업 사원들이 자이니치 문제에 관심이 없을 뿐만 아니라 애당초 다른 사람에 대한 관심을 갖기 어려운 상황에 놓여 있다는 것을 그는 인식하게 됩니다.[22] 많은 사원이 스트레스로 정신질환을 앓고 인격은 병들어갑니다. 인격이 병들면 회사의 반사회적인 행위에도 거부할 수 없게 되는 것이죠.

그러나 대기업만이 아닙니다. 앞서 도쿄도를 상대로 소송을 한 정향균 씨의 경우도 마찬가지입니다. 도쿄도 직원들은 자신들의 동료가 국적을 이유로 부조리한 차별대우를 받았는데도 왜 그녀의 싸움을 지원하지 않았을까요. 이들 또한 일과 할당량, 시간에 쫓겨 책임을 추궁당하고, 많은 공무원이 실로 정신적인 병을 앓고 있습니다.

공무원과 대기업의 사원이라고 하는, 비교적 사회적 지위가 높고 안정되고 급여도 좋은 환경의 사람들이 '병'에 시달린다면, 생활 보장이 없는, 언제 회사가 도산할지, 언제 해고될지, 언제 장사를 할 수 없게 될지도 모르는 많은 중소, 영세기업과 그 종업원들은 한층 더 '병'에 걸리는 사람이 많을 것입니다. 일본 전국에서 매년 3만 명이 넘는 자살자가 있다는 사실은 간과할 수 없습니다(1998년부터 2011년까지의 통계 – 역자 주). 사업하던 사람이 자금 문제로 지옥 맛을 보고도 자살을 생각하지 않은 사람이나, 해고 걱정 없이 안심하고 일할 수 있는 사람은 얼마나 있을까요.

그뿐인가요. 경제대국을 목표로 해온 전후 일본 사회는 공업화에 매진하는 가운데 복지 쪽으로 돈을 순환시키는 시스템을 취해왔지만,[23] 공업화 추진을 위해서 바다를 매립해 석유 콤비나트나 용광로를 만들어 자연을 파괴해 주민들이 해변에서 쉴 수조차 없는 환경으로 만들어버렸습니다. 많은 사람이 공해에 시달려 아직도 미나마타병 문제는 해결되지 않았습니다. 많은 대도시에서는 자동차 배기가스 등으로 인해 천식에 시달리는 사람들이 끊임없이 나타납니다. 이런 공업화 과정에서 살아남은 노인들은 노후 생활이 안정되지 못해 고독사를 맞는 사람이 많습니다. 청년들이 일할 자리가 없어지고 비정규직이 쉽게 해고되는 상황이 일본 사회의 병이 아니라면 무엇인가요. 제가 지속 가능한 커뮤니티를 '지속 가능한 지역 사회'라는 무미건조한 번역이 아니라 '주민들이 잘 먹고 잘사는 지역 사회'라고 의역하는 이유입니다.[24]

마지막으로 여기서 북한의 납치 사건과 미사일 실험에 대한 일본 사회의 대대적인 반발이 조총련계 조직에 대한 폭력으로 이어지는 현실을 강도 높게 비판할 필요가 있습니다. 그것은 민족 학교에 다니는 아이들에 대한 폭력이나, 정부의 정책으로 민족 학교를 '고등학교 무상교육화' 대상에서 제외하는 노골적인 차별로 드러납니다. 니이가타현에서는 납치 문제를 이유로, "외국 국적자의 권리를 정비하는 것은 납득할 수 없다"며 영주 외국인들의 주민투표권이 거부되고 있습니다.

민족적으로 살아가고, 민족 정체성을 지키고 그것을 다음 세대에 전파할 권리는 누구에게나 있습니다. 어떤 소수자라도 민족 교육이나 민족 문화를 존중받아야 한다는 것이 세계의 상식 아닌가요. 조선학교에 가서, 북한이나 조총련과의 관계를 끊지 않으면 자금 지원을 하지 않겠다고 발언한 하시모토 도오루橋下徹 오사카부 부지사의 발언이 어째서 매스컴이나 일본 국민의 비판 대상이 되지 않는 것일까요. 정치나 외교 문제에 얽혀 당연한 지원을 정치적 흥정에 쓴다는 것은 용납될 수 없는 일입니다. 식민지 지배 청산으로서 조선민주주의인민공화국(이하 북한)에 대해 식민지 지배를 해온 것에 대한 공식 사과와 배상금 지불을 명기한 평화조약 체결이 아직 이루어지지 않았다는 것을 일본 사회는 다시 한 번 깊이 인식해야 합니다.


## 자이니치의 삶과 지역 문제에 관여하는 방식

### 히타치 투쟁에 관여하기를 회피한 민족 단체 – 민족주의 비판

저는 자기 본명을 읽는 법도, 제 본적지가 어디인지도 모르는 대학생이었습니다. 어느 아침, 신문에서 '나는 아라이인가, 박종석인가'란 제목으로 히타치 취직에 대한 차별을 판별하는 투쟁을 알게 되어, 그날 바로 그를 만나러 가서 재판 투쟁에 동참했습니다. 1971년 일이죠. 저는 일본 학생들과 '박종석 군을 지원하는 모임'을 만들어 이 '프로젝트'를 담당하게 되었습니다. 당초 노동 문제로 시작됐던 재판 투쟁을 비판하고 자이니치에 대한 차별 투쟁이라고 주장했습니다. 저는 처음으로 자이니치인 자신을 겸허하게 받아들이고 앞으로 살아가는 인생의 존재방식을 히타치 투쟁을 통해 모색하기 시작한 것입니다. 아마도 저와 같은 세대의 자이니치는 민족 정체성에 대해 고민하고, 거기서 자신의 삶을 모색했을 거라 생각합니다.

> '자이니치'라고 외치는 것은 동화되고 차별받아온 자의 일본 사회에 대한 분노와 고발을 중심으로 한, 그러나 자기 자신은 일본인이나 본국인과도 다르다고 의식되어온 격정의 발로이며, 뒤틀린 인간성을 되찾기 위한 필수불가결한 작업이었습니다.[25]

히타치 투쟁 중에 저는 자이니치라는 제 고민(열등감)이 일제 강점 동화정책에서 비롯된 것임을 알게 되었습니다. 민족 주체성을 찾아 한국으로 유학을 떠나 자이니치의 고통은 고난의 역사를 거치는 민족 전체의 한 양상이고, 한국조차도 식민지 지배의 왜곡된 영향에서 벗어나기 위해 필사적으로 노력해야 한다고 생각하는 사람이 있음을 알게 됐습니다. 자이니치가 아니라 한국도 같은 포스트 콜로니얼리즘post-colonialism 문제를 안고 그 극복 과제를 안고 있다고 이해한 것입니다.[26] 그러나 저는 한국의 정치 동향에 직접 관여할 건 아니고, 히타치 투쟁을 통해 자이니치의 현실을 직시하여 이에 집중해서 대처하기로 했습니다.

우리의 운동은 처음부터 일본인 청년들과 함께 '박종석 군을 지원하는 모임'을 조직했는데, 일관되게 일본인과 협동해 운동을 진행하는 것을 원칙으로 삼았습니다.[27] 그러나 이것은 다른 민족 단체에서는 있을 수 없는 일이었어요. "이 재판에서 파생된 운동은 지금까지의 민단과 조총련을 비롯한 기성 민족 단체를 매개로 한 '위로부터의 조직운동'과는, 투쟁도 운동의 성격도 완전히 다른 양상을 보이게 되었다"고 박종석 군은 표현했습니다(『'자이니치'라는 삶의 방식 — 차이와 평등의 딜레마』, 고단샤).

당시의 민족 단체들은 민단이나 조총련뿐 아니라 많은 자이니치 학자를 배출하고 있는 '한학동'(한국학생동맹) 등도 '권익 획득'을 외치며 취업 차별이라는 가장 가까운 문제인데도, 히타치 투쟁에 관여하지 않으려 했습니다. 이들이 관심을 가지기 시작한 것은 본국(대한민국) 학생들이 민주화 투쟁 구호 속에서 히타치 투쟁 지원을 내세우면서부터입니다.

저는 자이니치로서 일본 사회에 진입할 것을 재일대한기독교회 청년회에서 주장하고 히타치 투쟁에 나설 것을 요구했는데, 그 주장이 '동화'로 이어진다며 청년회 대표직에서 해임당했습니다. 자이니치 주체성이 양자택일의 문제가 아닌데도 "본국 지향이냐 정착 지향이냐"(박일)가 당시에는 그 정도로 문제시되었던 것이죠. 그러므로 민주화 투쟁을 담당해야 한다고 생각하는 민족주의적 열의에 불타는 자이니치들이 지역 활동을 통해 자이니치로서의 삶을 추구한다는 관점을 가질 수 없었다고 생각합니다.

민족주의적 관념론은 정치 상황이 어려워질수록 점점 정예화됩니다. '본국'의 동향과 민족의 장래에 자기 자신을 동일화하고 하며, 일본 사회에서 살면서 겪는 눈앞의 일상적인 지역 변혁에 관한 운동은 점점 자이니치의 문제가 아닌 것이 되고 일본 사회를 어떻게 할 것인가는 "근본적으로 일본인들의 책임"(서경식)이 됩니다. 이래서는 양측이 대등한 입장에서 대화를 한다는 전제가 성립되지 않습니다. 정치적인 슬로건을 내건 한-일, 북-일 연대는 그때그때 발생하는 정치 이슈에 대해서만 의미가 있고, 자신이 발붙이고 사는 지역에서 함께 땀을 흘리는 일과는 거리가 멀다고 생각합니다.

## 행정과 일체화된 자이니치 지역 활동 – 다문화 공생 비판

히타치 투쟁에서 철저히 자이니치 차별의 현실과 동화를 강요하는 사회구조를 밝혀온 우리는 재판 투쟁 후 가와사키시라는 구체적 지역에서 우리가 그랬던 것처럼 자신이 조선인임을 숨기는 아이들에게 압력을 가하게 되었습니다. 자이니치 자녀들이 차별에 지지 않도록, 자신을 부끄럽게 생각하지 않도록 지역 보육원에서 본명을 가르치고 민족 노래와 민족 문화를 접할 수 있는 기회를 만들려 했습니다. 차별과 싸우는 보루의 구축입니다. 그곳을 거점으로 삼아 아이들에게 학교 공부를 가르치고 본명을 알리게 했으며, 어머니나 청년들의 커뮤니티를 조직해 인근 학교에 이런 움직임을 홍보하도록 지원했습니다.

히타치 투쟁에 승리한 이후 가와사키의 교회에서 지역 집회를 가졌을 때, 자이니치 주민이 아동수당 수령이나 시영주택 입주가 국적을 이유로 인정되지 않는 것에 큰 분노를 하고 있는 것을 알고, 행정기관을 상대로 국적조항 철폐운동을 시작했습니다. 대출 조건으로 호적등본을 요구하는 은행이나 국적을 이유로 신용카드 사용을 거부하는 회사를 상대로 주민운동으로서 민족 차별과 싸움이 계속됐습니다. 이들의 활동은 재일대한기독교회를 거점으로 하였으나 투쟁이 커지면서 자원봉사 청년들이 늘어나고 운영비용과 인력 등 조직을 물리적으로 확장해야 하는 어려움을 겪게 되었습니다.

저는 그때의 민족 차별과 싸우는 보루 구축이 현재 행정기관과 합쳐진 공설민영의 세이큐샤 후레아이관으로 이어졌다고 이해합니다. 그 새로운 보루는 민영화된 아동문화센터 사업의 한 축을 담당하고 자이니치뿐 아니라 지역에서 늘어난 여러 나라의 외국인 자녀 문제를 다루면서 지역 복지사업에 본격적으로 관여합니다. 거리 축제에 참가하고 민족 의상을 입고 춤을 추는 그 보루는 다문화 공생의 성공 모델로 전국적으로 주목받고 있습니다.

행정 측과의 일체화로 재정적으로는 안정되고 인재 확보가 이루어져 새로운 건물을 얻게 되었으며, 지역에 필요한 새로운 사업을 전개할 수 있게 됐습니다. 그러나 그것은 동시에 본래 행정이 해야 할 일을 민간이 저임금으로 운영한다는 민영화 정책 아래서 가능했다는 사실은 간과해서는 안 됩니다. 무엇보다도, 행정의 부조리를 밝혀내고 공정을 요구한다는 의미에서 '공생'을 표방한 자이니치 운동이 스스로 행정 비판을 자중하게 되었고, 동시에 일반 주민들의 행정에 대한 비판을 억누르는 역할을 담당하기에 이릅니다.[28] 행정과의 일체화는 양면성을 갖습니다. 행정이 '공생'을 추구하는 자이니치 운동과 일체화함과 동시에 한편으로는 증가하는 외국 국적 주민의 '통합', '통치'를 목적으로 한 '다문화 공생 사회의 실현'[29]이 행정과 운동체의 공통 슬로건이 됩니다.

다양성이나 타민족 문화 존중을 부르짖지만, 그것은 행정에서 '기미가요와 일장기의 강제'로 통합을 시도하는 일이면서, 외국인 주민의 생활 전반을 수용하여 정치 참가를 승인하는 일은 아닙니다. 다문화 공생은 기본적으로 내셔널리즘을 전제로 한 것임을 확인할 필요가 있습니다. 주민을 둘도 없는 이웃으로 규정하고 다문화 공생 사회 실현을 내세우는 행정은 '제한적 문호 개방'이나 결정권이 없어 토의하는 내용의 범위도 한정된 외국인시민대표자회의 조직[30] 등 외국적 주민의 정치 참여를 일정 영역에 밀어 넣어 승인했습니다. 즉, '2급 시민'화한 형태로 외국 국적 주민들을 대우하는 것입니다. 그것은 역사학자 테사 모리스–스즈키Tessa Morris-Suzuki가 피상적 다문화주의 cosmetic multiculturalism란 말로 일본 사회를 비판한 것과 연결됩니다.

지역 활동을 시작한 자이니치는 히타치 투쟁 때처럼 일본인과 협력하면서 스스로의 운동을 하기보다는 행정과 일체화함으로써 스스로 지자체의 다문화 공생 정책을 담당하는 임무를 맡게 되었습니다. 그 활동을 '요구에서 참여로'(차별 문제를 행정에 제기하고 요구하는 지금까지의 자이니치 운동이 아니라 지자체가 조직한 외국인시민대표자회의에 참여함으로써 자이니치의 새로운 정치 참여의 역사가 시작되었다는 인식을 표현한 슬로건), 그리고 '소수자를 위하는 것이 다수자에게도 좋은 일'이라는 슬로건으로 일정한 권익을 확보하고 NPO 사업을 전개하는 것을 새로운 '보루'인 공설민영 세이큐샤 후레아이관의 활동으로 삼은 것입니다. 히타치 투쟁에서 시작된 지역 활동이 이와 같이 행정과 일체화됨으로써 새로운 사업으로 확대되기 시작했습니다.

민족주의에 입각한 운동은 본국(한반도)의 정치 동향과 직결되고, 자신들의 권익 옹호(그 안에 민족 교육을 포함)를 주장할수록 재외동포

(자이니치)에게만 관심을 집중하게 되는 데 비해 다문화 공생 사회 실현은 일견 지역밀착형 운동처럼 보입니다.

그러나 이는 외국 국적 주민의 활동을 일정한 영역에 한정하여 지역 전체의 변혁에 영향을 주지 못하도록 하는 것으로, 오히려 다수자들의 패터널리즘(온정주의)에 의거한 것입니다. 이렇게 생각하면 행정과 일체화된 '다문화 공생 사회 실현'이 주민의 자립과 '주민 주권에 근거한 지방자치'로 이어질지, 외국인을 포함한 주민의 '통합'과 '통치'가 될지에 대한 논의는 철저히 이루어져야 합니다. 그 논의를 널리 보장하는 것이야말로 다문화 공생 활동이 행정에 의존하지 않고 '열린 지역 사회'에 공헌하는 것이 되게 하는 것이라고 저는 생각합니다.


## 마치며

차별은, 그것을 강요당한 자에게 깊은 르상티망을 안기면서도, 공포를 느끼는 또 다른 존재에 대해 책임을 느끼게 함으로써 피차별 체험자를 '저항의 주체'로 '변신'시키고, 동시에 '적에 대한 사랑'을 품게 한다.
— 곽기환, 『차별과 저항의 현상학 — 자이니치의 '경험'을 중심으로』


개인의 '인권 실현'이 스스로의 노력이나 시민운동, 사법의 장에서만 이루어지는 것이 아니라 자연환경, 경제, 문화를 포함한 지역 사회 전체의 바람직한 방향을 모색하는 과정에서 요구되어야 한다고 이 소론의 첫머리에 적었습니다. 개인의 격차와 함께 지역 간 격차도 확대되어, 많은 과제를 안고 있는 지역의 쇠퇴가 두드러집니다. 이러한 사회를 만들어낸 기존의 경제, 정치 시스템을 근본적으로 재검토해 '주민이 잘 먹고 잘사는 지역 사회'를 만들어가지 않고는 개인의 생존권 자체가 위협받는 시대가 되었습니다. 여기에 노인들을 보살피는 네트워크 구축, 지역 상가 활성화 등의 과제가 떠올랐습니다. 무엇보다도 중공업이 중심인 대도시에서는 포스트 공업화 도시, 지역의 존재방식을 근본부터 재검토하는 '그랜드 디자인'이 필요합니다. 새로운 시대 상황에 대응할 수 있도록 사회복지제도, 재취업을 위한 교육제도 등도 정비돼야 합니다.

국가가 책임지고 해야 할 일이 있으며, 지역이 스스로 해결해야할 과제가 있습니다. 이 두 가지는 제대로 연계되어야 하며, 국가는 지방분권을 빌미로 지방 책임이라고 방치하지 말고, 지방의 활성화 및 자체적 발전을 지지하는 역할을 담당해야 합니다. 이 지역 과제를 행정과 의원 '선생님'들에게 맡겨서는 절대 해결할 수 없다는 것이 주민과 의원, 행정 간에 공유되지 않고 있습니다. 리더의 강한 리더십이 지역을 살리는 것이 아니라 주민이 주체적으로 '살아가는 지역 사회'를 만드는 것이 지역을 살립니다. 그러기 위해서는 '주민 주권에 근거한 주민 자치'의 구조를 새롭게 만듦으로써 주민 간의 대화를 기반으로 한 주민 주권을 지역에서 정착시켜 시간을 두고 키워나갈 필요가 있습니다.

글로벌 시대, 특히 일본의 경우는 노동자가 부족한 것이 분명해, 외국적 주민의 증가는 불가피합니다. 정주하는 외국적 주민들이 자신들의 생존권을 지키기 위해 정치적 참여를 요구하는 것은 당연합니다. 외국적 주민의 정치 참여 보장은 그 지역에서 '주민 주권에 기초한 주민 자치' 구조의 확립 여부에 달려 있다고 해도 과언이 아닙니다. '주민 주권에 기초한 주민 자치' 구조란 어떤 것인지 외국적 주민이 함께 참여하여 논의될 때가 된 것이죠. 미에현의 이가시는 그 좋은 선례가 될 것입니다.

한국 국적을 가진 자이니치는 한국에서의 국정선거 참여가 결정되고, 어느 쪽이든 지방참정권도 일본 국회에서 법안화가 논의될 것입니다. 그것은 영주권을 가진 외국인에게 피선거권이 없거나 북한을 배제하는 등 문제가 많은 방안입니다. 지방참정권을 획득한 것만으로는 현행 주민의 정치 참여를 충분히 보장하지 못하는 대의민주주의에 매몰될 뿐, 풀뿌리 주민 자치로 연결될 수 없다는 점을 분명히 인식할 필요가 있습니다.

외국 국적 주민을 일본 사회의 주체이며 주요 멤버 중 한 명으로 파악하지 않고, '문화'와 '다양성'을 강조하면서 '통합'과 '통치'의 대상으로 삼는 다문화 공생은 지금까지의 일본 사회를 만든 기존의 경제, 정치 시스템을 그대로 두고, 그것들을 정당화한 후에 '2급 시민'으로서 한정된 권한의 범위에서 외국 국적 주민을 받아들이게 됩니다. 그러한 다수자의 온정주의로는 일본 사회의 구조적 위기 상황을 멈출수 없습니다. 주민 간의 대화가 보장되어 주민 누구나 인간답게 살수 있는 지역 사회의 꿈은 바라지도 못하고 쇠퇴할 수밖에 없습니다. 이럴 경우에 결국 다수자인 일본인 주민들도 '살아내기' 어려울 것입니다.

행정과 기업을 포함한 주민 간의 대화를 통해 국적과 민족을 초월하여 모든 주민을 대상으로 하는 '주민 주권에 기반한 주민 자치'가 지역 재생의 기초입니다. 그리고 그것이 생존권을 확보하고 높은 삶의 질Quality of Life과 살기 좋은 환경을 지향하여 '인권의 실현'을 위해 나아가는 데 필수 불가결한, 일본 국적 주민과 외국적 주민 양자공통의 과제가 되지 않을까요.

민족주의를 표방하는 자이니치 기성 조직, 운동 단체들은 이런 시대적 요구에 부응할 수 있을까요. 행정과의 일체화를 도모해 다문화 공생을 제창하는 자이니치 또한 생활자의 눈높이에서 '지역 변혁'을 요구하는 주민과 함께 나아갈 수 있을까요.

차이의 강조가 아니라 일치를 이룰 수 있는 점을 찾아 구체적으로 행동할 때가 됐습니다. 미래를 향해 어떠한 지역 사회를 만들 것인가, 이 점에 관해서는 국적이나 민족의 '견해' 차이를 넘어 모두가 같은 '책무'를 담당하게 됩니다. 자이니치와 일본인이 대등한 지위에서 대화하는 것은 거기서부터 시작합니다.

# 제3장
# 외국인의 지방참정권에 대하여
## ―이것이 외국인에 대한 권리 부여의 문제인가?

## 들어가며

2010년, 일본 민주당의 한 책임자가 외국인의 지방참정권 법안을 정기국회에 정부안으로 제출한다는 것을 대내외에 공개했습니다(〈아사히신문〉 2010년 1월 12일자). 그러나 의원입법으로 해야 한다고 담당부처의 장관이 담화를 발표한 상태로(〈아사히신문〉 1월 15일자), 어떻게 될지는 미정입니다. 지난 10년간 공명당을 중심으로 야당이 공약해온 것인데 결코 빛을 보지 못했습니다. 아무도 그 법안이 통과되리라고는 생각지도 못했습니다. 민주당 정권이 실현되고 나서, 외국인의 지방참정권이 가까스로 현실이 될 가능성이 나온 정도입니다.

한국 정부 및 민단은 이 법안의 통과를 요구하며 중의원 선거 후보자에게 외국인 참정권에 대한 찬반 의사를 묻고, 찬성자에게는 선거 협력을 해온 것 같습니다. 한국 정부와 민단의 노력이 민주당의 승리에 적지 않게 기여한 것이 틀림없다고 생각합니다. 지금까지 공명당이 가장 열심이었던 것은, 창가학회 회원에 자이니치 신자가 많아 자이니치에 선거권을 주는 것이 즉, 자이니치 유권자 표가 공명당 표로 직결될 것이라는 계산이 있었던 것 같습니다만, 역시 오자와 이치로 小沢一郎는 이를 노골적으로 말하지는 않습니다. 그러나 민주당 간사장(사무총장에 해당하는 요직 - 역자 주)이자 당내의 최대 실세가 한일 병탄 100년이라는 점을 의식하고 있는 듯, 한일 관계를 강조하며 이 참정권 법제화를 공언했으니 이번만큼은 한국인들도 참정권 실현을 믿었을 것입니다.

그러나 같은 여당인 국민신당의 카메이亀井 당수는 반대 의사를 표명하고 민주당 내에도 외국인 참정권에 반대 목소리를 내는 사람이 다른 중견실세 중에서도 많았습니다. 그 수는 의원의 3분의 1에 달한다고 합니다. 공명당과 공산당은 찬성하는 것 같지만 국민신당이 법안 반대 입장에서 여당에서 이탈할 각오를 하든가, 민주당 내 반대파가 당을 쪼개고 나가든가, 정계 개편이 이 시점에서 참정권 평가를 둘러싸고 이뤄질 가능성은 낮아 보입니다. 그러나 어쨌든 그들 나름의 민족주의와 애국심을 바탕으로 반대 의사를 표명하고 있기 때문에 반드시 이성적인 대응을 한다고는 할 수 없을지도 모릅니다. 오자와 간사장의 구태의연한 '돈 문제'로 민주당은 궁지에 몰렸고, 이는 법제화에까지 영향을 줄 수 있습니다.

이상은 매스컴을 통해서 흘린 정보입니다. 국가기본문제연구소(http://jinf.jp)의 사쿠라이 요시코櫻井よしこ 이사장을 비롯한 우익 논객들과 언론들은 압도적으로 외국인 참정권에 반대합니다. 외국인 참정권 부여에 반대하며 귀화 요건 완화를 그 대안으로 하는 움직임도 있습니다. '재특회'는 이에 반대하는 가두시위를 예고했고 물리적 조치도 불사할 태세입니다.

그러나 저는 외국인에 대한 참정권 부여 문제가 이러한 저널리즘 차원 논의로 일관하거나, 이 법안이 북한을 염두에 두고 '국교가 없다'는 이유로 대한민국 국적을 갖지 않는 자이니치를 배제하고 있는 것이 문제가 되지 않는 것, 사실은 그 배제에 대해 제재의 의미를 부여하려고 하는 것, 그리고 가장 근본적으로는 일본의 전후 처리 문제로서 식민지 지배 청산에 진지하게 임하지 않았던 것에 대해 전혀 논의되지 않고 있는 현실에 큰 불안을 느낍니다.

반대론자들 주장의 뿌리는 분명히 민족주의입니다. 국민국가의 원칙을 내세워, 그 원칙에서 헌법론을 꺼내어 외국인 배제를 정당화합니다. 그러나 사상적으로 일본의 국민국가론은 천황제와 결부되어 이성보다는 심정에 호소합니다. 원래 천황제 유지라는 사실에서 볼 때 전전과 전후에 정신적 단절이 있었던 것일까요. 적어도 헌법의 제정 과정에서 보이는 것은 전전 시기와의 연속이며, 국민주권을 외치면서도 천황을 국민 통합의 상징으로 끌어올려 천황제에 대항하는 개념이었을 국민주권이 일본의 경우는 국민과 천황이 일체임을 강조하여 국민주권론은 외국인 배척으로 향합니다(고세키 쇼이치古関彰一, 『일본국헌법의 탄생』, 岩波現代文庫). 그곳에서는 식민지 지배 청산 논의가 일어날 리 없습니다. 그 상태로 오늘에 이르고 있습니다. 이런 관점에서 외국인 지방참정권 문제란 무엇인가, 그것은 일본 사회의 현실을 묻는 것인데, 외국인에 대한 권리 부여 여부 차원에서밖에 논의되지 않는 상황에 위기의식을 느끼며 저는 이 글을 쓰고 있습니다.

몇 편의 참정권에 관한 책과 논문을 읽었는데 저는 곤도 아츠시近

藤敦의 『Q&A 외국인 참정권 문제의 기초지식』(아카시 북렛)이 가장 간결하게 쓰여 있다고 생각합니다. 다만 이 책이 출간될 당시에는 아직 자이니치를 배제하는 법안 내용이 아니었으므로 그 점만은 유념할 필요가 있습니다. 곤도 씨의 Q&A에 따라 책 내용을 소개하면서 제 의견을 덧붙여 좀 더 광범위하게 논의를 전개해나가겠습니다.

잠깐, 그 전에 외국인 참정권에 관한 법원 판단의 변천사를 봐둡시다. 1993년 6월에 오사카 지방법원은 일본 국적을 가지지 않는 영주외국인의 참정권(지방자치단체의 장, 그 의회의 의원 등의 선거 권리)에 대한 판결이 있었습니다. 판결의 포인트는 이하의 3개입니다.

① 헌법 15조의 '국민'이라 함은 '일본 국적을 가진 자'로 한정되며, 영주외국인에 대한 공무원의 선정·파면권을 인정할 수 없다.
② 헌법 93조 2항의 '주민'은 '일본의 국민일 것'을 전제로 하고 있다.
③ 따라서 일본 국적이 없는 영주외국인에게는 참정권(지방자치단체의 장, 그 의회의 의원 등의 선거 권리)을 헌법이 보장하고 있다고 인정할 수 없다.

곤도 씨는 1995년의 대법원 판결에 대해 설명하고 있습니다만, 대법원은 이 오사카 지법 판결의 "본 문제에 관한 원심의 판단은, 정당한 판결로 시인할 수 있다"라고 했습니다. 다만 법률로써 지방참정권을 "외국인에게 부여하는 조치를 강구하는 것은 헌법상 금지되어 있는 것이 아니라고 해석할 수 있다"고 하여, 그러한 조치를 강구할지 어떨지는 "오로지 국가의 입법정책에 관계되는 사항"이며, 그러한 조치를 강구하지 않는다고 해서 "위헌 문제가 발생하는 것은 아니다"라고 단정하고 있습니다.

즉, 영주외국인의 참정권은 헌법으로 보장되지 않지만 그들을 위해 선거권을 부여하는 조치를 취하는 것은 '헌법상 금지되지는 않았다'는 것입니다. 이 대법원 판결로 국회에서 입법화는 이루어지지 않았습니다만, 각 지자체는 주민투표 등의 참정권을 (피선거권은 없는 선거권에 한정해) 외국인들에게 인정하기 시작했습니다. 가와사키시에서도 영주권자 등 일정한 조건하에서의 외국인의 주민투표는 승인되고 있습니다.[1]

물론 재특회 같은 극우 단체를 비롯한 외국인의 참정권에 반대하는 단체는 이 밖에도 많이 있는 것이 사실입니다. 자이니치 조직에서도 의견이 분분합니다. 특히 조총련으로서는 일본과 북한 관계가 전후 아직 수교도 이루어지지 않고 있으며, 특히 조선 학교에 대한 일본 정부와 지자체로부터의 노골적인 차별이 있는 가운데, 참정권이나 운운할 때가 아니라는 것이 솔직한 심정일 것입니다.

그러나 일본의 지역 사회에서 정착하는 자이니치가, 자신이 사는 지역 사회에 어떻게 관련되어가는가 하는 것은 앞으로도 계속 깊게 논의해야만 하는 과제임이 명백하다고 저는 생각합니다. 지금 당장 실현되지 않더라도 미래 과제로서 자이니치의 참정권은 자이니치의 기본적 인권 문제로 논의해나갈 필요가 있는 것이 아닐까요.

곤도 씨의 책자에 따라 이야기를 진행하겠습니다.

## Q. 대법원은 영주외국인의 지방참정권을 인정하고 있습니까?

### 대법원 판결

곤도 씨는 이 첫 번째 질문으로 시작합니다. 반대론자는 대법원 판결에서 외국인의 참정권 가능성을 언급한 부분은 방론이고 본론에서는 참정권을 부정하고 있다고 말합니다. 그러나 이 판결을 내린 판사는 나중에, 판결은 전체적으로 읽어야 하며 본론과 방론이라고 하는 식으로 자의적으로 나누어 읽히는 것에 불편함을 나타낸 바 있습니다.

1995년의 도쿄도청 임용차별소송에 대한 대법원 판결은 일본에 체류하는 외국인에 대하여 지자체의 장, 그 의회의 의원 등의 선거권을 보장한 것이라고 할 수 없다고 했고, 그에 이어 "영주권자 등에게 법률로 지자체의 장, 그 의회의 의원 등에 대한 선거권을 부여하는 조치를 강구하는 것은 헌법상 금지되어 있는 것이 아니라고 해석할 수 있다. 그러나 위와 같은 조치를 강구할지 여부는 전적으로 국가의 입법정책과 관련된 사항으로, 이와 같은 조치를 강구하지 않는다고 해서 위헌 문제가 생기는 것은 아니다"라고 했습니다.[2]

### 헌법 해석의 '허용론'에 대해서

헌법 해석에는, '요청', '허용', '금지'의 3가지가 있습니다만, '금지'는 문자 그대로 헌법이 금지하고 있는 것, '요청'은 헌법이 요청하고 있는, 즉 인정하고 있는 것이며, '허용'은 금지하든 인정하든 그 어느 쪽이라도 위헌은 아니라고 하는 것이 됩니다. 이 '허용'설을 이번 문

대법원에서 패소 판결을 받고 법원을 나서는 정향균 씨의 사진과 그의 재판 투쟁에 대해 회상하는 신문기사.

제에 입각해서 말하면, 국회가 영주권자에게 참정권을 인정해도 인정하지 않아도 모두 위헌은 아니라는 것이 됩니다. 그것은 국회가 입법정책으로 판단을 하는 것이며, 그 어느 쪽 판단으로도 위헌은 아니라는 것입니다.

정향균 씨의 도쿄도를 상대로 소송을 낸 대법원 판결에서는 도쿄도가 국적을 이유로 외국인에게 관리직 시험을 치르지 못하게 한 것은 위법이 아니라고 해서 그녀의 패소가 되었습니다. 하지만 그 판결문에서는 그녀의 주장에 대해 일정한 평가를 해주는 의견도 들어 있었습니다. 이 판결의 경우, 원고 개인의 권리를 부인하는 결론을 냄과 동시에, 국회에서의 입법 개혁 필요성과 가능성에 대해 언급하고 있습니다. 그렇게 판결에서는 패소라고 해도, 그 판결 중에서, 제도 개혁에 의한 구제에 대해 언급한 소송은 이 밖에도 판례가 있다고 합니다(1992년의 대만 주민 전 일본군 전사자의 손해배상 청구사건 등).

그러나 그녀는 고등법원에서 승리한 뒤 대법원에서의 승리를 믿고 화해의 길은 선택하지 않았지만, 대법원에서는 도쿄도 측의 행위를 '합리적 차별'이라며 오히려 1심에 가까운 판결을 내렸습니다. 그 판결 후, 정향균 씨는 그 판결에 일본 사회가 "가엾은 나라"라고 기자회견에서 중얼거렸다고 합니다. 분해서 무심결에 나온 말이겠지요.

참정권 반대론자는 대법원 판결 본문을 따를 때 헌법상 외국인 참정권을 인정할 수 없다고 그 판결문을 오독하고 있는 것 같습니다. 이것은 '허용'설이라는 헌법학설로 보면 모순된 판결이 아니고, 오히려 지금까지의 소극적인 판결들에 비해 "잘 나온 판결이다"가 곤도 씨의 의견이라고 생각합니다. 저도 그렇게 생각합니다. 그러므로 이번 정부안으로 제출되는 외국인의 지방참정권 법안은 결코 위헌이 아니며 헌법상의 해석에도 문제가 없음을 확인합시다.


## Q. 참정권은 국민 고유의 권리이기 때문에, 외국인에게는 인정되지 않는 것이다?

헌법 15조는 "공무원을 선정하고 파면하는 것은 국민 고유의 권리"라고 규정하고 있습니다. 그러나 이는 선거권을 국민만이 전유한다는 의미의 문구로 해석하는 것은 잘못이라는 게 곤도 씨의 주장입니다. 물론 그것에 반대하는 연구자도 많습니다. 나가오 가즈히로는 『외국인의 참정권』(世界思想社)에서, 오히려 그대로 국민만의 권리로 이해합니다.

'국민 고유의 권리'란, 기존의 천황대권과 같이 관리·임명권의 근거가 천황에게 있는 것이 아니고, 국민에게서 관리 임명권을 빼앗아서는 안 되는, 국민이 양도할 수 없는 권리라고 하는 것이 본래 의미이지, 결코 외국인의 선거권을 금지하는 것은 아니라는 게 곤도 씨의 견해입니다.

## 헌법에서 외국인의 인권을 배제한 트릭

고세키 쇼이치의 책『일본국 헌법의 탄생』276~278쪽을 참고로, 제헌 과정에서 일본 관리가 어떤 수법으로 외국인의 권리를 배제해 갔는가 하는 역사적 경위를 살펴보겠습니다. 고세키 씨는 제헌 당시 역사 연구에서는 일본 제1인자입니다만, 그는 헌법 10조의 '일본 국민의 요건'('일본 국민으로서의 요건은, 법률로 이것을 정한다')의 배경을 분명히 합니다. 이것은 메이지헌법 18조 그대로('신민'이 '국민'이 되었을 뿐)로, 고세키 씨는 왜 이 10조가 삽입되었는지에 대해 의문을 제기합니다. 이 10조의 '법률'이란 1950년의 '국적법'을 의미하며, 이로써 '일본 국민'이란 일본 국적을 소유한 자로 규정된 것입니다. 이것에 의해 헌법으로 보장되는 '기본적 인권'이 외국인에게는 적용되지 않게 되었습니다.

일본 정부는 GHQ에 대해 Japanese people이란 일본 국적의 소유자라고 설명하지 않았고 GHQ는 Japanese people 안에 식민지 하에서 '일본인'이었던 대만인·조선인도 포함된다고 이해하고 있었던 것 같습니다. 그러나 헌법 제정에 종사하고 있던 관리는 10조에 대해서만, 헌법의 영문을 Japanese people에서 Japanese national (일본 국적의 소유자)로 바꾸었습니다(The conditions necessary for being a Japanese national shall be determined by law). 이 영역은 그대로 일본 헌법의 공식영문입니다. 일본의 관료는 Japanese people과 Japanese national을 같은 '일본 국민'으로 번역하고 있었으므로, 10조의 '일본 국민'을 Japanese national로 한 것으로, 10조 이외의 Japanese people의 '일본 국민'을 모두 일본 국적 소유자로 규정한다고 하는 '재치 있는' 조치를 한 것입니다. 그들은 헌법 제정의 당초부터 식민지 지배를 받던 조선인·대만인의 인권을 일본인의 인권과 같이 옹호해야 한다고 생각하지 않았던 것입니다.

이 의도적인 조치는 '당연한 법리'로 연결됩니다. '당연한 법리'라고 하는 것은, "공권력 행사 또는 공공 의사 형성 참가에 종사하는 공무원이 되기 위해서는 일본 국적을 필요로 한다"라고 하는 내각 법무국의 견해입니다. 이 견해에 따라 일본 국적자인 조선인·대만인 관리는 평화조약 이후 계속 공무원으로 남으려면 귀화해야 합니다. '당연한 법리'는, 전후 일본에서는 외국인을 내쫓고 인권을 제한하는 배외주의 이데올로기의 상징이라고 볼 수 있습니다. 문자 그대로, '당연한 법리'는 일본인에게는 논의를 할 것도 없이 당연한 것으로 여겨져 정향균 씨가 도쿄도의 외국적 공무원 관리직 시험 수험 거부를 이유로 제소할 때까지는 크게 사회 문제가 될 것은 없었습니다.

### 당연한 법리에 대하여

이 '당연한 법리'에 반기를 든 사람이 바로 정향균 씨입니다. 지방공무원법에 국적 조항이 없음에도, 외국인이 공무원이 되는 것 등은 누구도 생각해본 적도 없고, 대기업 취직도 자이니치에게 닫혀 있는 문이었습니다. 박종석 씨라는 자이니치 2세가 히타치 취업 차별 재판투쟁에서 승리함으로써 국적에 따른 차별(해고)을 인정할 수 없다는 판결이 판례가 됐고, 이후 일반 민간기업은 (원칙적으로) 문호를 열었습니다. 변호사 자격을 요구한 김경득 씨의 투쟁에 이어 지방공무원에 도전하는 자이니치도 생겼습니다. 정향균 씨는 도쿄도 직원의 외국인 직원 제1호입니다. 하지만 10년 뒤 과장 승진시험을 보려던 그녀에게 승진 요구사항에는 아무런 제한사항 기재가 없었는데도 외국인들이 관리직 시험을 치르지 못하게 하는 것은 당연한 법리라는 것입니다. 그녀는 도쿄도를 상대로 제소했습니다.

대법원 판결에서는 그녀를 승진시험에 응시할 수 없게 한 도쿄도의 행위가 불법이 아니라고 했습니다. 그러나 '당연한 법리'에 반하여 (혹은 새로운 해석으로) 관리직이나 '공권력 행사'와 관련된 직무에 취임시키는 것이 위법이라고도 볼 수 없고, 각 지자체가 결정할 일이라고 판단한 것입니다. 우리가, 전국에서 가장 빨리 외국인에 대한 '문호 개방'을 실현하면서도 채용한 외국적 직원의 관리직 승진을 인정하지 않고, 182개 직무의 한정을 명시한 '가와사키 방식'에 대해서, '외국인에 대한 차별을 허용하지 말라! 가와사키연락회의'를 만들어 12년에 걸쳐 교섭을 계속하고 있는 것도 '당연한 법리'에 대한 투쟁이며, 크게는 외국인의 정치 참가의 실현을 목표로 한 것입니다.

가와사키에서 우리가 펼친 운동은 외국인의 지방참정권이 인정되면 논리적으로도 확실히 진전될 것이라고 생각합니다. 곤도 씨의 공무취임권과 참정권의 관계에 대한 견해는『외국인의 인권과 시민권』(明石書店)에서 명백히 나타납니다(193~232쪽).

"영주권자 등에게 지방자치단체장이나 의회의 선거권을 부여하는 것(즉 주민 자치 및 지자체의 의사 형성에 대한 참가 권리)은, 헌법상 금지되지 않았다"라고 하는 대법원 판결이 있어, 그것이 입법화되면 외국인의 선거권은 '공공의 의사 형성에 대한 참가'가 되어, 그 같은 이유로 외국 국적 공무원이 관리직에 오르는 것을 거부할 수 없게 된다고 하는 견해입니다. 곤도 씨는, "'편협'한 내셔널리즘을 언제까지나 고집하는 것은, 외국 국적 주민과의 공생사회를 당연시하는 오늘의 '국제사회에 있어 명예로운 지위를 차지하고 싶다'라고 하는 헌법 전문의 이념에 반하는 것"이라고 명확히 말합니다.

이 '당연한 법리'는 국민국가의 본질과 관계가 있다고 저는 이해하고 있습니다. 국민국가의 성립으로 볼 때, 그리스의 도시국가에서도 여성과 외국인은 그 성원에서 배제되었습니다. '일본학술회의'라고 하는 저명한 일본의 학자 모임이 있습니다만, 이 구성원으로 외국인 학자가 선택되는 것은 아닙니다. 학술회의 사무국은 그것이 '당연한 법리'라고 합니다. 학술회의 회원이 되면 특별직 국가공무원이 되어, 회원은 내각에 일본학계의 공식답변을 답신하므로 그것은 곧 '공공의 의사 형성'에 관련하는 일로 외국인을 회원으로 인정할 수 없다고 하는 논리입니다.[3]

하지만 우에노 치즈코가 강조하듯이 일본학술학회는 외국인 학자의 공헌 없이는 성립될 수 없습니다. 우리는 일본학술학회에 공개 질문을 신청해 국적 조항의 문제를 질문했지만(2009년 5월), 사무국은 외국인에 대한 '특별회원'이라는 별도 기준을 마련해 이 문제를 해결하려고 한다고 회답했습니다.[4]

### 일본 국민 '고유 권리'는 외국인을 배제하는 것이 아니다

다시 한번 '국민 고유 권리'의 '고유'로 돌아갑시다. '고유'는 공식 영문 번역에서는 inalienable이라는 단어로 '권리 등 양도할 수 없는 것. 빼앗을 수 없는 것'이라는 뜻입니다. 따라서 헌법의 '고유 권리'란, '국민에게서 빼앗을 수 없는 권리'를 말하며, 국민에 '한정'된다는 의미는 포함하고 있지 않다는 것이 곤도 씨의 주장입니다. 국민이 선거권을 양도하지 않으면 (외국인) 영주권자에게 지방참정권을 인정해도 헌법 15조 취지에 어긋나지 않는다는 것입니다.

정부의 헌법 해석을 대표하는 내각법제국의 장관이 된 다카츠지 마사미高辻正己는 '공권력 행사'와 '공공 의사 형성에 대한 참가'를 일본 국적자에 한한 '당연한 법리'를 내세운 사람으로 유명한데, 그런 그도 헌법 15조의 '고유 권리'란 일본 국민만이 '전유하는 권리'가 아닌, '빼앗겨서는 안 되는 권리'의 의미로 해석한 바 있습니다(1953년 3월 25일 내각법제국 1발 제29호).

그러나 참정권 반대로 유명한 학자 모모치 아키라百地章는 "'고유 권리'란 '양도할 수 없는 권리'이므로, 따라서 참정권을 외국인에게 '양도'하면 안 된다"고 합니다. 이에 대해서는 곤도 씨가 지적하듯이 '양도'란 상대방에게 권리가 이전되어 자신의 것이 없어지는 걸 말하는 것이며, 외국인의 참정권은 "국민으로부터 권리를 양도하는 것도, 빼앗기는 것도 아니다"라는 주장이 옳다고 생각합니다.

"헌법 15조의 문구만을 근거로 영주권자의 지방참정권을 위헌으로 하는 논의는 오늘날 거의 지지자를 잃고 있다"라고 곤도 씨는 말합니다. 하지만 이것은 학자 세계의 이야기이며, 일본의 정치는 일본인만이 담당해야 한다는 사고방식은 일반적으로는 아직도 큰 영향력을 가지고 있습니다. 그렇기에 우리는 정확하게 헌법의 배경과 외국인에 대한 참정권 부여는 위헌은 아니다(=합헌이다)라고 하는 것을 이해할 필요가 있습니다.

# Q. 특별영주권자로 대상을 한정해야 하는 것은 아닌가요?

영주권자는 일반영주권자와 특별영주권자가 있고, 전자는 아래의 3가지 요건을 충족하는 외국인이 대상이 됩니다. 소행이 양호할 것, 독립적인 생계를 영위하기에 충분한 자산 또는 기능을 가질 것, 그 사람의 영주가 일본의 이익에 부합한다고 인정될 것을 조건으로 영주가 인정됩니다. 한편, 특별영주권자라고 하는 것은, 1991년 11월 1일에 시행된 일본의 법률 '일본국과의 평화조약에 근거해 일본 국적을 이탈한 사람 등의 출입국 관리에 관한 특례법'에 의해 정해진, 그때까지 일본 국적을 보유한 대만인·조선인의 재류 자격을 말합니다. 특별영주권자 수는 매년 줄어들고 있는 반면, 일반영주권자 수는 해마다 늘고 있습니다.

곤도 씨의 의견은, 자이니치가 일본에 살게 된 역사적 경과를 충분히 이해하면서도, 특정 국가 출신자에만 한정하는 것이 아니라 일반영주권을 가지는 다른 외국인에게도 참정권을 주어야 한다는 것입니다. 곤도 씨를 비판하는 나가오 가즈히로 또한, 해외의 동향(특히 독일)을 잘 아는 것 같은데, 독일이 헌법을 해석하고 설명하는 토대에서 일본 상황을 적용하는 스타일입니다(나가오 가즈히로, 『외국인의 참정권』). 나가오 씨는 향후의 일본은 자이니치뿐만 아니라 다른 아시아 국가들의 사람이 압도적으로 주류가 될 것이라 단정했고, 이처럼 외국인이 많아지는 것은 타국 사례를 보아도 불가피하며 "외국인 참정권의 문제는 일본 국민 고유의 문제이기도 하여, 일본의 장래에 결정적 영향을 줄 수 있는 중요한 정치적·사회적 문제"라고 견해를 표명하고 있습니다. 그러나 그는 헌법론에서 참정권 문제를 논하면서 자신이 관여할 일이 없는 정책론의 중요성을 언급합니다. 저는 그렇다면 나가오 씨에게 일본의 식민지 지배 청산이라는 것을 헌법론을 떠나서 어떻게 생각하고 있는지 묻고 싶습니다. 즉, 식민지 지배의 결과 일본 패전 후에도 그대로 일본에 남은 대만인, 조선인을 자유의사로 방문한 일반 외국인과 완전히 동일하게 취급하는 것의 옳고 그름에 대해서 묻고 싶습니다.

## 북한 배제의 문제점 – '국교 없는 나라'라는 이유에 대하여

이번 법안에 대해 정부에서는 왜 국교가 없는 나라(북한과 대만을 염두에 두지만 대만은 실질적으로 국교가 있는 나라에 해당한다고 해석하니, 사실상 북한만)를 배제하는지에 대한 설명은 없습니다. 법안은 "외국인등록원표의 국적 기재가 국명으로 이루어진 것에 한정한다"라고 되어 있으며, 북한 국적자 및 무국적자는 제외되어 있습니다. 이는 '한국'적에 대해서는 선거권을 인정하지만, '북한'적에 대해서는 선거권을 인정하지 않는다는 의미입니다. 일본으로서는 북한이 '나라'로 인정되지 않으므로 북한에 귀속되어 있든 아니든 (북한적을 포함한) '조선'적은 모두 선거권의 대상에서 제외한다는 의미입니다. 덩달아 국명을 쓸 수 없는 '무국적자'도 제외하는 부수 결과도 포함되어 있습니다.[5]

〈아사히신문〉은 약간 의문을 제기했지만 그나마도 애매하고 어중간한 주장이었습니다. 2009년 11월 23일자 사설('외국인 선거권 ― 함께 만드는 마을 만들기')은 영주외국인에 대한 지방참정권 부여를 옹호하면서도 "외국인이 대거 선거권을 사용해 일본의 안전을 위협하는 사태가 되지 않느냐"는 논란과 관련해서는 "사람들의 불안을 부추

기고 배외주의적인 분위기를 조장하는 주장에 대해서는 쉽게 동의할 수 없다. 오히려 외국 국적 주민을 (중략) 지역 사회에 영입함으로써 사회 안정을 도모해야 한다'라고 비판하고 있습니다. 그러나 북한을 배제하는 것을 어떻게 볼 것인가에 대해서는 논의가 필요하다는 등의 명확한 주장이 없습니다. 16일자 〈닛케이신문〉의 사설('외국인 참정권은 폭넓은 논의로 합의점을')에 대해도 같은 취지입니다("참정권은 헌법이나 민주주의의 근간에 관계된다. (중략) 결론을 서두르는 대응을 해서는 안 된다").

정부는 외국 국적자의 참정권이 헌법 위반이 아니라는 것을 설명할 책임이 있습니다. 브로슈어를 만드는 등 헌법 위반이 아니라는 내용을 일반 사회에 철저히 알려야 합니다. 또한 귀화를 용이하게 하는 절차는 참정권 법안 없애기의 대안이 아니고, 그것은 그것대로 따로 실행하면 되는 것입니다. 마지막으로 '안전보장 측면의 위험성'도 외교 문제에 관해서는 국가가 책임을 진다는 것을 명확히 하면 됩니다.

〈아사히신문〉과 〈닛케이신문〉의 사설에서 보이는 태도는 북한에 제재를 해야 한다는 여론에 부합하는 태도이며, 일본 거주 외국인의 참정권 부여 문제에 외교적인 문제로 권리를 제한해서는 안 되며 원칙적인 입장에 입각한 조치를 취해야 한다는 주장은 없습니다. 원칙적인 입장이란 무엇일까요? 그것은 일본의 식민지 지배 청산이라는 문제의식을 명확히 하는 것입니다. 식민지 지배 청산이라는 것은 "한일병탄 자체가 부당한 것이고, 식민지 지배는 불행한 역사였다"고 말하는 것이 아닙니다. 그동안의 정책이 잘못되었음을 밝히고, 오랜 조선 지배에 대해 패전 후 충분한 대응을 해오지 않았음을 인정한 후에 영주권을 가진 외국인에 관해서는 국적에 관계없이 원칙적으로 참정권을 부여한다는 것을 선언해나간다는 것입니다(그 참정권을 거부할 권리도 동시에 인정해야 한다는 것은 말할 필요도 없습니다). 오자와 간사장은 일본 국내외에서 참정권의 실현을 공언하고 있습니다만, 그의 홈페이지를 보면 식민지 지배가 부당했다는 기술은 없습니다. 전쟁은 하지 말아야 한다는 발언을 하는 노나카 히로무野中広務만 해도 식민지 지배에 관해서는 청산 책임이 있다는 발언을 하지 않습니다.[6]

## '조선적' 배제의 문제점 – 선거인 자격 차별은 위헌

외국인등록증이라는 것이 있는데, 그 국적난의 '조선'은 어느 국가를 의미하지 않습니다. 일본의 패전 후 자이니치는 일본 국적 보유자로 '간주'되는 동시에 외국인등록증의 상시 휴대가 의무화되는 애매한 위치에 놓였습니다. 그 국적난에 처음에는 모두 '조선'이라고 적혀 있었습니다. 대한민국의 독립으로 '한국'으로 변경하려는 사람들이 많아졌지만, 정부 탄생의 정당성에 찬성할 수 없다는, 하지만 그렇다고 또 조선민주주의인민공화국을 지지하지도 않는 사람은 국적난을 '조선'으로 둔 채 현재에 이르고 있습니다.

국교가 없는 나라 국민을 참정권 논의 대상으로 하지 않는다는 것은, 구체적으로 외국인등록의 국적난이 '조선'인 사람은 영주권자여도 배제하겠다는 것입니다. 그러나 이것은 특정 사상이나 신조를 가진 사람의 선거권을 부정하는 것으로, 헌법 위반입니다. 헌법 44조는 "'의원 및 선거인 자격' 양의원(중의원과 참의원)의 의원 및 그 선거인의 자격은 법률로 이를 정한다. 단, 인종, 신조, 성별, 사회적 신분, 문지, 교육, 재산 또는 수입에 따라 차별해서는 안 된다"고 합니다. 이 점을 언론이 논하지는 않지만 가장 중요한 지점입니다.

식민지 지배하에 있던 한반도가 일본 패전에 따른 독립 이후 미·소 대립으로 두 나라로 분단되었고, 한일조약에 따른 한국과의 국교 회복은 1965년에 있었지만 북한과의 수교 협상은 없었고 식민지 지배 청산이 이루어지지 않고 있습니다. 납치 문제나 핵실험으로 북한은 일거에 '악의 축'으로 내몰렸는데, 일본 측에 식민지 지배 청산이 끝나지 않았다는 인식이 희박하다는 것은 명백한 사실입니다.

이번 참정권에 관해서는 북한은 참정권을 동화·귀화를 촉진한다고 간주해 강하게 반대합니다. '해외 공민'인 자이니치는 '내정 간섭'을 해서는 안 된다는 견해입니다. 또한 민족 교육의 보장을 비롯하여 생활 전반의 차별과는 동떨어져 오직 참정권 하나만을 논의하는 방식에 반대하고 있습니다. 그러나 일본 국회가 제정한 참정권을 행사하지 않을 권리는 어차피 자이니치 당사자의 선택입니다.

북한을 배제하겠다는 결정은 큰 화근을 남길 것입니다. 일본 정부는 북한·한국 측의 의향과 관계없이 자신의 책임을 지고 모든 영주권자에게 참정권을 부여한다는 원칙을 관철해야 합니다.

## Q. 영주외국인 이외에도 대상을 넓혀야 하지 않을까요?

고령자가 많아지는 일본 사회에 노동력이 부족하기 때문에, 해외에서 노동력을 수용하는 것이 불가피하다는 것은 일본경제단체연합회日本経済団体連合会(경단련)도 주장합니다. 그러나 다문화 공생이 정계와 재계로부터 언급될 때는 그들의 인권을 전적으로 보장해나가기보다는, 표면적으로 '상생'을 내세우며 노동력으로서 외국인을 받아들이자는 의미에서 문화면(이름이나 고유한 문화)의 다양성만 강조하며 거론되어왔습니다.

## 정규직 노조는 여성과 외국인의 비정규직 해고를 묵인해왔다

작년 무렵부터 비정규직 해고가 문제가 되고 있습니다. 우에노 치즈코는 비정규직 여성사원의 해고가 존재했을 때는 사회문제화되지 않고, 남성들이 해고되기 시작하자 처음으로 크게 사회문제화가 되었다고 젠더의 시점에서 지적하고 있습니다. 그건 맞는 지적이라고 생각해요. 보통은 남자가 가족 생계를 담당하기 때문에 젠더 문제가 아니라 생계가 끊기니 큰 문제가 되었다는 의견도 들리지만 저는 그렇지 않다고 생각합니다.

사실 이번 비정규직 해고의 '선두'에는 외국인 노동자가 제일 먼저 해고되고 있습니다. 이에 대해 일본의 정규직들이 구성한 노동조합은 아무 말도 하지 않고 어떠한 행동도 하지 않았습니다. 가와사키시의 노조가 같은 직장의 노동자인데, 외국적 공무원이 차별 대우를 받고 있는데도 아무런 행동을 취하지 않는 것과(혹은 형식적인 행동만 하는 것과) 같습니다. 만약 외국인 노동자의 부당해고 때에, 혹은 여성 비정규직이 해고되었을 때에 조합이 자신의 문제로 임하고 있었다면 어떻게 되었을까요? 지금 크게 거론되는 비정규직 재취업 과제 중에 외국인 근로자도 포함되어 있을까요? 우선 일본인의 구제가 먼저다, 일본인의 취직이 어려워진 것은 외국인 노동자가 증가했기 때문이라는 말이 많이 들립니다. 저에게는 그러한 발상과 발언에서 일본 사회의 배외주의 냄새가 납니다.

### '다문화 공생'의 함정

다양성을 강조하는 것은 일본의 '단일민족신화'를 부정하는 것이니 다문화 공생은 좋은 것이라고 알려져 있습니다만, 원래 식민지 시대에는 '혼족민족론'으로 편리한 사용법을 만들어왔습니다.[7] 타민족 존중은 동시에 일본 문화와 역사의 강조를 전제로 하고 있어, 타민족 존중과 '일장기'와 '기미가요'의 강조(강제)가 표리일체로 드러나는 실태를 직시해야 합니다.[8] '다문화 공생'은 국민국가의 논리 위에서 성립되고 또한 그것의 재생산으로 이어지는 이데올로기이기도 합니다. 또 '공생'은 정계와 재계, 교육계뿐 아니라 모든 영역에서 말해집니다. 하지만 대기업에서는 '공생'에 의해서, 현장의 노동자가 말을 하는 것조차 허용되지 않을 정도의 억압이 정당화되고 있는 사실도 전해지고 있습니다.[9]


### 이중국적제도에 대해

일반영주권이란 장기간 일본에 체류한 후 권리를 신청하는 외국인에게 주어지는 자격이지만, 특별영주권자란 '일본과의 평화조약에 따라 일본 국적을 이탈한 자 등의 출입국 관리에 관한 특별법'에 따라 퇴거의 강제가 제한되어 특별히 안정된 영주권을 인정받은 구 식민지 지역 출신자 한국인, 조선인, 대만인들을 말합니다. 영주권자 전체 인구는 90만 명이 넘습니다. 2010년 1월 16일자 〈닛케이신문〉 사설에 따르면 "법무성(한국의 법무부에 상당하는 정부기관 – 역자 주)에 따르면 일본에 영주외국인은 2008년 말 현재 약 91만 명이다. 이 중 자이니치 한국인·조선인 등의 특별영주권자가 약 42만 명을 차지한다"고 합니다. 이번 참정권은 이 일반영주권자와 특별영주권자를 합친 전체 인구를 대상으로 하고 있습니다. 그 42만 명 중 몇 명인지는 공개되어 있지 않지만, 대한민국 국적을 선택하지 않은 '북한적' 주민은 '북한과는 국교가 없기 때문에' 배제한다고 합니다.

특별영주권자인 42만 명의 자이니치는 왜 일본 국적을 취득하지 않는 걸까요. 저는 식민지 지배 청산을 하지 않은 채 오늘까지 온 전후 일본의 위상이 크게 영향을 미치고 있다고 생각합니다. 2000년에 시행된 유럽의 국적조약에서는 이중국적을 용인하고 있습니다. 국적은 하나뿐이라는 사고방식 자체가 크게 바뀌고 있다는 것을 저는 곤도 씨에게 배웠습니다.

유럽처럼 대한민국이나 북한의 '적籍'을 파기하지 않고 일본 국적의 취득이 가능해져 이중국적제도가 확립되면 사태가 달라질 가능성이 있을 것입니다. 유럽과 아시아는 다르다고 강조하지만, 중복 국적을 인정하는 흐름이 세계적으로 확실히 정착되기 시작했다는 점을 주목해야 합니다.

한국에서는 우수한 인재를 모으기 위해 이중국적제도를 인가한다고 발표했습니다. 영주외국인 참정권도 이미 실시하고 있습니다. 본래 역사적인 경위 때문인지 일본보다 '국민의식'이 강한 한국입니다만 상호주의를 전제로 자이니치의 참정권 법제화를 일본에 요구해온 경위가 있습니다. 한국 국회에서는 해외 동포에게 참정권을 부여하기로 결정하고 대통령 및 국회의원 선거에 참여시키려 하고 있습니다. 따라서 자이니치는 국정 수준에서는 한국 정치에, 만약 일본 국회에서 법안이 통과되면 지방에서는 일본 정치에 참여하게 됩니다. 자이니치에게 선택지가 늘어나는 것은 사실이지만, 한국에서는 국민국가 논리를 활용해 우수한 노동력을 확보하려는 의도가 숨어 있고, 또 국제 경쟁력을 강화하는 국가에 대한 충성심을 요구하는 것으로도 연결된다고 생각됩니다.

## 자이니치의 귀화를 권유한 정대균 교수 비판

'정체성과 국적의 괴리'를 강조하며 "한국어도 구사하지 못하고, 사실상 한국인으로서의 정체성을 이미 상실한 자이니치는 일본 국적을 취(=귀화)해야 한다"고 주장하며 정향균 씨의 도쿄도 소송을 비판해온 정대균 명예교수(슈토 대학교)의 영향력은 제 상상 이상으로 큰 것 같습니다. 사쿠라이 요시코는 물론 참정권에 반대하는 우익 진영에 매우 편리한 자이니치 학자의 등장으로 인식되는 듯합니다.

정대균 교수처럼 한국과 일본을 오가는 자이니치는 얼마든지 있습니다. 일반론에서 자이니치의 '정체성과 국적의 괴리'를 이야기하고 '귀화'를 권장하는 정대균 교수는 스스로가 귀화하여 일본 국적을 취득한 상태라 하더라도 자신 또한 다양한 자이니치 중 한 명이라는 것을 어떻게 생각해왔을까요? 또한 명확한 법률도 없이 단순한 정부 견해인 '당연한 법리'를 이유로 외국적 공무원의 승진이나 직무 제한을 하고 있는 현상을 묵인하는 것일까요?

곤도 씨는 조심스럽게 쓰고 있습니다만, 그렇다면 정대균 교수는 당당하게 이중국적을 요구했어야 합니다. 한국말을 하지 못하고 역사도 모르는 자이니치들을 정체성 상실자로 규정하지 말았어야 합니다. 저도 정대균 교수도 예전에는 그런 (말도 못 하고, 역사도 모르는) 자이니치가 아니었을까요? 그러나 일본 사회의 차별구조를 깨닫고 그것과 대치하는 과정에서 민족주의자가 되기도 하고, 또 그것을 극복하고 국민국가 자체를 상대화하는 관점을 얻을 수 있게 된 자이니치는 얼마든지 있습니다(제 자신이 그렇습니다!). 이런 상황에서 정대균 교수가 일본 우익과 마찬가지로 자이니치의 귀화를 권유하는 것은 제겐 납득이 가지 않습니다.

국민국가를 뛰어넘고 싶은 저 자신은 결국 국적은 아무래도 상관없다고 생각합니다. 그러나 국가에 충성을 맹세해야만 한다는(사쿠라이 요시코 등 극우세력은 그러한 '의식'을 요구하기 시작했습니다), 자신의 과거를 버리는 기분을 느끼게 하는 현행 제도 안에서, 일본 국적을 신청해 귀화하려고는 꿈도 꾸지 않습니다. 하지만 한국 국적도 그대로 유지하며 이중국적을 가질 수 있다면 일본 국적을 취하는 것은 고려할 수 있습니다. 그렇다면 우리 가족은 모두 한국 국적이지만 홍콩에서 영주권을 갖고 참정권을 행사하는 장남(일본 영주권도 있습니다), 미국 시민권을 얻은 장녀(일본 영주권은 포기했습니다), 일본에서 참정권을 가질 차남(일본 영주권자), 그리고 장래 한-일의 이중국적을 가질 아버지인 저라고 할 수 있을까요?

친척들에게까지 범위를 넓히면 우리 가족은 한국, 북한, 미국, 중국 그리고 사할린을 전전했던 큰아버지의 아들은 소련(러시아) 등 모두 다른 국적을 가지고 있습니다. 이렇게 한 가족이라도 국적은 다양합니다. 국적이란 절대적인 것이 아닙니다. 저는 정대균 교수처럼 비록 제 식구일지라도 다른 사람에게 귀화를 권유하지 않습니다. 국적 선택은 다른 사람에게서 강제되거나 자신이 모르는 사이에 결정되어서는 안 됩니다. 우리의 역사를 통해 그 점을 저는 명심하고 있습니다.

## 주민 자치의 내실을 다져야 한다

국가 정책보다 지자체가 선행하는 예로 곤도 씨는 네덜란드 사례를 듭니다. 외국인 지방참정권을 인정하는 법률 개정을 논의하는 동안, 암스테르담과 로테르담이라는 도시가 선행해서 구의회의 참정권을 조례로 인정했고, 미국의 타코마 파크시(메릴랜드주)도 1992년부터 외국인의 지방참정권을 조례(도시헌장)로 정했다고 합니다.

그러나 일본의 경우 지자체의 조례가 현실적으로 국가의 법률(=이번 지방참정권의 법제화)에 선행하여 제정된다고고는 기대하기 어렵습니다. 사실 현행의 공직선거법 및 지방자치법은 '일본 국민'인 것을 지방참정권자의 요건으로 하고 있습니다.

실제로는 분권화론이 진행되어 도주제(광역단체를 47개로 나누는 현행의 도도부현제도의 개혁안으로 일본 전국을 '도'와 '주'로 개편하는 구상의 명칭 – 역자 주)에 관한 논의가 있어도 정령도시(인구 50만 명 이상의 규모 등 특정조건을 갖춘 기초단체에 부여하는 도시분류법 중 하나 – 역자 주) 내의 분권화를 추진해야 한다는 논의는 활발하게 이루어지지 않습니다. 이것은 일본에서는 지자체가 국가에 종속하는 것으로 이해되고 있어서 주민 자치가 실제로는 기능을 하지 않고 있기 때문이라고 저는 생각합니다. 주민의 정치 참여가 4년에 한 번 찾아오는 총선에 머무르지 않고[10] 정령도시 내에서의 분권화가 진행되면, 주민 자치가 구 단위의 20만 명 정도 규모로 행해져 '구의원'이 공선·공모제로 결정되니 예산권을 따서 '구의회'가 운영됩니다. 이런 현상이 조례로 정해지면 외국인 주민도 당연히 선거권과 피선거권을 가지고 정치 참여를 해나갈 수 있게 될 것입니다. 적어도 이 일을 제한하는 법률은 현재 없습니다. 이것은 외국인에 대한 참정권 부여 문제가 아니라, 일본의 지방 자치·주민 자치의 내실 문제입니다. 주민의 정치의식과 자치의식을 높이고, 외국인 주민이 선거권과 피선거권을 가지고 지역에서 정치에 참가를 하는 시대가 올 것이라고 저는 믿습니다.

이것은 지난 교토시 시장선거에서도 '구민협의회'를 주장한 후보자가(130만 명의 인구로) 800표 차이로 패했지만, 조례에서 '구민협의회' 구조가 만들어지고, 그중에서 (이번에는 외국인의 정치 참가의 언급은 공약에는 없었지만) 외국인의 정치 참가(참정권 - 선거권과 피선거권)가 시의회에서 결정만 된다면 가능해질 일입니다. 무엇보다 제가 그 후보자 및 그를 지원하는 세력에게 직접 '구민협의회'에서 외국인의 정치 참가를 왜 언급하지 않았는지 물었는데, 그것에 대해 진지하게 검토한 흔적은 없고 '정치 판단'이라고 하는 대답만 돌아왔습니다.

## 주민 자치 - 가와사키시의 실정

인구 140만 명의 정령도시 가와사키시에서도 2009년 10월의 시장선거에서 민주당 후보자가 처음으로 '구민의회' 개념을 공약으로 내걸었습니다. 민주당 후보는 가와사키가 남북으로 길게 퍼진 도시라는 특수성 때문에(자이니치의 거주지는 남부 해안부에 집중되어 자이니치나 공해 문제에 대해 북부 사람들은 잘 모른다는 사정이 있습니다) 작은 행정구에 의한 '구민의회'라는 지방자치 구조를 주창했는데, 그 개념은 유감스럽게도 시의원과 행정이 중심이며 주민은 방청자 입장에 놓여 있어 우리가 요구하는 것과는 달랐습니다. 그러나 작은 행정구를 주민이 중심이 되어 운영해나갈 가능성을 가진, 지금까지 없었던 주민 자치의 구체적인 구조가 제창된 것의 의미는 크다고 생각합니다. 외국인에 대한 언급은 없었지만 제도적으로 일단 조례화되면 외국인의 참정권은 실현될 가능성이 있습니다. 그것을 거부하는 것은 헌법이나 법률이 아니라, 주민의 주민 자치에 대한 정치의식의 성숙도와 관계하고 있다는 것을 저는 실감했습니다.

현행 가와사키시의 지방 자치 실태는 사실 형편없습니다. 현행 제도는 주민 주권에 의한 주민 자치라고 할 수 없습니다. 지금까지 자민당이 밀고 있던 현 시장은 어느 당의 추천도 받지 않는다면서 갑자기 민주당 정권이 들어서자, 민주당에 추천을 신청했다가 거절당했습니다. 그러나 그 민주당 내부는 독자 후보를 미는 청년의원과 현 시장을 그대로 밀고 있는 의원들로 분열 상태가 되었습니다. 자민당은 미야자키현의 유명 현지사의 유능한 참모라고 하는 인물이 입후보를 표명해 자민당 시의회 의원단도 찬동했다가 수일 만에 결정을 취하했습니다. 그리고 공시 직전에 자민당의 고참 시의원이 입후보를 표명했습니다. 반년 넘게 출사표를 던진 공산당 추천 후보자는 공산당 신파와 노동조합을 상대로 선거운동을 했을 뿐 일반 시민과 연계된 운동을 하지 못했습니다. 모두가 완전히 '시민 부재의 시장 선거'입니다.

우리는 외국인을 '둘도 없는 이웃'이라고 말하면서 8년 전 당선 때부터 정작 전쟁에 동원되지 않는 외국인은 '준회원'(일본인은 전쟁에 동원되는 것을 전제로 하고 있다!)이라고 주장한 현 시장의 3선 저지를 내걸어 후보 공시 후에 현 시장을 제외한 모든 후보자를 모아 집회를 준비했습니다. 하지만 직전에 전원이 모임 참여를 취소하더군요.[11]

4명의 후보자가 서로 토론할 기회는 한 번도 없었고, 언론들도 후보자들의 공약만 병렬적으로 나열할 뿐 그것들을 검증할 기사도 없었습니다. 지금까지 현 시장을 지지해온 자민당이나, 민주당에서 새롭게 출마한 후보자는 후보로서, 8년에 걸친 현 시장의 실적을 어떻게 평가할 것인지에 대한 코멘트나 총평은 일체 없고 매스컴도 요구하지 않았습니다. 이것이 정령도시 가와사키시의 실정입니다. 현역 시장의 3선 저지를 내건 우리의 운동은 실패했습니다만, 현역 시장에게 투표한 것은 100만 명의 유권자 중 15만 표였고, 시장을 반대한 투표수는 25만 표였습니다. 구체적인 후보자를 올리지 않고 현역 시장의 낙선을 시도한 전략은 결국 실패였습니다. 모든 후보자의 갑작스런 모임 취소에도 불구하고 집회에 참여해준 70명의 시민의 소리를 듣고 우리는 구체적인 정책을 내걸고 그것에 동참해줄 후보자를 지지할 수 있도록 '새로운 가와사키를 만드는 시민모임'(대표: 다키사와 미츠구滝澤貢, 사무소: 일본기독교단 가와사키 교회)을 설립했습니다.

## Q. 국민주권원리로 볼 때 외국인의 지방선거권은 인정되지 않는 것 아닌가요?

곤도 씨의 견해는 명쾌합니다. 국민주권원리와 외국인의 지방선거권(참정권)은 양립 가능하다는 것입니다. 내셔널리즘의 요소가 강한 (나쁜) 국민국가가 있고 민주주의 요소가 강한 (좋은) 국민국가가 있다는 생각입니다. 일본은 내셔널리즘이 강한 국민국가였지만, 민주주의 국민국가가 되어 외국인의 지방참정권을 실시해야 한다는 것이겠지요. 국민'주권'은 헌법제정(개정)권을 포함하고 지방의 조례제정권은 포함하지 않기 때문에, 그는 중앙에서 한 발 떨어진 지방자치의 독자성을 인정해 외국인이 국정에 참여할 수는 없어도 지방

자치에 관해서는 참정권을 가지는 것이 가능하다는 것을 말하고 싶은 것 같습니다.

## '국민국가'의 '통합'과 '다문화 공생' 정책에 문제는 없는가

솔직히 고백하자면, 사실 저는 곤도 씨의 책을 구입했습니다만 지금까지 별로 진지하게 읽어오지 않았습니다. 그것은 그가 국민국가의 존재방식으로 '통합'과 '다문화 공생'에 대해 당위성을 부여해 기본적으로 올바른 것이라고 하는 논리를 전개하고 있기 때문입니다. 그 낙관성은 국민국가의 위상을 민족주의와 민주주의 두 요소로 나누고, 외국인 배척을 전자의 범주에 두고 외국인에게 참정권이나 이중국적을 승인하는 것을 후자라고 설명하는 방식에도 나타난 것 같아 저는 무언가 부족함을 느끼던 참이었기 때문입니다.

저는 우에노 치즈코의 『내셔널리즘과 젠더』(靑土社)나, 니시카와 나가오西川長夫의 『'신'식민지주의론』(平凡社) 등을 읽고, 국민국가 자체의 문제점에 대해 배워 사고 범위를 넓혀왔습니다. 그렇기에 국민국가를 전제로 어떠한 망설임도 없이 '통합'을 위해 다문화 공생의 종합적인 구현을 설파하는 곤도 씨의 주장에는 위화감이 있었습니다.

국민국가는 세계 어디서나 다 같은 시스템을 갖는데 소련 같이 붕괴한 국민국가도 있고 결코 절대적인 존재가 아니라고 생각합니다. 또 조인된 조약이나 법률을 절대화하고 기정사실화한다면 한일병탄조약에 대한 해석은 할 수 있어도 그 조약 자체의 부당성을 주장하는 것은 이 학문 분야에서는 할 수 없을 것이라고 막연하게 생각해왔습니다. 이번에 외국인의 지방참정권 문제에 대한 원고 의뢰를 받고, 재차 곤도 씨의 책을 읽고 다른 학자의 논문이나 저작물과 비교도 하는 과정에서 제 오해도 풀렸습니다.

## '다문화 공생'의 우등생 가와사키시의 경우

'통합'과 다문화 공생에 아무런 의심이나 비판을 갖지 않는 곤도 씨의 논리에 대해서는 그가 외국인 참정권의 최대 제창자·옹호자 중 한 명인 것을 인정하면서도, 아직 전면적으로 찬동할 수 없습니다. 그러나 곤도 씨의 해외를 포함한 풍부한 지식과 진보적인 법 해석, 우리가 가와사키시에서 벌인 실천이 결합되어, 시의 외국적 공무원에 대한 정책 논리를 논파할 수 있는 방식이 검토될 수 있으면 좋겠습니다.

다문화 공생이라는 미명 아래 외국인 차별이 제도화되고 구조화되는 용납할 수 없는 부조리가 정당화되고, 행정과 시민운동이 그 문제에 대해 일체 언급 없이 '공생'을 선전하고 있는 것을 알게 되었습니다. 우리는 10년 넘게 실제로 국적 조항을 놓고 시 당국과 씨름하면서 담당자의 심한 발언을 여러 차례 목격해왔기 때문에 '공생'을 오히려 극복 대상으로 삼았던 것입니다.

'당연한 법리'에 있는 '공권력의 행사'를 가와사키시는 독자적인 해석으로 '시민의 의사에 관계없이, 시민의 권리·자유를 제한하는 것'이라며, 모든 직무를 그 기준으로 선별해 182개 직무를 외국적 공무원에게는 맡기지 않기로 했습니다. 지금은 금지 직무가 늘어 192개가 되었습니다(2007년 9월). 담배꽁초와 깡통 쓰레기 무단투기 금지 조례가 만들어졌는데 외국인이 시민에게 주의를 주는 것조차 공권력 행사이기 때문에 그런 직무를 맡을 수 없다고 되어 있습니다. 새로운 조례에 따라 외국인에게 금지되는 직무는 더 늘어날 것으로 보입니다.

사례지원담당자caseworker가 되고 싶다며 네 차례에 걸쳐 가와사키시 당국에 업무 이동을 신청한 자이니치 직원은 결국 사례지원담당자는 '공권력 행사'에 해당하는 직무이기 때문에 업무를 변경할 수 없다는 말을 들었습니다. 가와사키시는 외국적 공무원의 처우에 대해 재검토가 필요하다고 생각하는 것 같습니다만, '공권력 행사'에 대해 독자적인 해석을 해 '운용 규정'까지 만들고 있으므로 재검토하기 위해서는 독자적인 해석 자체를 재검토할 수밖에 없습니다. '문호 개방'을 한다면서 시 당국과 시의 노조, 시민운동 단체가 지혜를 모아 만들어낸 가와사키시의 '독자적인 해석'('가와사키 방식')은 그리 쉽게 변경할 수 없을 것 같습니다.

그러나 법 아래 평등해야 할 공무원에게 국적에 따라 직무를 제한하고 승진을 금지하는 것은 어떤 논리를 써도 근본적으로 잘못된 것입니다. 채용한 외국적 공무원을 차별하는 합리적인 이유가 있을까요. '당연한 법리'가 있기 때문이라고 당국은 응답해왔지만, '당연한 법리'에 따라서 직무와 승진의 제한·금지를 해놓고 그 이유를 '당연한 법리'라고 한다면 그것은 동어반복의 오류를 범하고 있는 것입니다. 완전히 파탄 난 논리입니다.

진보적이라고 평가되는 연구자나 매스컴조차 가와사키시의 '공생'을 찬미할 뿐, 그 실태를 비판적으로 발언하는 사람은 지금까지 전무했다고 해도 과언이 아닙니다. 그러나 몇몇 가와사키시의 '공생' 정책을 찬미하고 있던 학자도 만나서 자세히 이야기를 나눠보면, 시 당국의 가부장적 권위주의 태도를 비판하거나 외국인에 대한 '문호 개방' 방식에 문제가 있다, 최근 시장의 자세가 바뀌었다는 등에 대해 말하기 시작합니다. 그들은 침묵을 지키는 이유를 일본 전체 상황을 볼 때 가와사키시의 '공생' 정책을 비판하는 것이 반동적·우익적인 진영에 기여하는 이적 행위가 되기 때문이라고 합니다. 그렇다면 저는 내부 비판 없이 진보가 있는 것인지 묻고 싶습니다.

사회학 분야에서는 다문화 공생과 '통합'의 문제점을 지적하는 사람이 늘고 있지만, 교육학 분야에서는 아직 다문화 공생을 전적으로 긍정하는 견해를 가진 사람이 많은 것 같습니다. 다문화 공생 추진과 일장기와 기미가요의 강요가 병행되는 것을 어떻게 평가하는지, 실제로 외국 국적의 지방공무원이 받고 있는 차별 대우를 왜 묵인하고 있는지, 저로서는 논의하고 싶은 것이 많습니다. 가와사키시 '공생' 정책의 바탕이 되는 것은 히타치 투쟁이라고 주장하며 공생이 일본 전국, 한국을 포함한 동북아시아로 확산되는 것을 제안하는 『다문화 공생 교육과 아이덴티티』의 저자는 우리가 지적하는 공생의 문제점을 전혀 언급하지 않은 채, 히타치 투쟁 당사자와의 인터뷰조차 없이 '공생 찬송가'를 부르고 있습니다.[12]

## '열린 지역 사회'란

우리가 '열린 지역 사회'를 요구하며 '공생'을 비판하는 것은, 곤도 씨의 논리로 보면 기묘하게 비칠 것입니다. 열린 지역 사회란 주민 자치가 이루어지고 어떤 차별도 용납하지 않는 지역 사회를 말합니다. 저는 Sustainable Community라는 단어와 개념을 미야모토 겐이치에게 배웠습니다.[13] '지속 가능한 지역 사회'라는 번역을 고쳐 '주민이 잘 먹고 잘사는 지역 사회'라고 하고, '평화와 민주주의를 희구하고, 국적에 관계없이 모든 주민의 자유와 평등, 기본적 인권을 보장해 절대적 빈곤을 제거함과 동시에 환경·자원·생물 다양성의 유지·보전을 바탕으로, 주민이 주체가 된 주민 자치를 지향하는 지역 사회'라고도 개념을 수정해보았습니다.

정치 참여 제도가 확립되어 있어도 그것만으로는 주민 자치가 실제로 실현되지 않는다는 것은 앞서 나온 가와사키시의 예를 보면 명백합니다. 선거권과 피선거권이 있다는 것만으로는 주민 자치가 실현되지 않습니다. 일본의 주민 주권과 지방 자치에 실체가 없다는 것을 모든 지식인이 느끼고 있을 정도로, 그것의 실현은 전후 일본의 최대 문제점 중 하나입니다. 시민 혁명이 없었기 때문이라든가 여러 가지 말이 있지만, 서구의 근대화 구조에 형태로는 가까워지고 있지만 아무래도 일본의 지방 자치가 전근대적인 요소에서 벗어나지 못하고 있는 것은 주지의 사실입니다.

### 니시카와 나가오의 사상(국민국가, 식민지주의 비판)

우리는 다문화 공생을 지역의 치안과 국민국가의 통합을 요구하는 이데올로기의 하나로 보고 있습니다. 각계각층에서 언급되는 '노동력 확보'라고 하는 관점에서 경단련은 외국인 노동자의 필요성을 강조하고 있습니다. 거기에 대응하는 형태로 일본의 국책도 만들어져 이 다문화 공생이 강조되기 시작했다고 저는 생각합니다.

니시카와 나가오는 국민국가는 본질적으로 식민지 지배를 지향하는 것으로, 대도시 내의 격차나 지방 간 격차를 국내 식민지 지배 문제로 파악하여, 개인의 가치관(또는 개인의 아이덴티티) 그 자체보다 국민국가의 가치관(내셔널 아이덴티티)이 선행한다고 간파합니다. 다른 나라에 대한 국민국가의 '불가피한' 식민 지배와 그것을 좋다고 생각하는 가치관을 외재적인 것으로 파악하지 않습니다. 오히려 자신이 그 국민국가에서 태어난 사실로부터 특정 가치관이 자신의 깊숙한 무의식 영역까지 침투해 있는 것을 인식하고 그 현실을 받아들이면서도, 스스로 그 가치관과 맞서 싸우기 위해 발버둥치는 모습이 있기 때문에 그의 주장은 사람의 마음을 울리는 부분이 있습니다. 그러한 감성의 소유자이기 때문에, 지금까지 (관련 전문 분야의 사람은 제외하고) 많은 학자에게 문제시조차 되지 않았던 '당연한 법리'가, 자신이 연구해온 유럽의 문명·문화의 본질, 국민국가의 본질과 관련이 있다고 파악하는 것이 가능했다고 저는 생각합니다.[14]

그에 비하여 해외의 포스트 콜로니얼리즘 논의를 일본에 소개한 첨예한 연구자가 '당연한 법리'의 문제점을 규명하면서도, 실제 전후 책임의 문제로서 식민지 지배 청산의 입장에서 외국인 참정권 문제나 외국적 공무원이 받고 있는 차별 문제를 논한 경우는 매우 드뭅니다. 일본 학계의 최고 레벨에 있는 '일본학술회의'에서조차, 엄연히 존재하는 '당연한 법리'에 의한 차별 문제가 아직 해결되지 않았습니다.[15] 실천으로 연결되어 구체적인 해결로 향하는 연구는 한정되어 있습니다. 저는 그들이 다문화 공생이 어떤 것인지 비판적인 검증을 하지 않고 공생이 갖는 문제를 묵인해왔다고 여깁니다. 물론 외국인 거주 지역 문제를 다루는 학자들이 있다는 것도 저는 알고 있습니다. 그러나 관심이 있더라도 당사자를 파트너로 대등한 입장에서 문제 해결을 꾀하려는 것인지 의문입니다.

## 국민국가라는 울타리를 넘어서

곤도 씨의 저작을 읽고 존경심을 느끼면서 여러 자극을 받았습니다. 이를 테면 자본주의 국가든 사회주의 국가든 모두 근대사회 국민국가의 '변주 형태'라는 관점에서 보면, 국민국가를 절대화하고 그 울타리 안에서 발상하고 사고하는 것은 결과적으로 국민국가의 유지를 도모하는 것들이 아닌가 하는 생각에 사로잡힙니다.

동북아권 구상은 정치가와 학자, 운동가의 이념과 슬로건으로 제시되고 그 발상이 국민국가의 틀과 개념을 초월하는 것으로 되어 있지만 제게는 관념적인 말로 들립니다. 오히려 저는 자신이 발붙이고 사는 지역 사회에서 국민국가의 울타리를 넘는 이념과 구체적인 실천이 필요한 것은 아닌가 하고 생각합니다. 저는 문득 한국전쟁 때 미군 비행기가 일본에서 한반도로 날아가는 것을 저지하는 과정에서 발생한 조선인들과 일본인들의 싸움을 떠올립니다. 물론 앞장서서 목숨을 건 것은 조선인들이었고, 일본인 공산당원들은 그 뒤에 있었고, 그 뒤에 간부들이 있었습니다. 그때의 사상과 행동이 옳았다고는 생각하지 않지만, 그러나 그들의 열의와 행동에 감동했습니다.

그때 북한은 자이니치에게 조국의 존재를 호소하며 자이니치들이 '해외 공민'이므로 '내정 간섭'을 하지 말 것을 요청했습니다. 일본 공산당은 1955년의 '6전협'(제6회전국협의회)에서 공산당원은 일본인이어야 함을 선언하고 오늘에 이르고 있습니다(당의 국적 조항은 지금도 살아 있습니다). 그 후 자이니치 중 민족의식에 눈을 뜬 사람들은 조국 통일과 한국의 민주화 투쟁에 참여하는 것이 민족 주체성이라고 이해하고 행동해왔습니다. 서승을 비롯해 많은 자이니치 청년이 한국의 민주화에 목숨을 걸어왔습니다. 하지만 그것은 어떤 의미에서 민족주의적 국민국가론에 전적으로 의거하게 되었다는 것입니다.

스무 살이 넘은 나이에 히타치 투쟁을 만나, 자신의 살아가는 현실을 직시하고 차별과 맞서며 일본 사회에서 조선인으로 살아갈 것을 주장해온 저는, 그 후 가와사키에서 지역 활동을 제창해왔습니다. 민족 차별과 싸우는 것을 통해 한 명의 민족주의자 행세할 수 있었던 제 자신이 부끄러워집니다. 그로부터 40년이 흘렀습니다. 저는 지금 '주민이 잘 먹고 잘사는 지역 사회'를 표방하며, 전적으로 '열린 지역 사회'를 추구하고 싶습니다.

그 행선지는 주민 자치입니다. 외국인의 지방참정권은 양날의 칼날일 것입니다. 저에게 일본 '통합'의 앞잡이라고 할지도 모릅니다. 하지만 40년 전 저는 히타치 투쟁에 적극적으로 관여하며 일본 사회에 진입할 것을 주장하다가 동화론자로 낙인 찍혀 재일한국교회 청년회 대표위원을 해임당한 사람입니다. 그 후 나름대로 성실하게 살아가려고 해왔지만 그 과정에서 많은 실패를 거듭하고, 많은 사람에게 민폐도 끼쳐가며 이 나이가 되었습니다. 남겨진 인생, 후회가 남지 않도록 실천해나가고 싶습니다.

## 한일병탄과 가와사키시의 중공업화

1910년 한일병탄으로부터 100년이 흘렀습니다. 가와사키시의 공업화는 바로 그해에 시작되었습니다. 자이니치가 많이 살게 된 이 거리는 일본의 부국강병과 고도성장 정책으로 인해 해안부는 마치 괴물처럼 흉측한 모습이 되었고, 주민들을 편안하게 해주는 해안가가 사라진 '공해도시'가 되어버렸습니다. 북한으로의 귀국운동은 그런 가와사키시에서 시작된 것입니다.[16]

당시 자이니치들은 가난과 차별 속에서 살며 공해 피해를 직접적으로 입었습니다. 그런 절망 속에서 '출애굽'을 결단했다고 생각합니다. 그 10만 명이나 되는 자이니치가 조국에서도 비참한 생활을 할 수밖에 없었다고 들으면 가슴이 아픕니다. 저는 그들의 아픔을 기억하며 '출애굽'이 아니라 노예의 땅이었던 '애굽(이집트)'으로 들어가 그 변혁을 추구하고자 합니다.

가와사키시 공해의 역사와 현실에서 '환경 재생'을 주장하는 학자 16명은 정확한 분석과 비전을 제시하며 도시 재생을 제창합니다. 그러나 가와사키시 안에서도 가장 비참한 곳에 살아야만 했던 외국인 주민에 대한 역사와 현실에 대한 언급은 한 마디도 없습니다.[17] 그 학자들은 수차례 외국인 취락을 방문했으면서도 자이니치의 존재를 못 본 것일까요? 같은 도시에 사는 외국인 주민을 제외하면서 주민 자치가 과연 성립하는 것일까요? '재생'하는 마을 조성에 외국인 주민이 당사자로 참가해야 할 필연성이 있다고 저는 생각합니다.

마을 '재생'이란, '주민이 잘 먹고 잘사는 지역 사회'를 실현하는 것이며, 외국인 주민도 또한 그 마을 조성에 참가해야만 합니다. 그 흐름 속에서 주민 자치의 내실을 다질 수 있다고 저는 생각합니다. 저는 그 과정에서 외국인 주민의 정치 참여가 이루어지는 꿈을 꿉니다. 그날에는 외국인 주민의 선거권과 피선거권은 당연한 것이 되어 있을 것입니다.


## 마치며

외국인의 지방참정권 법안이 이번 정기국회에서 통과될지는 미지수입니다. 그러나 지난 10년에 걸쳐 언급돼온 외국인 참정권이 실현될 가능성은 과거에 비해 비교할 수 없을 정도로 높아진 것이 사실입니다. 이 글에서 검증한 것처럼 외국인의 지방참정권이 합헌인지 헌법 위반인지, 안전보장상의 위험이 있는지 없는지, 있다면 그 위험 예방은 어떻게 가능한지, 우선 정부에는 설명할 책임이 있습니다.

저는 영주권을 가진 외국인이 지방참정권을 취득하는 것이 당연하다고 알고 있습니다. 그러나 피선거권이 없는 것은 차치하더라도, 제재의 의도로 북한을 배제하는 법안에는 근본적으로 문제가 있다고 생각합니다. '국교가 없기 때문에'라고 하는 것은, 구체적으로는, 특정의 사상·신조를 가지는 사람의 선거권을 부정하는 것이므로 위헌입니다.

지방참정권을 취득하는 것은 선거에 의해서 '공공 의사 형성에 참가'하는 것으로, 이 권리를 인정한다면 외국적 공무원이 지방공무원 관리직에 오르는 것을 같은 이유로 거절할 수 없게 됩니다. 가와사키 시를 시작으로 각 지방에 확산하여 '당연한 법리'와의 투쟁은 한층 더 전진할 것입니다.

일본에 거주하면서 앞으로도 계속 거주하게 될 외국인 영주자는 지방참정권을 부여받는 것이 아니라 주체적으로 취득하는 것으로, 그 당사자의 권리를 일본 사회는 당연히 인정해야 합니다. 물론 이 권리를 거절할 권리도 당사자에게는 있습니다. 일본은 속죄론적인 관점이 아니라 전후 책임의 문제로서 과거 식민지 지배 청산을 실시한다는 태도를 명확히 내세우고, 지역 사회에서는 일본의 과제인 주민 자치의 실현을 목표로 해야 할 것입니다. 저는 외국인 주민이 동참하여 함께 땀 흘리는 시대가 올 것이라고 확신합니다.

# '다문화 공생'은 현대판 식민지주의 이데올로기

지난주 오랜만에 어린이집의 운동회를 보러갈 기회가 있었습니다. 젊은 부모들도 있었고 할아버지들과 할머니들도 모두 카메라를 들고 손자손녀에게 응원의 말을 전하고 있었지요. 하지만 자세히 보면 그 할아버지도 아직 저보다는 젊은 세대의 사람으로 보이는 것입니다. 아, 내가 이렇게 늙었구나 하며 제 나이를 다시금 생각하게 해 주는 나날을 마주하고 있습니다.

1~2세, 3세, 4세, 졸업반(5~6세). 이렇게 나뉘어 진행된 운동회 프로그램은 각각 연령의 성장 정도를 잘 알 수 있도록 기획되어 있었습니다. 1~2세 아이들은 보모 옷을 붙잡고 참여해야 했거나, 안긴 채로 행진을 해야 했습니다. 3세가 되면 이젠 혼자서도 걸을 수 있지요. 졸업반 친구들은 이제 달리기도 가능합니다. 이 친구들은 이제 운동장이 좁게 느껴질 정도로 활기가 넘쳐 보입니다.

이 어린이집에서는 몇 명인지 정확히는 모르겠지만 외국인들이 있는 듯합니다. 검은 피부색의 어린이가 함께 노래를 부르는 모습도 보였습니다. 장애가 있는 친구도 있는 듯합니다. "힘내자!"며 리더십을 발휘하는 아이도 있습니다. 반대로 부끄럼을 많이 타는 아이도 있었지요. 작은 아이들은 졸업반 친구들을 동경하는 눈치였습니다. 졸업반 친구들도 이를 의식하는지, 당당한 태도로 움직이는 모습이었습니다.

프로그램 첫 머리에는 졸업반 친구가 한 명 한 명 호명되어 줄넘기를 하며 운동장을 한 바퀴 도는 내용이었습니다. 여기에도 물론 잘하는 친구가 있는가 하면, 서툰 친구도 있었습니다. 하지만 모두가 자기 나름대로의 줄넘기 방식을 뽐내며 장내를 한 바퀴 돌아 박수갈채를 받고 기뻐하는 모습이었지요. 달리다가 갑자기 정지하는 동작 등 3세 아이들에게는 좀처럼 어려운 일도 졸업반 아이들은 능숙하게 잘 해내보였습니다. 과연 그렇구나, 아이들은 이런 식으로 성장해나가는구나, 하며 제가 어렸을 때는 '운동'에 바빠서 아무런 추억도 없다는 사실을 깨닫고는 스스로에게 놀라곤 합니다. 저는 '좋은 아빠'도 아니었다는 생각이 들곤 합니다.

저희는 40년 전 히타치 취직 차별 투쟁에 관여했습니다. 가와사키 땅에서 우리의 후손만큼은 우리처럼 조선인이라는 이유로 고통 받지 않는 세상으로 만들어주자고 생각했습니다. 어린이집 안에서 민족적 요소를 넣어 일본의 아이들에게도 한국어 노래를 가르치거나, 본명을 사용하도록 했습니다. 이런 활동은 언젠가부터 '민족 보육'이라는 말이 되었습니다. 지금은 '다문화 공생 보육'이라고 한다고 합니다. 저는 운동회에서 본 아이들의 성장 정도를 보며 지난날 우리가 해온 일들은 무엇이었을까, 하는 고민에 잠겼습니다.

차별에 굴하지 않는 아이, 차별을 하지 않는 아이, 집단 보육, 발달

보증. 이런 것들을 '민족 차별' 철폐운동의 내용으로 생각해왔습니다. 하지만 운동회에서 아이들을 보고 있으면 한 명 한 명의 개성, 집단 속에서 더욱 단련되는 개성, 그것을 따뜻한 시선으로 지켜봐주는 어린이집 선생님들, 그 어린이집 선생님들을 통솔하는 내부조직의 체계 등이 머릿속을 스쳐지나갑니다.

차별에 굴하지 않는 아이로 만들겠다는 당시 저희의 마음이 너무 앞서 나간 생각이 아니었을까, 하는 생각이 듭니다. 당시의 뜨거운 마음이 관념으로 굳어져 이를 강요하거나, 종국에는 한 명 한 명의 아이들의 성장을 집단 형성으로 몰고 간 것이 아닌가, 하는 생각이 듭니다. 지금 생각해보면 집단 형성이 필요한 건 아이들이 아니고 그런 아이들을 지켜봐주는 어린이집 선생님들이나 어린이집 자체인 것 같습니다. 제 머릿속에 이런 생각이 스치며 저는 어떤 부끄러움 같은 감정을 느끼기도 합니다.

'민족 보육'이든 '다문화 공생 보육'이든 그것들의 최대 결점은 아이들을 보는 가장 기본적인 시선을 그 아이의 '속성', '민족', '국적' 등에 두고 있다는 점입니다. 하지만 그렇지 않습니다. 역시 가장 중요한 건 '인간'입니다.

여러 개성을 가진 한 명 한 명이 그 아이 나름대로 성장해나간다는 일. 이렇게 세상을 살아내는 기초적인 부분에 생각이 미치지 못했던 과거를 반성하게 됩니다. '민족'이나 '차별과 싸운다'거나 하는 생각에 너무 정신이 팔린 나머지 다른 부분을 생각할 수 없던 것이었겠지요. 내셔널 아이덴티티는 개인의 아이덴티티보다 앞에 있었고, 그 내셔널 아이덴티티를 비판적으로 보는 것이 어려웠던 것입니다. 저희 자신이 민족이란 것을 무엇보다도 중요하게 여겼기 때문일 것입니다. 하지만 이는 잘못된 것이었음을 오늘날에 이르러 비로소 깨닫게 됩니다.

결국 오늘날의 일반 사회에서 '다문화 공생'을 들먹이는 동향과도 일치합니다. '다양화'라든가 모두가 사이좋게 지내자고 말하면서도 그 뿌리를 추궁하면 본질적으로는 외국인을 '2급 시민'이라고 간주하는 게 당연시되고 있습니다. 이를 문화적 요소로만 한정하여 받아들이자고 말하는 겁니다. 우리는 이만큼 외국인들을 받아들이고 있다고 보여주는 온정주의(paternalism)에 빠지는 오류를 범하는 것입니다. '다문화 공생'이 성립하는 것은 그 근저에 일본의 내셔널리즘이 전제로 작용하기 때문입니다. 이런 일이 일어나는 건 이를 비판적으로 극복해야만 하는 대상으로 인식하지 않고 있기 때문입니다.

보수에서 진보까지, 경영자에서 노동조합까지 모든 사람이 입을 모아 '다문화 공생', '공생'을 찬미하는 것은 조금 이상하다고 생각합니다. 그 밑바탕에는 강고하고 무의식적인 일본의 내셔널리즘이 깔려 있다고 생각합니다. 일본의 위정자는 '공생'과 '통합'을 같은 개념으로 인식하고 있습니다. 이렇게 말해놓고 보면 참 맞는 말 같습니다. 다문화 공생은 현대판 식민지주의 이데올로기인 것입니다.

'다문화 공생의 도시, 가와사키'가 아니라 '주민 주권의 도시, 가와사키'로 카피라이팅도 바꾸어야만 한다고 생각합니다. 개개인이 확실하게 자신의 의견을 말하고 대화가 가능하며, 거기서 공유된 것을 국적과 민족, 장애의 유무, 성별, 소속에 관계없이 생각을 구체화하여 실현시킬 수 있는 도시. 가와사키는 그런 도시가 되었으면 참 좋겠습니다.

## 제4장
# 원자력 반대운동의 국제적 연대를 위하여*
### — 3·11 체험으로 돌아보는 한국의 민주화 투쟁

　박형규 목사님이 쓴 《길 위의 신앙, 한국의 민주화를 위해 싸운한 목사의 회상》(일역본, 新教出版社, 2012)을 읽으며 저는 거듭 기막힌 심정이 되었습니다. '격동의 한국 현대사를 살아온 크리스천의 증언'이라는 책의 띠에 적힌 말이 그대로 납득되었습니다. 강렬한 감동과 자극을 주는 책입니다. 그만큼 박 목사님의 실존(현존)이랄까, 그살아온 방식에 압도되었습니다. 박 목사님의 책 속에는 제가 아는 많은 지인知人의 이름도 나오고, 그가 걸어온 삶에 대해서 알고 있었다고는 하지만 새삼 그 엄청난 삶의 모습은 가슴에 육박해오는 동시에큰 도전이기도 했습니다.

　저는 1945년생 '자이니치(在日)' 2세입니다. 오랫동안 '자이니치'운동에 관여하면서 재일조선인의 인권 실현은 일본의 지역사회를

* 이 글은 《녹색평론》 2012년 7-8월 통권 제125호, 72~81쪽에 게재된 것입니다. 녹색평론의 발행인 고 김종철 선생님이 번역한 것으로 고인의 생전에 게재를 허락받았습니다. 평어체로 번역된 글을 다른 본문과 통일을 위해 경어체로 변경했습니다.

변혁하는 가운데서 찾아야 할 것이라고 생각해왔습니다.[1] 그런데 작년 3월 11일 동일본대지진과 후쿠시마 원전사고를 경험하고는, '원전체제'를 낳은 전후의 역사를 새로운 국민국가의 형성이라는 관점에서 총체적으로 포착해야 한다고 강하게 의식하게 되었습니다. 원전을 없애기 위해서는 일본 국내 문제로만 볼 것이 아니라, 세계의 원전의 절반이 집중되어 있는 동북아시아, 특히 원전대국의 길을 걷기 시작한 한국을 포함한 국제적 연대운동이 필요하다는 생각을 하고 있습니다.

인권과 민주주의의 실현을 갈망했던 민주화 투쟁을 거친 한국이 어찌하여 원전 밀집도 세계 최고의 나라가 되어 3·11 이후에도 적극적으로 원전을 수출하려고 할까요. 김종철 선생님으로부터 원고 의뢰를 받고, 단편적인 생각이지만, 한국의 여러분들과의 대화를 통해 원전을 없애는 국제연대운동을 전개하고 싶다는 생각으로 《녹색평론》에 기고하게 되었습니다. 솔직한 비판을 해주시면 고맙겠습니다.


## 한국에서의 개인적 에피소드

저는 전후 일본에서 최초로 일본 사회의 민족 차별 문제를 법정에서 밝히려 했던 투쟁, 즉 세계적 대기업인 히타치日立제작소를 상대로 승리한 '히타치 취직차별 재판투쟁'(이하, 히타치 투쟁)[2] 운동의 한가운데에 있으면서 한국으로 어학연수 유학을 떠나, 그대로 서울대학 역사학과의 석사과정에 들어갔습니다. 1970년대 전반, 아직 박정희 독재정권 때의 이야기입니다. 당시는 교회, 미디어, 학생운동도 완전히 침묵을 하고 있었습니다.

대학의 학부 후배가 어느 날 제게 말했습니다. "형, 당분간 못 볼지 모르겠소." 별로 친하지도 않은 사이인데 어째서 저에게 중얼거리는 말로 그런 이야기를 했는지는 모르지만 저는 당혹감을 느꼈습니다. 며칠 뒤 기독교방송 아침 뉴스에서 딱 한번, 바로 지금 서울대학에서 데모가 일어났다는 정보가 흘러나왔습니다. 저는 즉시 그때 종로에 있던 서울대 캠퍼스로 달려갔습니다.

200명 정도의 학생들이 정문 앞에 나란히 서서 애국가를 부르고, 독재정권을 비판하는 슬로건을 반복하고 있었습니다. 거기에 기동대가 돌입하여 아마 전원이 체포되어 갔습니다. 그 대열의 후방에서 저는 후배의 모습을 보았습니다. 그 학생들의 궐기가 계기가 되어 학자, 언론, 교회 그리고 일반 시민들 사이에서 독재정권을 비판하는 목소리가 서서히 들려오기 시작했습니다. 그것이 어제의 일처럼 생각납니다. 민주화 투쟁은 바로 무명의 학생들의 봉기로부터 시작된 것입니다. 저는 일본에서 한국으로 건너와 역사적인 사건을 목격한 소수의 증인의 하나였다고 생각합니다.


## 두 번째 에피소드, 히타치 투쟁

그 후, 박형규 목사의 책에도 나오는 한국 교회 관계자의 강한 권유가 있어서 저는 대학원을 중퇴하고, RAIK(재일한국인문제연구소)가 설립되자 초대 간사가 되었습니다. 연구보다 구체적인 활동을 바랐던 제가 내건 조건은 간사로서 히타치 투쟁을 계속하는 것과 가와사키川崎에서의 지역 활동을 전면적으로 인정해달라는 것이었습니다. 취직이 결정된 뒤, 저는 그동안 공사公私 불문하고 지원을 해주시던 고故 이인하李仁夏 목사님한테도 알리지 않고 한국으로 날아가 학생운동 리더들과 접촉했습니다. 체포된다면 꽤 성가실 일이었죠. 그들은 이름을 드러내놓고 정권을 비판하는 집회는 할 수 없었습니다. 그러나 당시 일본의 기업이 한국 진출을 노리고 있는 상황과 관련시켜서 '자이니치'를 차별하는 히타치를 규탄하는 집회를 가질 것을 그들과 협의하고, 일정과 장소까지 결정한 다음에 즉시 귀국했습니다.

며칠 뒤, 민청학련사건으로 체포된 학생들 중에 일본기업 비판 집회를 준비하는 일로 저와 이야기를 나눈 학생의 이름이 일본의 신문에 나왔습니다. 그 학생의 이름은 박 목사님의 책 속에도 나오지만, 지금도 그 얼굴이 생각납니다. 재일在日의 모든 민족 조직이 일본식 이름을 따고 본적지를 일본의 현지 주소로 위장까지 하면서 히타치에 들어가려고 한 원고 박종석朴鐘碩에 대하여 주체성 없고, '동화'를 지향하며, 조국의 통일이나 민주화 투쟁과 같은 민족적 대의大義로부터 멀리 떨어진 '사소한 싸움'을 하는 사람이라고 비판하고 있을 때에, 한국의 학생들은 한일의 역사문제로서 히타치 투쟁을 지원한다고 발표했습니다. 그것이 계기가 되어 일본 국내에서도 히타치 투쟁을 지원하는 운동이 활발해졌습니다. '자이니치'의 구체적 현장에서의 싸움을 통해서 한국의 민주화운동 세력과 공동으로 투쟁할 수 있다는 것을 저는 그때 실감했습니다.

## 민주화 정권하의 원전 건설

한국의 민주화 투쟁은 세계 기독교계에서 큰 주목을 받았습니다. 일본의 교회도 큰 관심을 갖고 그들을 지원하는 데 관여했습니다. 일본에서 그 중심에 서 있던 존재는 지난번에 일본을 다녀간 지명관池明觀 선생이었지만, 민주화 투쟁의 중심에는 박형규 목사님이 있었던 것이 틀림없습니다. 그러나 그는 회상록의 제작 과정에서도 어디까지나 겸허하게 '참회록'밖에 내놓을 자격이 없다고 오랫동안 출판을 거절했다고 합니다. 해방 후 한국의 두 차례에 걸친 시민혁명. 시민들이 목숨을 걸고 추구했던 것은 한국의 민주화였습니다. 그 역사적 의의, 거기에 관여했던 박 목사님을 비롯한 교회 관계자들 그리고 무명의 학생들, 시민들의 활동을 최대한 평가하는 것에 대하여 저 자신 아무런 주저도 없습니다. 오히려 자랑스럽다고 생각합니다.

그러나 박 목사님의 책에 나타나 있는 것처럼, 1960년대 후반에는 이미 한국에서 원전 건설이 시작되고 있었습니다. 그리고 무엇보다도 납치되어 죽음의 위협에 놓였던, 한국 민주화 투쟁의 상징이었던 김대중 씨가 대통령에 취임하고 그 전의 김영삼 대통령, 그 후의 노무현 대통령 등, 민주화 진영이 승리하여 집권하고 있던 그 시기, 즉 민주정권하에서도 원전은 계속 건설되었습니다. 물론 보수진영의 현 이명박 대통령은 보다 적극적입니다. 그는 현대건설 사장 재직시에 원전의 절반을 건설하고, 대통령이 된 뒤에는 더욱더 적극적으로 국책사업으로 추진하여 3·11 이후에도 적극 전개하려 하고 있습니다. 아랍에미리트연방에 원전을 수출하는 것에 성공한 날을 기념일로 삼은 것도 이명박 정권입니다.

교회는 한국 사회에서 큰 세력이 되어 현 정권과 깊은 관계를 맺고 있습니다. 신구 그리스도 교도를 합쳐서 1,000만 명의 신자를 자랑하고, 역대 대통령 그리고 국회의원 중에도 많은 크리스천이 있습니다. 그러나 민주화 투쟁의 역사를 가진 한국 교회가 원전 추진이라는 치명적인 문제점을 묵과하면서 비판하지 않은 것은 유감스러운 일입니다.

## 한국의 반원전운동과 민주화 투쟁

저 자신, 3·11을 목격하기 전까지는 원전에 대해서 애매한 이해밖에 갖고 있지 않았습니다. 그래서 타인을 비판할 자격은 전혀 없습니다. 한국의 교회도 마찬가지입니다. 일본의 교회에서는 동북지방의 피해자 지원에는 열심이지만, 도쿄전력에 근무하는 교회 사람들이 있다고 해서 원전 문제를 취급하지 않고, 정치 문제라고 해서 원전 반대의사도 명확히 표시하지 않는 크리스천도 많습니다. 그런 식으로 한국에서도 북한과의 관계나 자원 문제, 안전성이나 비용 등을 이유로 원전 추진파에 속하는 크리스천이 많을 것이라고 생각합니다.

무엇보다도 '영혼 구제'와 '제자 만들기'를 최우선으로 하는 많은 교회의 자세로서는 사회문제를 직시하는 시점을 결여할 수밖에 없을 것입니다. 그러나 그러한 가운데서 3·11에 의해 원전 문제를 확실히 인식하고, "신앙과 핵은 양립할 수 없다"고 신앙선언을 하여 반대운동을 시작하는 새로운 싹이 돋아나는 것에 주목할 필요가 있습니다.[3] 새로운 움직임은 언제나 소수에게서 시작됩니다.

금년 3월에 세계 대다수 지도자들이 서울에 모여 '핵안보정상회의'와 원전 비즈니스가 같이 가는 모습을 드러냈을 때 가톨릭과 프로테스탄트, 불교와 원불교를 대표하는 종교인들이 공동으로 선언문을 발표했습니다.[4] 그러나 원전 그것에 위기의식을 갖기 시작한 종교인들이 목소리를 내더라도 원전체제를 국시國是로 하고 있는 한국에서, 많은 시민들이 간단히 탈원전으로 방향을 바꿔야 한다는 생각에 동의하고, 정부에 탈원전 사회 구축을 요구할 것이라고는 생각하지 않습니다. 정부의 안전신화를 믿어온 자신들의 지금까지의 가치관, 생활방식을 근저에서부터 묻지 않으면 안 될 것이기 때문입니다.

사견으로는 그와 같이 되려면 한국에서 제3의 혁명이 필요할 것 같습니다. 일부 문제의식이 있는 사람들만으로 실현될 수 있는 게 아니라 지각변동과 같은, 노도와 같은 민중의 움직임이 없으면 실현될 수 없을 것입니다. 지금까지 한국이 경험한 두 개의 혁명은 발전도상국의 독재정권이 흔히 해왔던 방식, 즉 시민들의 인권을 압살하는 정부의 폭거에 항거하여 민주주의를 요구하는 투쟁이었습니다. 그래서 민주주의를 갈망한 사람들은 구약성서의 예언자나 예수와 자신을 동일시하려 하였고, 최종적으로 교회를 통해 전면 투쟁에 나섰던 것입니다. 그것을 체현한 존재가 박형규 목사님이며, 그를 지지한 양심적이고 진보적인 기독교인들이 '민주혁명'을 담당했다고 저는 이해하고 있습니다.

일본에서는 이토록 비참한 경험을 하면서도 일본 정부는 현재 54기 전부 중지되어 있는 원전을 재가동하려 하고 있다. 지금으로서는 오오이大飯 원전에 한정된 문제이지만, 거기에 추가하여 일본 원전체제의 심장 부분인 롯카쇼무라 핵연료 재처리공장의 시운전試運轉도 시작되었습니다. 사람들은 이것을 계기로 다른 원전의 재가동도 인정하려는 게 아닌가 하고 두려워하고 있습니다. 많은 젊은이들과 어머니들이 반대 목소리를 내며 거리로 나오고 있지만, 정부는 그러한 시민의 소리를 완전히 무시하고, '국민의 생활을 위해서'라는 설명으로 형식적인 절차를 거쳐 오오이 원전의 재가동을 강행했습니다. 경제계 그리고 아마도 미국의 뜻을 받아들여서 재가동에 들어간 것이라고 우리는 보고 있습니다.[5]

그러나 유감스럽게 일본에서는 역전에서 삐라를 배포하고, 서명활동을 하더라도 일반 시민들은 그다지 관심을 보여주지 않습니다. 100명에 1명 정도 관심을 보이는 정도입니다(그러나 6월 22일에는 수상 관저 앞에 4만 5,000명의 시민이 모였다고 합니다. 이것이 새로운 물결이 될까요). 반원전운동은 에너지 문제에 한정되어 논의되고 있지만, 정부는 6월 15일에 가결된 '원자력규제위원회 설치법안'에서 "안전보장에 도움이 되도록 한다"라는 항목을 넣어서 원자력의 군사적 이용을 시사하고 있습니다. 원전체제를 문제 삼는 경우에도 그것이 일본의 '전쟁 책임'을 애매하게 처리한 것에 기인한다는 주장을 하는 논자도 없고, 기독교 교회에서는 '전쟁 책임'의 명확한 자각이 일본의 사회 재생에 가장 중요하다는 인식이 희박합니다.

다른 한편으로, 한국에서도 미디어, 일반 시민, 종교계, 정치, 교육 등 전반적인 분야에서 원전 문제에 대한 관심이 희박하다는 것을 듣고 있습니다. 한국은 경제적으로도 세계의 대국과 대등한 위치에 들어가기 직전까지 왔고, 북한과는 압도적인 경제력의 차이를 보여주고 있습니다. 민주주의 제도가 정착했음에도 원전체제가 국시로 되어 널리 국민들 사이에 침투하고 있는 것에 대해서 어떻게 생각해야 할까요. 더욱더 공업화를 추진하여 일본을 추월하는 경제력을 갖기 위해서는 석유에 의존하지 않는 원자력으로 가는 수밖에 없다고, 그런 생각에 한국민은 모두 빠져 있는 것일까요.

한국을 탈원전 사회로 전환하기 위해서는 원전체제에 입각한 국내의 개인 간의 경제 격차, 지방 간의 격차 문제를 직시하고, 일본처럼, 아니 그 이상으로 미국에 예속된 사회를 근저에서부터 변화시키지 않으면 안 될 것입니다. 그것은 지금까지와 같은 의미의 민주화 투쟁으로는 더 이상 안 될 것입니다.

게다가 한국은 일본의 식민지로 있다가 히로시마·나가사키의 원폭 투하로 일본이 전면 항복했기 때문에, 그 '비극'은 도리가 없었습니다. 오히려 우리 민족의 해방을 위해 필요했다고 생각하는 한국인들이 많을 것입니다. 그러나 그러한 입장에 서는 한, 원전도 핵무기도 같은 것이며, 따라서 그것들은 모두 없애지 않으면 안 된다는 생각은 이상주의로 여겨질 것입니다. 후쿠시마의 피해와 고난을 자신의 문제로 받아들여야 한다고 발언하는 한국인이 많이 있다는 것은 알고 있지만, 국가나 민족의 틀을 넘어서 인간의 고통, 고난을 자신의 것으로 느끼려 하지 않는 한, 세계로 확산된 방사성물질에 의한 내부피폭으로 지금부터 자손들이 고통을 겪게 될 사태의 심각함을 이해할 수 없을 것입니다.

## "독재와 민주주의는 표리일체"

이 무서운 말은 제가 존경하는 리츠메이칸立命館 대학 명예교수 니시카와 나가오西川長夫 씨가 쓴 책《국민국가론의 사정射程 혹은 '국민'이라는 괴물에 대해서》(증보판, 柏書房, 2012)의 말미에 씌어 있습니다. 니시카와 교수의 저작은 여러 권 한국어로 번역돼 있다고 들었습니다. 경제발전과 국민통합을 근대 국민국가의 원리로 보는 니시카와 교수는 '국민국가는 식민주의를 재생산하는 장치'라고 봅니다. 그는 학자로서의 이론이 아니라 사회과학마저 비판의 대상으로 삼는 자기비판으로부터 시작하여 국민국가 비판을 전개하고 있습니다. "지금까지의 나의 전 생애와 그 전 생애를 좌우한 것에 대한 반성과 분노에서" 나온 '통한痛恨의 언설'이라는 것이다.

일찍이 일본의 식민주의에 저항하고, 해방의 기쁨을 표시하는 상징이었던 태극기를 교회 안에 게양하는 것을 자랑스러워하는 한국의 교회는 결국 보다 풍요로운 자본주의 사회의 자유를 구가하는 국민국가 건설이라는 그 이데올로기에 흡수되어버린 것이 아닐까요. 민주화 투쟁의 숭고한 이념은 국민국가 이데올로기의 틀에 매몰되어버린 게 아닐까요. 교회가 한국의 경제적 발전을 자랑스러워하고, 나아가 한국의 원전대국화를 지지 혹은 묵인하는 것은 바로 그러한 증거가 아닌가요. 1,000만 명의 신자를 자랑하고, 동양의 이스라엘이 되어 일본 천황을 크리스천으로, 일본을 기독교 국가로 만들어 일본인들을 '구원'하겠다고 선언하면서 일본 선교에 힘을 기울이는 한국 교회는, 이제는 사회정의를 갈망하고 약자를 위해 목숨을 거는 교회가 아니라 자신의 영향력 확대를 추구하며 국민국가를 지탱하는 거대한 세력이 되고 만 것이 아닐까요.

이와 같이 생각하면, 박 목사님의 미국에 대한 환상이 엿보입니다. 그는 흑인 대통령을 낳은 미국을 찬미하고, 클린턴을 칭송하는 것 같습니다. 그러나 식민지였던 국가가 독립하더라도 구 종주국의 정치적·경제적·문화적 영향으로부터 벗어나지 못하는 것은 미국을 중심으로 한 세계 자본주의 메커니즘 때문이라는 게 니시카와 교수의 설명입니다. 박 목사님의 책에는 기독교 국가 미국을 비판하고, 흑인 대통령 오바마가 국내외의 식민지정책으로 약자를 희생시키고 전쟁을 해온 미국 역대 대통령의 직계 후손임을 언급하는 말은 전혀 눈에 뜨이지 않는다.

지난달, 일본에서 최후의 강연을 한 지명관 선생님은 강연 중에 3·11에 관해서는 일절 언급하지 않고 자신이 영주永住할 땅인 미국으로 떠났습니다.[6] 민주화 투쟁을 체현한 박형규 목사님의 다음 세대인 우리는 국민국가 이데올로기에 얽매이지 않는 방향으로 걸어갈 수 있을까요. 그것은 이들 존경하는 선배들이 그렇게 했듯이 우리가 목숨을 걸고 싸워야 할 목표일 것입니다. 인간은 '시대의 제약'으로부터 도피할 수는 없습니다.

저는 '자이니치'로서 스스로의 아이덴티티로 번뇌했지만, 결국 기존의 민족이나 국가의 틀에 자신을 동일화하는 것은 불가능했습니다. 저는 와야 하고, 있어야 할 사회에 자신의 아이덴티티를 구하겠다고 결의한 인간입니다. "우리의 조국은 하늘에 있습니다"(빌립보서 3:20).

나라의 분단, '북'과의 대치, 세계열강 사이의 지정학적인 관계에서 일어나는 '고난의 역사'를 걸어온 한국인의 역사 및 현실 인식은 일본에 거주하고 있는 우리들, 즉 '자이니치'와는 다른 점도 많을 것입니다. 그러나 3·11을 경험한 우리는 이제 원전을 없애는 방향으로 가지 않으면 안 된다는 것을 알게 되었습니다. 차이를 넘어서 함께 할 수 있는 것은 무엇일까요. 지금까지와는 달리 민족이나 국가의 틀을 돌파하여 자신이 거주하는 지역사회의 존재방식을 착실히 모색하는 시점을 공유하는 새로운 관계가 가능할까요. 저는 그러한 생각을 하기 시작했습니다.

# 제5장
# 원전 제조사의 책임을 묻는다*

후쿠시마 원전사고를 일으킨 원전 제조사의 책임을 명확히 하기 위해서 39개국 4,128명의 원고에 의한 소송이 드디어 시작되었습니다. 최종적으로 3월 10일에 도쿄지방법원에 소장訴狀이 접수되었습니다. 한국에서는 909명이 참여했습니다.[1]

원전 사고에 대해 제조사의 책임을 묻지 않는 원자력손해배상법은 일본만이 아니라 한국이나 대만에도 존재하고 있습니다. 실은 전 세계에 걸쳐 사업자에게만 책임을 지우고, 제조사에게는 수출을 통한 '원자력 사업의 건전한 발달'을 장려하는 체제가 구축되어 있는 것입니다. 그러니 원전 제조사의 책임을 묻는 것은 세계에도 예가 없고, 원전 사고 당사국인 일본에도 없습니다. 그 책임을 묻게 된 것은

* 이 글은《녹색평론》2014년 5-6월 통권 제136호, 75~89쪽에 게재된 것입니다. 녹색평론의 발행인 고 김종철 선생님이 번역한 것으로 고인의 생전에 게재를 허락받았습니다. 평어체로 번역된 글을 다른 본문과 통일을 위해 경어체로 변경했습니다. 또한 '당연한 법리'에 대해 설명한 부분은 다른 본문과 중복되는 관계로 삭제하였습니다.

'자이니치'(재일조선인)입니다. 이 글에서는 원전 제조사의 책임을 묻게 된 '자이니치'의 배경을 살펴보려고 합니다.


## 원전 제조사 소송이란 무엇인가

후쿠시마 제1원전 사고를 일으킨 원전 제조사는 첫째가 미국의 제너럴일렉트릭(GE)사입니다. 그 외에는 GE로부터 기술을 배운 뒤 히타치日立, 도시바東芝가 독자적으로 제조한 것입니다. 그들은 3·11 사고 뒤에도 어떠한 비판도 받지 않고 또 사고에 대한 아무런 코멘트, 사죄의 말도 없이 마치 아무 일도 없었다는 듯이 원전 수출을 계속 진행하고 있고, 그것을 정부는 일본의 신경제 정책의 일환으로 전면적으로 뒷받침하고 있습니다.

원전 제조사의 책임을 묻지 않는 것은, 사업자(도쿄전력) 이외의 책임은 묻지 않고 사업자에게 책임을 집중시키는 원자력손해배상법이라는 법률이 있기 때문입니다. 여기에는 "피해자의 보호"와 함께 "원자력 사업의 건전한 발달에 이바지하는 것을 목적으로 한다"(원자력손배법 제1조)고 되어 있습니다. "당해 원자로의 운전 등에 관계하는 원자력 사업자가 그 손해를 배상하는 책임을 진다"라며, "제조물 책임법의 규정은 적용하지 않는다"(3조 3항)라고 적혀 있습니다.[2]

즉, 도쿄전력에 책임을 전부 맡겨 피해자에게 배상금을 지불케 하고, 모자란 것은 정부가 원조하는 틀로 되어 있습니다. 그런데 그 배상금은 결국 시민들로부터 거둔 전기료나 세금과 같은 공적 자금입니다. 그리하여 원전 제조사에게는 책임을 지우지 않고 '원자력 사업

후쿠시마 원전 제조회사 세계1만인 소송 한국 설명회

의 건전한 발달'을 위해서 자유로이 세계에 수출을 하도록 허락된 구
도인 것입니다.

이 배경에는 핵에 의한 세계 지배를 위해서 5개 강대국만이 핵무
기를 보유하고, 기타 국가들은 핵무기를 만들지 않도록 서약을 하도
록 하여 '원자력의 평화적 이용'이라는 이름 밑에 원자력발전소 건설
을 허용하는 NPT(핵확산금지조약) 체제가 있습니다. 미국을 중심으
로 하는 강대국들은 '군축', '핵확산 금지'를 주창하지만, 동시에 원전
을 세계 전역으로, 특히 경제 성장을 꾀하는 아시아를 향해 팔려고
해온 것입니다. 그것을 법적으로 지원하는 것이 원자력손해배상법
입니다. 일본과 한국에서는 미국의 핵우산 밑에서 원전을 제조하는
것이 하나의 중요한 비즈니스가 되어, 원전 수출을 국가전략으로 추
진하고 있습니다(그런데 미국은 원전 제조기술, 특허만을 보유하면서 스
스로는 제조하지 않는 나라가 되었습니다). 일본과 한국은 '준열강'으로,

도시바 제품 불매운동

잠재적인 핵보유국이며 장차 핵보유를 노리는 국가이기도 합니다.[3]

일본의 아베 총리는 핵 확산 금지를 강조하면서 원전의 수출에는 스스로 세일즈맨이 되어 열심히 뛰고 있습니다. 어떻게 해서 핵 확산 금지를 제창하는 NPT 체제와, 미국이 중심이 되어 만든 원전을 세계 전역으로 확대하려는 체제가 병존하게 되었을까요. 이 수수께끼는 핵무기와 핵 발전이 일체이며, 강대국들은 핵에 의한 세계 지배를 위해서 핵무기 및 우라늄 연료 제조의 핵심기술을 독점하고 있다는 사실에 있습니다. 즉, 원전은 핵무기이며, 강대국들은 진심으로 핵무기를 없앨 생각을 하는 게 아니라는 것입니다. 안보상 핵무기는 없어서는 안 된다는 기본적 사고방식과 정책을 버리지 않고 있는 것입니다.

그러나 그래도 시대는 조금씩 변하고 있습니다. 핵무기를 억지력으로 삼아온 지금까지의 국가 안전 보장의 존재방식이 크게 의문시되는 시대가 되고 있기 때문입니다. 국가 안보가 모든 것을 압도하는 시대로부터, 인간의 자유·안전을 중시하는 '인간의 안전 보장'이라는 개념이 유럽을 중심으로 급속히 확산되고 있습니다. 인간의 '공포로부터의 자유'가 국가의 안보 논리 때문에 제약되어서는 안 된다는 사상적·실천적 흐름이 착실히 확산되고 있는 것입니다.[4]

그러나 국민국가를 절대적인 것으로 섬기는 한, 국민은 목숨을 걸고 국경을 지키고, 자국의 안전·발전을 위해서는 타국의 인간은 죽여도 좋은 것이 됩니다. 국민이라는 것은 이와 같이 만들어진 존재입니다.

## '히타치 투쟁'의 경험을 살려 원전 제조사의 책임을 묻다

### 히타치 취직 차별 재판투쟁

우리의 원전 제조사의 책임을 묻는 소송은 이와 같은 국가 주체의 안전 보장으로부터 인간의 자유·안전을 중시하는 '인간의 안전 보장 개념'으로의 이행에 따른 것이며, 인간의 '원자력의 공포로부터 벗어나 살아갈 권리'(No Nukes Rights)를 정면으로 제창하는 것입니다.

후쿠시마 원전 사고를 경험한 일본에서 탈 원전을 외치는 변호사와 활동가들이 지금까지 원전 제조사의 책임을 언급하지 않았던 것은 무슨 까닭일까요. 압도적으로 많은 사람이 원전에 반대하더라도 후쿠시마 제1원전의 제조사가 어딘지 알지 못합니다. 알려고도 하지 않습니다. 또 어떤 사람은 원자력손해배상법이 무엇인지 알고 있기 때문에 역으로 제조사의 책임을 묻지 않는 점도 있을 것입니다.

우리들 '자이니치'는 역사에 농락당하여 '해방' 후에도 조국의 분단 상황으로 '일본적日本籍'을 지닌 채 선거권을 박탈당했습니다. 여성 참정권의 인정과 외국인의 배제는 표리일체의 것이 되었던 것입니다.

샌프란시스코 강화조약 후에는 일본인이 아니라고 규정되어 일본 사회로부터 배제·차별을 받아왔습니다. '자이니치'는 일본 국민에게 헌법으로 보장된 기본적 인권을 적용받지 못하고 소외되어 국민연금도, 아동수당 등도 받지 못하며 취직 차별을 당하고 은행에서 융자도 받을 수 없게 되었습니다. 그것은 부흥을 노리는 일본의 새로운 국민국가 체제가 강화되는 가운데 필연적으로 일어난 것입니다. 일찍이 법무성 참사관이 "일본에 있는 외국인들은 삶아 먹든 구워 먹든 맘대로 해도 괜찮다"[5]라고 쓴 적이 있다. 이 체질은 아직까지 크게 변하지 않은 것으로 생각됩니다.

1970년, 일본명과 일본 주소로 히타치제작소에 입사시험을 치르고 채용되었던 박종석朴鐘碩은 '거짓말'을 했다고 하여, "그런 인간은 신용할 수 없다"는 이유로 해고되었습니다. 이 해고를 '자이니치'에 대한 차별을 당연시해온 일본 사회의 상징적 사건으로 받아들인 '히타치 취직 차별 재판투쟁'은 큰 운동으로 발전하여 1974년에는 박종석의 완전한 승리로 끝났습니다. 판결은 일본 사회의 차별·억압의 실태를 인정하고, 히타치의 해고조치가 차별임을 인정했습니다. 무엇보다도 한국에서 민주화 투쟁을 전개하고 있던 학생들이 일찍부터 우리의 민족차별투쟁을 지지해주었습니다.[6]

히타치 투쟁의 승리는, 스스로 조선인임을 숨기고 차별을 어쩔 수 없는 것으로 받아들여온 재일조선인의 삶의 방식·가치관을 변화시켰습니다. "일본인은 아니다, 그러나 본국의 한국인과도 다르다"면서 자기 나름의 삶을 모색해온 '자이니치'에게 민족적인 자각은 인간으로서의 각성이 되었습니다. 내셔널 아이덴티티에의 자기동일화를 추구하는 민주화 투쟁이나 남북 통일운동에 관여하는 '자이니치'들이 많다는 것은 모두가 잘 아는 사실입니다.

히타치 투쟁 이후, 우리는 우리 자신이 생활하는 지역 사회 교회가 설립한 보육원을 중심으로 스스로를 비하하지 않는 교육과 차별과 싸우는 실천운동을 가와사키川崎시에서 계속해왔습니다. 그리하여 우리는 국민연금이나 아동수당 등을 일본인에 한해서 지급하도록 규정한 법률이 존재하는 것은 차별이 아닌가 하고 지역 집회에서 지역 주민들에게 물었습니다. 그리고 그와 같은 차별을 정당화하는 법률은 우스운 것이라는 입장에서 이 국적 조항을 철폐하기 위한 이른바 '가와사키 방식'의 운동을 시작했습니다. 그리고 행정 당국과 교섭함으로써 아동수당이나 시영주택 입주 등의 권리를 획득하는 경험을 갖게 되었습니다.

### '다문화 공생'에 대하여

우리는 가와사키의 교회를 떠났지만, 지역운동은 그 후 외국인 노동자가 필요하게 된 1990년대 일본 사회의 요구에 걸맞게 '공생'을 강조하게 되었습니다. 그러나 '다문화 공생'은 음식이나 문화의 차이, 본명의 사용을 존중하고 다양성을 강조하는 것일 뿐, 외국인의 정치 참여는 결코 인정되지 않고 있습니다.

가와사키시는 1996년에 선거권이 없는 외국인을 위해서 '외국인 시민대표자회의'를 만들어 그것을 참정권이 실현될 때까지의 과도기적 정치참여 기구로 삼으려고 했습니다. 하지만 이 회의의 멤버를 뽑을 선출 기준도 정해지지 않았고, 무엇보다도 회의에서 결정된 것을 실현할 수 있는 법적 근거가 없어 어디까지나 시장의 자문기구에 불과한 것이 되었습니다. 외국인의 일상생활에 관한 것만이 토의될 뿐, 예컨대 가와사키 시민 전체에게 필요한 쓰나미 대책이나 3·11 원전 사고로 오염된 쓰레기의 소각 후 재灰의 처리와 같은 절박한 생명에 관계된 문제에 대해서는 논의를 할 수 없게 되어 있습니다. 그러므로 그것은 선거권을 갖지 못한 외국인에게 주어진 '가짜 정치 참여' 수단, '김 빼기'(폭발 방지를 위해 불만을 어느 정도 해소시키는 방법) 장치라고 할 수 있습니다.

주목해야 할 것은, 이 외국인 대표자 회의의 설립으로 그때까지는 국적에 관계없이 '시민'으로 살아왔지만 새로이 '외국인 시민'이라는 개념이 설정돼버렸다는 사실입니다. 이것은 2001년에 당선된 아베 다카오阿部孝夫 전 시장이 만일의 경우에 전쟁에 나가지 않는 외국인은 '준회원'이며, '준회원'과 '회원' 사이에는 차별이 있어도 당연하다고 말한 것에도 드러납니다. 또 작년에 당선된, 시민운동 세력을 표방하는 후쿠다 노리히코福田紀彦 시장도 "차별은 좋지 않지만 구별은 해도 좋다"라고 말함으로써 마찬가지로 가와사키 시민들 간의 차별을 정당화하고 있습니다.

1980년대부터 외국인 노동자가 필요해진 상황에서 일본 정부와 지방자치체는 '다문화 공생'을 말하기 시작했습니다. 일본 사회는 좌우 이데올로기를 불문하고 경영자에서 정치가, 조합, 시민운동에 이르기까지 일부 배외주의자를 제외하고 모두가 '다문화 공생'을 제창하게 되었습니다. 하지만 그것은 결코 외국인의 인권을 존중하고 기본적 인권을 보장하는 것이 아니라, 증대하는 외국인들에 대한 관리를 목적으로 한, '공생'이라는 이름 밑에서의 통치정책입니다.

한편, 그러한 움직임에 호응하듯이 (재일조선인) 민족 단체들도 남북을 막론하고 일본 사회와의 '공생'을 외치게 됩니다. '다문화 공생'은 대유행이 되었습니다. 한국에서도 마찬가지라고 생각합니다. 위정자와 일본 사회에서의 안정을 바라는 피통치자와의 입장이 불행히도 일치한 것입니다.

그러나 '공생' 정책은 어디까지나 수없이 유입되는 외국인에 대한 대책으로 나온 것으로, 그것은 전후 식민지 지배로부터 해방되어 독립국이 된 많은 나라를 포함해서 국민국가라는 것이 전 세계적으로 확고한 시스템이 된 이후 그 체제를 유지·보강하기 위해 채택된 것입니다(니시카와 나가오西川長夫).

이야기가 빗나가지만, 지금 국회를 점거한 대만의 청년 학생들은 바로 근대화를 지향하여 나라 전체를 풍요롭게 한다면서 GDP를 최우선시하는 정부의 방식 그 자체를 비판하고 있는 것으로 보입니다. 그런 점에서 저는 그들의 문제의식이 1960년대의 파리 5월 혁명에 필적하는 것이라고 생각합니다. GDP를 최우선시하여 풍요로운 생활을 약속하면서 국민국가 환상을 민중들에게 심어줌으로써 국내의 격차, 대기업 우선이라는 실상을 은폐하는 것에 대한 도전 말입니다.[7]

우리는 '당연한 법리'라는 논리 밑에서 외국 국적 공무원에 대한 차별을 제도화한 가와사키시와 10년 이상에 걸쳐 교섭을 진행했습니다. 그 결과 '다문화 공생'의 본질은 다양성을 대의명분으로 한 세계적인 글로벌화 상황에서 외국인을 통제하기 위한 식민주의 이데올로기라는 결론을 내렸습니다. 외국인과의 '공생'은 국가나 지자체에게 외국인에 대한 '통치'와 동의어인 것입니다.

## '제2의 히타치 투쟁'으로

히타치 투쟁은 민족 차별을 용인하지 않으려는 싸움으로서 가장 중요한 인권투쟁이었습니다. 하지만 그것은 박종석의 입사로 원만히 해결된 과거의 '성공한 이야기'가 되어버렸습니다. 히타치 투쟁은 민족 문제의 범주로 수렴되고, 단지 민족 차별과 싸워 승리한 '신화'가 되고 만 것입니다.

그러나 박종석의 싸움은 히타치 입사 후에 새로운 양상으로 전개됩니다. 그는, 기업은 노사일체가 되어 노동자에게 아무 말도 못하게 하고 이익을 올리기 위해서 노동자를 가축처럼 다룬다고 회사를 그만둘 때까지 40년간 홀로 투쟁하면서, 노동조합위원장 선거에도 입후보하고(낙선했지만 30% 지지를 받은 적도 있습니다), 노동자들로부터 '삥땅'을 하는 조합에 대해서도 돈의 사용처를 공개할 것을 요구하는 등 고독한 싸움을 계속했습니다. 히타치가 박종석을 차별했음을 인정했음에도 불구하고 노동조합은 회사의 차별 체질에 대한 조합의 견해를 밝히지도 않았고, 오히려 히타치 투쟁을 완전히 무시했습니다. 히타치시는 히타치에 딸린 부락처럼 되어, 히타치 관계자가 입후보할 때는 사원들은 똘똘 뭉쳐서 전원이 그 후보자를 지지하도록 요구를 받았습니다. '개인'은 존재하지 않았습니다.

그러나 고독하게 싸워온 그가 퇴직을 하자 〈아사히신문〉은 그를 다른 저명인과 함께 '침묵하지 않는 삶을 선택했다'라는 제목으로 새로운 샐러리맨상으로 소개했습니다(2012년 5월 12일자). 그 전 해에 〈아사히신문〉은 '어떤 회사원의 정년'이라는 제목 밑에 그를 소개한 바 있습니다(2011년 12월 28일자). 히타치 취직 차별 재판투쟁의 당사자로서 승소하여 입사한 그가 회사 내의 풍토를 '불가사의하게 생각'하게 되고, 침묵을 강요하는 사내 분위기를 비판하는 삶을 계속해 온 것이 독자들로부터 큰 공감을 얻고 있다는 기사였습니다.

에피소드 하나를 소개합니다. 〈아사히신문〉이 한국의 〈동아일 보〉와 제휴해서 논문을 현상 공모한 적이 있습니다. 최종 심사까지 올라온 논문 중에는 히타치에서의 경험을 기록한 박종석의 논문이 있었습니다. 이 논문을 읽고 어떤 한국의 저명한 문화인은 "애써 히 타치에 입사했으니 고분고분 지냈으면 좋지 않으냐"라는 발언을 했 습니다. 저는 이 이야기를 같은 자리에 참석했던 다른 심사위원으로 부터 직접 들었습니다.

히타치 투쟁은 일본의 교과서에도 소개되어 '신화화'되면서 민족 차별과 싸워서 승리한 '미담'으로 기록되어 있지만, 박종석이 입사 후 에 겪은 일은 결코 언급되지 않습니다. 옛 보금자리인 가와사키시에 서도 박종석은 초대를 받은 적이 없습니다.

그는 입사 후 원만퇴사圓滿退社까지 40년간, 민족 차별 문제가 아 니라 대기업이 이익 우선주의를 내걸고 노사일체를 내세워 노동자 들에게 말을 못하게 하는 히타치의 체질에 반기를 들고, 열린 회사가 될 것을 요구하는 싸움을 계속했습니다. 박종석은 민족 차별과의 싸 움에서 승리하여 입사한 것은 사실이지만, 거기에 그치지 않고 그 후 불의·부정·침묵을 강요하는 회사 체제에 완강히 저항했던 것입니다. 본인은 사내에서의 고독한 싸움을 '제2의 히타치 투쟁'이라고 말했 지만, 실은 그것은 진정한 '제2의 히타치 투쟁'을 시작하기 위한 준비 기간이었습니다.

원만퇴직 후 비정규직 촉탁사원으로 히타치에 남은 그에게 그리 고 그를 지원하여 함께 싸워온 우리에게도, 진짜 '제2의 히타치 투쟁'

은 원전 제조사에 대한 소송이 되었습니다. 일본의 대기업인 히타치와 도시바 그리고 세계 최대급 기업인 GE 등, 원전 제조사들에게 후쿠시마 사고에 대한 책임을 지라고 요구하는 싸움 말입니다. '제1의 히타치 투쟁'은 민족 문제였지만, 이 '제2의 히타치 투쟁'은 인류의 존망에 관계되는 것이다. 그는 히타치 경영자들에게 원전사업에서 물러날 것을 호소하고 있다.

## 재일조선인의 상황 – 국민국가의 질곡

일본 시민들과 함께 싸웠던 국적조항 철폐운동은 공무원의 문호개방이라는 일정한 성과를 얻었습니다. 법률에는 국적조항이 없음에도 지방 국가공무원은 지금까지 일본인에 한정돼온 것입니다.

샌프란시스코 강화조약 체결시에 일본 정부는 내각법무국의 견해라면서 그 당시까지 많았던 조선인, 대만인 공무원들을 배제하기 위해서 '당연한 법리'로서 '공권력의 행사'와 '공적 의사 형성'에 관련된 직무는 일본인에 국한되어야 한다는 견해를 꺼내놓았습니다. 그 후 아직까지 이 '당연한 법리'는 지방자치체에서는 절대적인 기준이 되어 있습니다.

샌프란시스코 강화조약과 함께 일본 국적을 '정식으로' 상실한 조선인은 외국인으로서 배제와 차별의 대상이 되었습니다. '북한으로의 귀국운동'에도 그 배경에는 일본 정부가 조선인을 일본에서 추방하고 싶어 하는 은폐된 동기가 있었습니다. 빈곤한 삶을 살지 않을 수 없었던 조선인은 생활보호 대상이 되는 경우가 많았고, 그러한 조선인을 일본 정부는 북한으로 '귀국'시키고자 했던 것입니다.[8]

국민국가의 틀 속에서 일본은 외국인을 차별·배제하고, '자이니치'도 또한 새로운 조국에 자기 동일화하려고 했습니다. 여기에서도 통치자와 피통치자 사이의, 국민국가를 모든 것의 대전제로 삼는 불행한 일치가 보입니다. 지금 강조되는 '공생'도 어디까지나 국민국가를 대전제로 하고 있는 것입니다. 그러나 본시 사람에게 국민국가라는 것은 절대적인 것인가요? 사람은 민족·국적에 관계없이 자신이 사는 지역에서 인간으로서 살아갈 권리가 있는 게 아닌가요? 아이덴티티를 추구하는 '자이니치'의 모색은 이와 같은, 근대 사회에서 인간 존재의 근본이란 무엇인가를 묻는 지평에까지 이르지 않을 수 없습니다.

'자이니치'는 '버려진 돌'(마가복음 12:10)이라고 고뇌해온 저는, 그러나 국민국가로 수렴되지 않는 '자이니치'의 입장은 국민국가의 존재가치를 상대화하고 사람으로서 살아가는 것을 무엇보다 우선시하는 대단히 '혜택받은' 경우라고 생각하게 되었습니다. "우리의 국적은 천국에 있다"(빌립보서 3:20). 나는 개인의 안정이나 성공을 기원하는 구복적 신앙에는 비판적이지만, 기독교가 사람이 태어나 죽는 것, 절대자 앞에서 이 세상 모든 것을 상대화하는 것에는 압도적인 신뢰를 바칩니다.

일본에서는 지금 원전 재가동 반대운동이 저조해졌지만 그래도 원전에 반대하는 사람이 60%가 된다고 합니다. 많은 희생자를 냈고 방사능 오염 위험성이 증대했으며, 은폐됐던 사실이 점차로 폭로되어왔기 때문에 그것은 당연한 현상입니다. 그러나 그처럼 원전에 반대하는 운동이 확대되고, 소송도 많이 제기되는 가운데도 불가사의한 것은 후쿠시마 사고를 일으킨 원전 제조사에 대해서 그 책임을 묻는 자, 묻는 운동이 없었다는 점입니다. 압도적인 비판의 화살은 당연히 도쿄전력으로 향해져왔습니다.

그러나 3·11 이후에도 일본과 한국이 계속해서 원전 수출을 하겠다고 공언하고, 실제로 적극적으로 수출을 위해 움직이는 것을 보면서 저는 견딜 수가 없었습니다. 이와 같은 일이 허락될 수 있는가, 이토록 엄청난 피해자를 낸 원전을 그 원인도 밝히지 못했는데 어떻게 해외에 수출한다는 것인가. 여기서부터 저의 반원전운동이 시작된 것입니다.

일본의 독립(샌프란시스코 강화조약)과 함께 일본 사회로부터 배제·차별돼온 '자이니치'는 그 억압 가운데서 생활을 위해서 자신의 존재를 숨겨왔지만, 이제 새로운 역사를 열기 위해서 발걸음을 시작했습니다. "차별이 있어서는 안 된다, 그것을 인정할 수는 없다"는 강한 의지를 갖게 된 것입니다.

기존의 법률이 부당한 차별을 정당화하기 때문에 그 변경을 요구하는 국적조항 철폐운동을 해온 우리에게, 원자력손해배상법이라는 법률 때문에 원전 제조사의 책임을 묻지 않는 것은 결코 용납할 수 없는 것입니다.

"외국인의 인권을 인정해야 한다, 차별은 허용돼서는 안 된다"라는 인권의식이 일본 사회에서 널리 공감을 얻은 것은 사실입니다. 그러나 국민국가라는 틀은 의심할 나위 없는 것으로 당연시되고 있습니다. 이것은 일본인만이 아니라 자이니치(재일조선인)들도 마찬가지입니다. '자이니치'의 권리를 주장하거나 일본 사회의 문제점을 예리하게 비판하면서, "당신은 어디에 서 있는가"라고 일본인의 입장을 캐물어 왔던 어떤 '자이니치' 문화인도, 3·11 이후 분명해진 지역 사회의 붕괴를 목격하고, 실은 '자이니치'도 그 지역 사회를 변혁해나

갈 주체가 아닌가 하는 점에 이르러서는 태도가 불투명해집니다.[9]

실제로 일본 사회는 외국인을 받아들이지 않으려고 하는 체질이 강합니다. 그리하여 외국인이 본명을 쓸 권리를 존중해야 한다고 주장하는 일본인 가운데도 '자이니치'에 대해서는 본명으로 귀화하든지, 귀화하지 않으려면 외국인임을 스스로 인정하라고 말합니다. 이것은 일종의 협박인데, 역시 국민국가의 틀을 절대화하기 때문에 나오는 발언입니다.

저는 3·11이후, 지역에서 거주한다는 것은 민족도 국적도 관계없이 함께 재해를 당하고 죽는다는 사실을 뜻한다는 것을 목격했습니다. 그 후 저는 인터넷상에서 "민족, 국적을 초월하여 협동하여 지역사회를 변혁하자"라고 주장해왔지만, 인터넷 우익은 "거지같은 조센진! 일본에서 나가라!"고 저를 공격했고, 저는 세 차례나 '구글'도, 전자메일도 중지되고, 블로그도 쓸 수 없는 처지에 몰렸습니다. 아마도 이는 '구글' 자신의 정치적 판단이 아니라 인터넷 우익이 대거 저를 공격했기 때문에 자동적으로 패스워드를 사용할 수 없게 된 때문이 아닌가 하고 생각합니다. 그러나 저는 강한 확신을 갖고 세계 시민들에 의한 반핵 국제연대운동의 확산을 추구하게 되었습니다.


## 반핵 국제연대운동으로

원자력손해배상법이라는 원전 제조사의 책임을 면제해주는 법률이 있음에도 '자이니치'인 우리는 어떻게 원전 사고에 대한 책임을 추궁할 수 있을까요. 그것은 차별이 당연시되고 있는 일본 사회의 관습

한일반핵평화연대 모임

이나 제도, 지역 사회 속의 부조리에 도전해왔던 경험을 박종석이나 우리가 가지고 있기 때문에 가능하다고 생각합니다.

3·11 원전 사고에도 불구하고 일본과 한국이 원전 수출을 추진하고 있는 사태를 묵인할 수는 없습니다. 또한 그것을 정당화하고 있는 원자력손해배상법의 문제점을 간과하지 않고, 그 법률의 배경에 있는 글로벌리즘과 함께 전후 식민주의 체제라고 할 수 있는 원전 체제의 문제점을 밝혀내는 가운데서 원전 제조사에 대한 우리의 소송은 구체화되어왔습니다. 원전 문제를 에너지 문제와 일본 국내문제의 틀에 한정하지 않고, 원전 체제란 과연 무엇인가를 세계의 전후 역사 속에서 다시 검토할 필요가 있습니다. 그것은 다시 말하면, 국민국가를 대전제로 하는 지역 사회의 존재방식을 사람을 중심으로 하는 새로운 시점에서 고쳐나가는 일이 아닐까요.

그러나 유감스럽게도 한국에서는 원자력손해배상법이 가진 문제

한일반핵평화연대 모임

에 대해 대다수 국민이 관심이 없는 것으로 보입니다. 그것은 박근혜 정부가 세운 에너지 정책으로는 원전의 신규 건설이 불가피한데도 거기에 큰 반대운동이 없는 것과 관계가 있지 않을까요. 부산에서 가까운 고리원전의 경우만 생각해보더라도, 일본의 후쿠시마 제1원전 사고를 계기로 고리원전을 중지시키는 대신에 오히려 일본의 원전보다도 안전하다는 '신화'가 침투하고 있는 현실입니다. 원전을 폐쇄해야 한다는 여론이 전혀 높아지지 않는 것으로 보입니다.

한국도 일본이나 대만과 마찬가지로, 주민의 안전보다는 국책으로서의 원전 건설이 우선시되고 있습니다. 그러기에 피난 계획이나 사고가 일어났을 경우의 대책이 진지하게 이뤄지지 않고 있습니다. 그러면서 중국을 포함해서 아시아에 세계의 원전 중 절반가량이 건설될 계획이 세워져 있습니다.

국민국가의 틀을 넘어설 수 없는 한, 핵무기·핵발전으로 세계를 통제하고 있는 국제적인 원전 체제에 항거하는 것은 불가능합니다. 핵의 공포로부터 벗어나기를 원하는 시민들의 국제연대운동을 확산하는 것밖에 현상을 타파할 가능성은 없는 것으로 생각됩니다.

방사능도, 자본도, 국경을 넘어서 자유로이 넘나드는데 사람들은 국민국가의 틀을 절대시하고, 시민들끼리의 연대는 지난한 일이 되어 있습니다. 일본이 대만으로 수출한 첫 번째 원전이었던 제4원전을 폐쇄하기 위해서 대만에서는 작년에 25만 명이 데모를 했습니다. 대만에서는 올해에 우라늄을 사용한 임계실험을 시작한다고 합니다. 그러나 일본에서는 이 사실이 거의 보도되지 않고 있습니다. 아마도 한국에서도 마찬가지일 것입니다.

중국과의 자유무역협정 때문에 대만의 청년학생들이 현재 국회를 점거 중인데, 그들을 지원하기 위한 운동이 확대되어 50만 명이 데모에 참가했다고 보도되고 있습니다. 이 흐름은 타이베이에서 30Km 권내에 세워져 있는 제1, 제2 그리고 제3 원전에서 올해에 실시된다는 임계실험을 그대로 묵인하지는 않을 것으로 생각됩니다. 저는 현재 대만에서의 '혁명 전야'의 움직임이 반드시 원전 폐쇄운동으로 이어질 것이라고 생각합니다.

우리는 금년 9월에 'No Nukes Asia Forum 2014 in Taipei'를 계획하고, 반핵을 추구하는 아시아인들을 결집하여 대만의 민중운동을 지지하고 그들과 연대하려고 생각하고 있습니다. 특히 한국의 젊은이들이 밀양이나 영광, 삼척에서의 운동을 아시아 전체의 민중운동의 일환으로 파악하면서, 아시아인들과의 연대의 필요성을 강하게 의식하고 행동에 동참하기를 바랍니다.

이 책에 담은 졸론은 여는 말과 맺는 말 부분을 제외하고 20대 시절부터 모은 글 중에서 고른 글로 이루어져 있습니다. 기본적으로는 최소한의 수정만 가했습니다.

헤이트 스피치에 대한 법적 규제에 대해 이야기한 초반에는 다가이 모리오<sup>互盛央</sup> 저『일본 국민이기 위해서』(新潮選書, 2016)를 참고로 삼았습니다. 겹겹이 쌓아올린 사색으로 쓰인 문장에 매우 큰 자극을 받으며, 저는 그 의미를 자이니치 입장에서 다시 파악하려고 시도했습니다.

제1부의 '자이니치의 정체성을 찾아서'는 '개인으로부터 출발 ─ 자이니치 입장에서'라는 제목으로 1994년 3월 13일에 제 블로그에 포스팅한 글입니다. 〈아사히신문〉과 한국 〈동아일보〉가 공동 주최하는 논문 공모전에 지원했습니다. 이후 일본조선연구소의 〈조선연구〉에도 게재되었습니다. 제게는 가장 기억에 남는 일로, 제 성장 과정이나, 각 활동의 내용, 그 안에서 얻은 제 생각을 적은 것입니다.

제2부의 '새로운 출범 ― 사업의 세계로'는 장인어른이 돌아가시면서 제가 가와사키에서 지역 활동에 매진하고 있었을 때에 결단한 일에서 이야기가 시작됩니다. 가족에게서도 무모하다며 반대가 있었습니다만 저는 장인어른이 운영하던 스크랩 회수 일을 이어받았습니다. 그 후 다양한 비즈니스에 관계해온 경험을 기록한 것입니다. 사업은 운동의 세계와는 다르다고, 그런 '핑크빛 세계'가 아니라는 말을 자주 들었지만, 저에게는 망설일 여지가 없는 '진검승부'였습니다. 스크랩 회수업부터 시작해 식당 운영, 인형 제조판매 등 많은 일을 해왔지만, 모두 제게는 첫 도전이었고 눈앞의 현실에 맞서야 했습니다. 제가 뭔가 특별한 일을 하고 있다는 의식은 전혀 없었습니다. 그런 의미에서 제가 종사한 일은 가와사키에서의 지역 활동의 연장이었습니다. 그저 정신없이 지나온 시간입니다.

제3부의 이론은 가와사키에서의 지역 활동을 통해 마주해온 자이니치의 여러 문제에 대해 주제별로 쓴 것입니다. 다문화 공생의 실태를 들추어 '현실과 따로 노는' 다문화 공생 찬미의 위험성을 지적했고, 자이니치 인권론과 참정권 문제, 국적 조항 철폐 문제를 언급했습니다. 구체적으로는 가와사키시의 정부 견해인 '당연한 법리'를 전제로 해 그 제도화·구조화를 도모한 외국인 시책의 실태와 문제점을 몇 가지 관점에서 입체적으로 드러내고자 했습니다.

그리고 마지막 4장과 5장은 일본판과 한국판이 다른 부분입니다. 두 글은 모두 《녹색평론》에 게재했던 글로, 제2의 히타치 투쟁을 꿈꾸며 반핵 국제연대를 위한 최근의 저의 활동과 이야기들을 담았습니다. 이 글들은 어디까지나 제 '가설'에 근거한 현실 비판이지, 제가 옳다고 주장하는 건 아닙니다. 그러나 그 문제 제기는 현실로 존재하는 가와사키시의 외국인 시책의 문제점에 대한 지적입니다. 표면적인 주장이나 슬로건으로 끝내지 않고, 현실을 직시해 보다 좋은 지역사회를 목표로 하고자 했습니다. 돌멩이라도 하나 던져 자그마한 파동이라도 만들어보자는 생각으로 썼습니다.

최근에 미국에서는 흑인 청년이 백인 경찰관에게 살해된 것에 항의하여 전미적으로 BLM(Black Lives Matter) "흑인의 생명은 소중하다"라고 호소하는 운동이 퍼졌습니다. 저는 그 뉴스를 듣고, "재일의 생명은 소중하다"라고 호소하고 싶다고 생각했습니다. '생명'은 생명인 동시에 사람답게 살아야 한다는 것입니다.

저는 제가 재일조선인이라는 것은 어떤 것인가 고민하고, 어떻게 살면 좋을지 계속 생각했습니다. 이 책은 대학생 때부터 75세인 지금에 이르기까지 써 모은 원고를 손질하여 편집한 것입니다. 저는 제가 직접 쓴 글을 출판하려고 생각하지도 못했기 때문에 실현되는 것에 '사람의 인연'을 강하게 느낍니다.

이 책이 출판에 이르기까지 정말 많은 분에게 신세를 졌습니다. 고 니시카와 나가오 씨에게서는 국민국가라고 하는 것이 본질적으로 어떠한 것인지에 대해 저작물을 넘어 개인적인 교제를 통해 많은 가르침을 받았습니다. 국민이라고 하는 것은 확실히 국민국가의 주변부에서 살아가는 자이니치의 존재에 대해 사고하는 시점을 제시해주셨습니다. 우에노 치즈코 씨는 대학원에 갈 생각을 하던 제게 "그러지 말고 자기 책을 내라"고 조언해주신 것이 계속 머릿속에 남아 있었습니다. 요코하마 국립대학의 가토 치카코 씨는 항상 제 곁에서 격려해주시고, 역사적인 시점에 입각해 현상을 깊고, 다각적으로 파악하는 것의 중요성을 가르쳐주셨습니다.

그리고 무엇보다 제가 포기하지 않고 이 책을 끝까지 쓴 것은 한일 반핵평화연대의 동료들 덕분입니다. 일본 측 대표인 기무라 고이치 목사, 한국의 이승무 대표, 김용복 박사를 비롯한 존경하는 동료들과 함께 활동할 수 있었던 것이 무엇보다도 제게 큰 힘이 되었습니다. 이 활동을 통해 한국인 원폭 피해자들이 많이 사는 경상남도 합천을 매년 8월에 방문해 포럼을 개최해왔습니다. 제 책이 나오면 꼭 합천의 원폭 피해자 종합복지회관에 기증하고 싶습니다. 원폭 피폭 한국인들은 히로시마와 나가사키의 원폭 투하에 대한 미국 정부의 책임을 묻는 재판을 미국 내에서 제소하는 준비를 하고 있는 것으로 알고 있습니다. 그들의 투쟁이 향후 전 세계적인 반핵운동으로 확산해나가기를 바랍니다.

마지막으로 저같이 언제 어디서나 말썽을 일으키는 인간을 이해해주고, 포용해주고, 함께 걸어와 준 제 아내 조경희에게 진심으로 감사드립니다.

2020년 10월
최승구

# 최승구 선생님의 책을 읽고

김용복 박사 | 아시아태평양 생명학연구원 원장

　재일 한국인/조선인, 즉 자이니치 인간해방운동가 최승구 선생의 자전적 이야기는 동아시아 역사 변혁에 새로운 해석학적 지평을 제시하고 있습니다. 이 저술은 20, 21세기 동아시아 역사 변혁 운동의 새로운 실천적 맥박을 짚어줍니다. 자이니치 해방운동을 통하여 동아시아 해방적 역사 변혁의 심연에 진입하게 해주는 최승구 선생의 자서전은 이 시대의 창조적 지성의 모습을 보여주는 이야기입니다.

　저는 1970년대 미국 프린스턴 신학대학원와 동 대학원에서 동아시아 현대 지성사를 맥락으로 하는 기독교민중운동론을 연구하던 중 일본에서 연구 겸하여 한국 민주화운동의 국제적 연대활동을 도우러 체류하면서, 당시 대학을 갓 졸업한 최승구 선생을 만난 적이 있습니다. 그는 당시 자이니치 운동을 지원하기 위해 가와사키에 새로 창설된 지역공동체 RAIK(Research Action Institute for Koreans in Japan)라는 자이니치 운동기관에서 연구원으로 활동하고 있었습니다. 이 인연이 최 선생의 자이니치 인권운동을 이해하는 데 새삼 깊은 감회를 줍니다.

자이니치 해방운동 주체로서 최승구 선생은 본인의 역사적 주체성을 생명체(생명권), 인간 주체(인권)로 인식하게 되는 이 결정적 계기를 1970년대 일본 히타치 회사의 자이니치 박종석 씨에 대한 차별에 저항하는 생존적 인권운동에 참여하는 여정에서 만납니다. 최승구 선생의 자이니치 자기 주체 설정은 일본 자본주의 경제의 최상 실체인 히타치가 자이니치 박종석을 차별하는 사건과 이에 저항하고 이를 극복하는 연대 운동에서 구성되고 전개됩니다. 여기서 최승구 선생의 생명체로서 인격체로서의 주체가 구성되고 자이니치 해방운동에서 그의 삶을 형성하게 됩니다.

# 1

최승구 선생은 자이니치 해방운동의 자전적 서술로서 가족 공동체의 이야기, 즉 가족 생명 공동체의 배경을 서술합니다. 그의 가족사와 성장 이야기는 자이니치의 역사적 실존을 여실히 보여줍니다. 그는 우리 민족사의 운명적 전환기인 1945년 12월 초에 일본 오사카에서 태어났습니다. 이 시기는 정치 사회적으로 극심한 혼란기였을 것입니다. 일제 식민통치 말기에 부친은 황해도에서 만주를 거쳐 일본에 생존의 길을 찾아온 분이었고, 모친은 대구에서 역시 생존을 위해서 일본으로 밀항하여 온 가족의 따님이었습니다. 최승구 선생의 가족사와 그의 성장사는 정치 사회적으로 자이니치의 갖가지 시련을 극복하는 생존 투쟁의 이야기였습니다. 그의 생명 공동체인 가족사와 성장사는 자이니치 공동체의 정치·사회·문화적 실상을 여실히 반영하여 줍니다. 최승구 선생의 이러한 생명 전기는 자이니치 해방운동의 생명 직조(life texture)를 형성하여 줍니다.

요약하자면 최승구 선생의 자이니치 해방 운동은 자이니치의 정
체성을 추구하면서 전개하는 한 자이니치 인간 생명체의 자전적 이
야기입니다. 한 자이니치 지성인의 실존적 삶의 생명 전기입니다. 이
는 한 사상가의 사색과 다르고 사회과학자의 연구와 다릅니다. 한 생
명 주체의 실제 생존 투쟁의 이야기입니다.

**2**

이 책은 자이니치 해방과 생존 투쟁의 역사적 틀을 엮습니다.

1945년 12월 초에 일본에서 태어난 생명의 주체 최승구는 근대
동아시아의 치열하게 변화되는 지정학적인 소용돌이 속에서 '자이
니치'로 삶을 시작합니다. 그는 1945년 특히 한·일 정치사의 소용돌
이 속에서 엮어지는 가정 즉 가족 생명 공동체에서 생명 주체로서 줄
기차게 성장합니다.

일제 식민지 통치에 밀려서 황해도 신천에서 만주 간도로 추방된
부친과 대구에서 밀항하여 오사카에 삶의 터전을 찾게 된 외가의 따
님인 모친 사이에 태어난 것입니다. 최 선생의 가족 생명 공동체의
이야기는 자이니치 최승구의 삶의 터전의 설화인 것입니다. 최승구
선생의 성장 과정에 대한 서술은 자이니치로서 삶의 실타래를 심도
있게 풀어갑니다. 이 생명 공동체에서 성장하는 이 자이니치 생명 주
체의 이야기는 창조적이고 질긴 주체일 수밖에 없게 이어집니다. 최
선생의 전기는 이 생명 공동체에서 행복하고 줄기차고 치열하게 성
장하는 이야기로 엮어집니다. 이는 최승구라는 인격이 고유한 생명
주체로서 자이니치라는 살림살이의 공간에서 태어나 삶의 여정을

치열하게 헤치며 살아오면서 경험하고 투쟁하고 생각하고 대화하고 공부하면서 사색하면서 기록한 자전적 기록입니다. 가족 공동체 살림살이를 영유하면서 동시에 일본 사회, 자이니치 지역공동체와 자이니치 또래들과 교호 성장하면서 그의 삶이 이어집니다.

최 선생은 자이니치 경제적 삶의 경영자로서 근대 자본주의의 저변과 주변에서 자이니치가 겪어야 했던 사회·경제적 활동도 줄기차게 전개했습니다. 자이니치 최승구 선생의 삶은 가족 생명 공동체의 경영자로서 전개되었으며 그의 가족 생명 공동체가 한·중·일·미의 4개국을 넘나들면서 이루어졌고, 이 틀이 아직도 지속되고 있습니다. 그의 생명 전기는 국민 국가의 근대적 틀에 얽매이지 않고 초월하고 변혁하는 지평의 전개로서 국적과 국경에 의해 규정되지 않습니다.


### 3

자이니치 최승구는 일본에서 위치하여 삶을 영위하는 이상, 일본 사회와의 관계에서 자기 정체성과 주체성을 형성해 갑니다. 거시적으로는 자이니치에게 일본 정치사는 식민지 지배의 역사였고, 자이니치의 생명체는 식민지 정치체제와 그것이 의미하는 모든 것을 거부하고 극복하는 것이었습니다. 일본 식민지 체제는 단순히 일제의 조선에 대한 식민지 지배의 역사에 그치지 않고, 현재 일본 정치 구조와 관행, 한국과 조선과의 국제관계, 나아가서는 미국과 중국과의 관계에서 식민지 유산을 지니고 있다고 파악하고 있습니다. 특별히 일본 안에서는 식민지 기본 정체로서 국민국가와 그 틀의 현존 정치 구조와 국민국가의 '당연한 법리'로 작동되는 모든 정치질서가 식민지 유산의 잔존으로 이해되고 있습니다.

나아가서 일본의 국민국가는 천황제라는 틀 안에서 황국신민으로서의 일본 국민의 정체성이 유지되어 자이니치는 이 현실에 직면하지 않으면 안 됩니다. 한반도가 천황 식민 체제에서 내선일체와 창씨개명과 동화정책을 경험했던 것과 마찬가지로 현금에서도 일본 내에서 이런 정치적인 역동 과정이 작동하면서 자이니치에게 일본 이름을 사용하게 하고, 일본 교육을 받게 하고, 문화적으로 동화하게 하며, 정치적으로 귀화를 강요하는(?) 현실을 자이니치는 경험합니다. 이것이 현재하는 식민지 유산입니다. 1953년 샌프란시스코 조약 이후 일본 정부의 수립과 한국인, 조선인, 대만인 등 외국 국적을 취득한 시민들을 귀화 일본인, 영주권 보유의 외국인들이 자이니치의 억압을 경험하고 있다는 서술입니다.

동시에 과거의 동아시아, 태평양, 아시아에서의 일본 식민지 정복 및 통치사와 식민지 전쟁사도 아직 청산되지 않았고, 피식민지 민족 국가와 민족들의 삶에서도 탈식민지화가 이루지지 않은 상태에 있다는 것입니다. 전후 외교관계에서도 탈식민지화가 이루어지지 않은 상태입니다. 이러한 역사 현실을 자이니치로서 최승구 선생이 간파하고 있으며, 이를 적나라하게 노출하고 있습니다. 일본 식민주의 지배 체제는 아직도 일본 내부에서도, 동아시아에서도 해체되지 않았다는 것이 최승구 선생의 역사 인식입니다.

이런 식민지 체제 권력과 그 유산은 식민 지배의 근간 정치체제인 국민국가 권력과 법리를 통해 일본 사회와 일본인에게도 그리고 일본에 있는 자이니치를 비롯한 외국인 그리고 동아시아에 있는 시민과 민족들에게 억압적 요인으론 작동하고 있다는 것입니다. 따라서 탈식민지화의 역사적 과제는 다차원적으로 그리고 포괄적으로 실현 되지 않으면 안 된다는 것입니다.

**4**

자이니치 해방 투쟁과 자이니치 생명권 인권운동은 이런 의미에 서 탈식민지 운동의 포괄적 현재 진행형 해방운동입니다. 이것이 최 승구 선생이 주장하는 자이니치 해방운동의 틀입니다.

1) 자이니치 최승구 선생에게 개인 인격의 정체성과 주체성 문제 는 고민거리였습니다. 우선 문화적으로 일본 교육 체제 속에서 성장 하고 일본 사회·문화 속에서 일본어를 구사하고, 일본화된 이름을 사용하는 문제가 고민거리로 떠올랐습니다. 국적상으로 일본 국민, 일본인 아닌 외국인 특히 한국/조선인으로서 성장하면서 문화적 정 체성은 식민주의 문화에 동화되는 현실이 고민이 아닐 수 없었습니 다. 이런 상황에서 한국어를 배우고 이름을 한국어로 사용하는 민족 문화적 정체성을 회복하는 발걸음도 필요했습니다. 그러나 최승구 선생은 역사적 정체성의 필요성을 강하게 느끼는 상황에서 포괄적 인 탈식민지화 과정이 필요하다고 생각했으며 이와 함께 최 선생 개 인의 주체성 문제도 고민거리로 떠오르게 되었던 것입니다. 그는 한 국/조선의 민족적 정체성은 역사적 항일 민족적 정체성의 차원도 있 었지만 민단이나 조총련 같은 민족 단체들의 정체성 표현만으로는 자이니치의 정체성을 규정하는 것은 미흡하다고 생각했습니다. 자 이니치의 정체성 고민은 일본 사회와 한반도에 과거와 현재에 존재 하는 식민지 유산을 철저히 넘어서는 것이 아니면 안 되었습니다. 이

는 일본의 식민지 국체를 넘어서고 식민지적 국민국가의 틀을 넘으며 그 사회·경제적 틀과 문화적 늪에서 해방되는 것이었습니다.

2) 이런 자이니치의 정체성과 주체성은 추상적인 문제가 아니었고 구체적 현실로서 제기되었습니다. 우선, 자니치의 정체성과 주체성은 그 어떤 경우에도 한 생명체 인격으로서 차별받지 않는 존재여야 했습니다. 이런 지경에 처하여 있을 때 최승구는 1970년대 한국 민주화운동과 지역 민중운동에서 대단한 영감을 받은 것으로 여겨집니다. 자이니치의 정체성과 주체성 문제는 정치이념적 허울을 넘어서고, 근대 국가의 국가주의적 '당연한 법리'의 한계를 넘어서 지역 민중의 직접 참여를 통한 창조적이고 광활한 지평을 확보하는 방향으로 움직였던 것 같았습니다.

3) 최승구 선생은 자이니치의 해방 투쟁의 보루를 가와사키 지역 공동체 안에 직접 참여에 의한 기반을 구축하고 발전시키는 대단한 '생명 공동체의 실체 형성'을 이루었던 것 같습니다. 이 과정에서 근대 국가의 당연한 법리의 틀 안에서 실험된 '다문화 공생'의 이론과 실천의 한계와 문제점을 간파했고, 나아가서 지방 행정에서 주민과 시민의 직접 참여적 정체(POLITY OF DIRECT PARTICIPATION IN OPEN LOCAL GOVERNANCE)의 비전을 제시했으며, 이것이 결국 국민국가의 차별적 성격을 극복하고 열린 지역 공동체를 이룬다고 전망했습니다. 이 과정은 국민국가의 틀을 넘어서 초국적 연대의 지평, 즉 국경을 초월하는 열린 참여의 공동체를 위한 유대 형성의 길에 대한 비전을 제시하고 있습니다.

**5**

　최승구 선생은 2013년 일본 지진으로 일어난 후쿠시마 원전 사고 이후 현재 아시아탈핵평화연대를 구축하면서 시민의 초국적 직접 참여를 통해 전 지구에게 예시된 핵의 저주, 히로시마/나가사키 핵폭탄 투하 문제에 대한 국제적 심판과 후쿠시마 원전 사고를 계기로 야기된 핵산업화 중단을 위한 연대운동을 구사하고 있습니다.

　저는 자이니치 최승구 선생의 삶의 이야기와 생명평화운동의 지혜가 새 시대를 위한 동아시아 새 역사를 촉매하리라고 믿습니다.

# 최 선생에게 배우는 전후 일본사

가토 치카코 | 요코하마 국립대학 교육학부 교수

최승구 선생(이하 '저자')과의 만남은 2007년 5월 어느 날 저녁, 한 통의 전화에서 시작되었다. 용건은 가와사키에서 '다문화 공생'에 대해 논의하는 연구집회를 추진하겠으니, 이에 대해 의견을 듣고 싶다는 내용이었다. 당시 나는 근무처인 요코하마 국립대학 교육인간과학부에서 '차이와 공생'이라는 프로젝트를 진행하고 있었다. 그해 2월에는 '다문화 공생의 현재'라는 심포지엄을 요코하마시의 국제회의장에서 개최하고 있었다. 그 사실을 대학 홈페이지에서 보고는 연락처에 있던 내 연구실에 전화를 걸었다는 말을 들었다. 1970년대의 '히타치 투쟁'을 비롯해 가와사키에서 지역운동을 하는 자이니치라는 자기소개도 있었던 것으로 기억한다.

이튿날 저녁, 나는 연구실에 오신 최승구 씨에게 오랜 시간에 걸쳐 이야기를 들었다. 중간부터는 히타치 공장에서 일을 마친 박종석 씨도 합류했다. 그때 내 메모 기록을 뒤져보면 당시 저자의 이야기는 이 책의 제1부와 겹친다. 1970년대 당시 19세이던 박종석 씨가 일으킨 히타치 취업 차별 재판과 이를 뒷받침한 히타치 투쟁과 자신의 행적, 이후 운동의 경위에 대한 자세한 설명이 있었음을 알 수 있다. 특히 히타치 투쟁 이후 자이니치가 모여 있는 가와사키사쿠라모토에서 시작한 지역 활동과 활동의 핵심이 된 세이큐샤에서의 일화들, 자신이 왜 그 활동에서 벗어나야 했는지, 그리고 현재 다문화 공생이라는 슬로건을 표방하는 가와사키시의 문제점을 강하게 지적했던 모습이 인상에 남아 있다.

나는 '자이니치 활동가'로 불리는 사람의 첫 대면에서 직설적인 이야기에 당혹감을 느끼면서도 그 내용에 압도당했다. 당시 저자의 말을 경청하는 과정에서 충분히 이해했다고는 할 수 없지만 공생을 비판적으로 보고 그 문제를 생각한다는 저자의 문제의식에 공감하는 대목이 있었다. 자이니치에게는 지방공무원이 되는 길이 열려 있는 것처럼 보이면서도 월급과 직무가 한정돼 있는 것, 가와사키 시장이 내뱉은 "외국인은 2급 시민"이라는 발언 등에 대해서도 처음 듣는 이야기였다. 현재의 가와사키시에는 세이큐샤의 멤버도 참여해 '공생'을 주창하고 있지만, 이로 인해 다양한 문제가 은폐되고 있다는 취지의 말도 이해할 수 있었다. 그리고 3시간을 넘은 대화가 끝날 무렵에는, 7월 가와사키에서 개최한다고 하는 '다문화 공생을 생각하는 연구집회'에서 코멘테이터를 맡게 되어버렸다. 그 연구집회의 주된 발제자가 최일선의 페미니스트 학자 우에노 치즈코 선생이라고 듣고 놀랐다. 벌써 우에노 선생에게 나의 참여에 대해 양해를 얻었다는 것이었다.

그날 밤, 나는 두 분에게 받은 명함의 '최승구', '박종석'의 이름이 계속 생각났다. 집에 돌아오자마자 연구자료의 한 권으로 소장하고 있던 책을 펼쳤다. 1974년에 간행된 그 책, 박종석 군을 지원하는 모임에서 펴낸『민족차별: 히타치 취직차별 규탄』(亜紀書房)에 게재된 좌담회의 필두 참가자 명단에서 '최승구'라는 이름이 있는 것을 확인했다. '박종석'이란 이름으로 쓰인 '취업 차별 재판상신서'를 다시 읽었다. 바로 내가 연구 대상으로 삼는 역사적 자료의 등장인물들이 30년의 세월을 넘어, 현재의 내 앞에 나타났다는 사실은 대단히 충격적인 것으로 당시의 감회를 잊을 수 없다.

사실 정확히 그 시기에 나는『고도경제성장의 시대』라고 하는 시리즈 책에 게재할 원고를 쓰고 있었다. 도시의 발전과 풍요의 시대로 일컬어지는 일본의 고도 성장기를 '주변'이라는 관점에서 다시 볼 필요가 있다고 생각했다. 노동자 간 격차나 빈민가 문제 등과 함께 자이니치에 대한 취직 차별을 다루려던 참이었다. 원고의 구상은 물론 초고도 거의 다 완성된 상태였다. 하지만 그것을 저자에게 보여드렸더니 호되게 비판을 받고는 처음부터 다시 써야만 했다. 무엇보다 중요한 당사자로부터 얘기를 듣지 않고 다 이해하고 있다는 듯 써내려간 것이 큰 문제였다. 지금 생각해도 저자와 박종석 씨와의 우연한 만남은 역사연구자를 자처했던 나 자신의 안이한 자세를 뿌리째 흔드는 것이었다고 새삼 느낀다. 덧붙여 그때의 원고는 전면적으로 다시 써서〈'주변'층과 도시사회: 가와사키의 슬럼가에서〉라는 제목으로, 오오카도 마사카츠大門正克 외 편,『고도성장의 시대 3: 성장과 냉전에 대한 물음』(大月書店, 2011)에 수록되어 있다.

그렇게 나는 전혀 예상하지 못한 채 저자를 만났다. 2개월 후에는 공생을 생각하는 연구집회에 주최측으로 참석하게 되었다. 집회 후에도 스터디나 작은 모임이 이어지는 가운데 공생을 생각하기 위한 책의 출간으로 나아갔다. 이 책은 집회 후 1년 뒤인 2008년 7월 출판사 신요샤(新曜社)에서 간행했다(최승구·가토 치카코 편,『일본에서 다문화 공생이란 무엇인가: 자이니치의 경험에서』). 독자 여러분들께서 지금 보고 계신 이 책과 함께 꼭 읽어주셨으면 한다.

이때부터 현재에 이르기까지 나는 저자의 뒤를 열심히 쫓아온 것 같다.

*　　　*　　　*

『일본에서 다문화 공생이란 무엇인가』의 맺음말 첫머리에 저자는 다음과 같은 말을 했다.

> 20대 때부터 나는 자이니치란 무엇인가, 자이니치로서 어떻게 살아가면 좋을지 계속 고민해 왔습니다. 그로부터 40년이 지나 환갑을 넘겼습니다. 지금도 끊임없이 계속 모색하고 있습니다(앞의 책, 252쪽).

그 책이 쓰인 후 12년이 더 지나서 나온 된 이번 책은 여기서 쓰인 '자이니치란 무엇인가, 자이니치로서 어떻게 살아야 하는가', 즉 자이니치 정체성 모색의 매우 구체적이고 개인적인 과정과 이를 통해 획득해나간 사상을 다루고 있다.

'자이니치란 무엇인가, 자이니치로서 어떻게 살아야 하는가'라는 저자의 물음은 지금까지도 전후 일본 사회 속에서 소수자 위치에 있어온 자이니치 2세들로부터 자신과 일본 사회를 향한 고민과 함께 끊임없이 제기되어온 절실한 질문이었다고 할 수 있다. 전후 일본은

1950년대 초기의 한국전쟁을 계기로 경제 성장으로 나아가지만 부흥·성장의 시대라고 일컬어지는 전후사의 균열에는 이 어려운 문제에 시달렸던 많은 자이니치 2세가 있다. 1950년대 살인범으로 사형선고를 받은 이진우, 1960년대 김희로, '항의탄원서'를 남기고 자결한 와세다 대학 재학생 양정명(야마무라 마사아키)이라는 이름이 떠오른다. 『일본에서 다문화 공생이란 무엇인가』에는 이 책에 등장하는 1970년 히타치를 상대로 19세에 재판을 시작한 박종석도 물론 등장한다.

여기서 저자의 독특함에 주목해보자. 저자는 동시대 자이니치 2세들의 고뇌를 자신의 것으로 짊어지면서도, 그 고뇌 끝에 자타를 부인하지도, 또 다른 이상화된 '비빌 언덕'(대부분 조국)에 매달리지도 않는다. 굳이 표현하자면 저자는 철저히 '자이니치란 무엇인가' 하는 물음에 고집하는 것이라고 할 수 있다. 그렇다면 저자가 '자이니치'란 무엇인가를 고집한다는 것이 무슨 의미인가? 저자는 '자이니치'라는 위치에서 이런 고통을 수반하는 물음을 소수자에게 강요하는 사회의 존재방식을 조사하는 방법을 찾아냈다고 생각한다. 그러면서 '자이니치'라는 존재 자체가 사회의 일면을 반영하는 개념일 수밖에 없다는 점을 간파했다.

이진우와 김희로, 양정명 등이 스스로를 혹은 타인을 죽이기까지 내몰린 배경에는 식민지주의를 내재한 채 전후 부흥을 이뤄 경제 성장을 구가하는 일본 사회가 만들어온 자이니치에 대한 배제 및 차별 구조가 자리 잡고 있다. 게다가 사회의 다수자에 속하는 '일본인'은 이 배제·차별의 구조를 거의 알지 못하고 살아갈 수 있었다. '자이니치란 무엇인가'라는 질문은 바로 그 전후를 살아온 '일본인'들에게 제시되어야만 한다. 저자가 철저히 자이니치에 고집한다는 것은 자신과 동시대 자이니치들을 사로잡고 있는 전후 일본 사회의 '배제와 차별의 구조'를 꿰뚫고 거기에서 해방의 길을 찾으려는 것이었다.

그러나 한편으로 주목할 점은 저자가 자이니치를 고집하는 동시에 개인을 중시하고 있다는 점이다. 그것은 이 책의 (원)제목이 『개인으로부터 출발』이라고 되어 있는 것에서도 분명하다. 자이니치를 고집하는 저자가 '개인'이라는 표현을 쓴다는 것은 일견 모순으로 보인다. 일반적으로 '자이니치'란 민족적 동일성을 근거로 집단적인 관계를 맺고 있는 일본 사회 속의 소수파로 파악될 수 있을 것이다. 그러나 현재 저자에게 '자이니치'란 민족이라는 본질적으로 고정된 특정 집단을 지칭하는 것과는 의미가 다르다. 그가 말하는 '자이니치'란 식민지주의에서 비롯된 차별과 배제를 계속 온존하면서 성장으로 치닫는 일본 사회에서 그 왜곡과 억압을 한 몸에 받게 된 자들을 가리킨다. 그렇다면 '차별을 구조적으로 안고 있는 사회 속에서 고통을 느끼면서도 좀 더 인간답게 살기를 원하려는 민중'이라는 의미에서 '개인'을 이해할 수 있을 것이다. 여기에 모순은 없다. 다만, 그 '개인'이란 결코 단독으로 고립된 것은 아니고, 끊임없이 다양한 사람들과 상호작용하여 서로를 움직이는 힘을 가진 '개인'이기도 하다는 점도 덧붙여두고 싶다.

*    *    *

이 책은 3개부로 구성되어 있다. 독자 여러분은 자유롭게 읽어주시면 좋겠다. 나는 제1부와 제3부를 중심으로 특별히 주목했던 내용인 최씨의 '자이니치 정체성'의 모색, 그리고 '개인'의 위치에서 새로운 과제로 향하는 과정에 대해 써두고 싶다.

제1부는 저자의 가족사에서 시작된다. 고등학생 시절 저자가 본명을 밝히면서도 자이니치란 도대체 누구인가라는 고민에 사로잡힌 사연이 나온다. 여기서 가슴 아픈 부분은 그 고민이 조선인이라는 사실을 의심하고 그 사실을 있는 그대로 받아들이지 못하는 데서 비롯되었다는 것이다. 저자는 자이니치임을 외치는 것에 대해 다음과 같이 말한다.

"동화되고 차별되어온 사람의 일본인 사회에 대한 분노와 고발을 중심으로 한, 그러나 자기 자신은 일본인이나 본국 사람과도 다르다고 의식되어온 격정의 발로이며, 왜곡된 인간성을 되찾기 위한 필수 불가결한 작업이었습니다."

이 '작업'은 1971년 박종석의 취직 차별 재판을 계기로 하는 '히타치 투쟁' 속에서 이루어지게 되었다. 히타치 투쟁은 재판 과정에서 민족 차별의 역사와 현실을 밝히고 히타치의 민족 차별을 인정한 판결을 이끌어낸 것으로, 자이니치 권리 향상의 사례로 사회교과서에 실릴 만큼 중요한 역사적 사건이다. 그러나 저자 자신은 자이니치의 권리와 민족적 자각의 획득에 그치지 않고 인간으로 어떻게 살아야 하는가를 배웠다는 것으로 그 의의를 회고한다.

히타치 투쟁과 동시기인 박정희 정권하 2년간의 한국 유학 또한 그의 모색 행보에 큰 의미를 부여했다. 저자는 민족의 '진짜 모습'을 찾아 모국인 한국으로 유학했지만 실제로 본 것은 식민지 지배에 의해 왜곡된 민족관이었다고 한다. 여기서 자신의 분명한 정체성을 되찾기 위해서는 한반도 조국에서 '진짜 모습'을 찾을 것이 아니라, 스스로가 새롭게 싸워나가지 않으면 안 된다는 것을 깨닫게 된다. 더욱 중요한 것은 왜곡된 민족관 해방의 희망을 정부·경찰과 충돌하는 격렬한 정치적 시위보다는 빈민가 교회를 거점으로 활동하는 청년들의 활동에서 찾고 있다는 점이다. '억압되어온 민중이 주체가 되도록 지역 주민을 조직하고 주민들 자신의 권리를 요구하는' 활동을 접하는 일이다. 이러한 경험이 히타치 투쟁 후에 가와사키 사쿠라모토의 지역 활동으로 이어져 '지역 사회'를 중시하는 저자의 가치관이 된 것은 확실하다.

하지만 다음 저자의 큰 전환기는 그 지역 활동 속에서 나타난다. 저자가 주축이 돼 구상한 지역 활동 '민족 차별과 싸우는 보루의 만들기'는 조선인이기를 꺼려 현실에서 어떻게든 도피하고 싶은 동포의 자녀들이 인간답게 자라기를 바라는 것이었다. 히타치 투쟁으로부터 지속돼온 운동체는 민족 보육을 시작한 사쿠라모토 보육원과 함께 활동을 추진했다. 여기서 저자는 운동체가 표방한 이념과 실제 지역 주민이 요구하는 것의 차이를 깨닫게 되었다고 한다. 결과적으로 저자는 지역을 벗어나는 선택을 하지만 '보육원 어머니들의 문제 제기' 부분에 그간의 경위가 상세히 적혀 있다. 여기서 저자가 민족 차별과 싸운다는 운동이념을 지키기보다 한 명 한 명의 아이들을 정성껏 돌봐야 한다는 어머니들의 문제 제기를 더 중시했다는 점에 주목해야 한다. 저자의 '개인으로부터'라는 가치관은 이때부터 더 뚜렷해지지 않았나 싶다.

　　　　*　　　　*　　　　*

　차별이나 억압에 항거하여 인간의 해방을 목표로 한 운동이 종식
된 후 그 조직이 지역에 뿌리내리는 한편, 행정과의 일체화를 추진하
게 되는 가운데 권위적인 존재가 되어 복잡하고 다양한 주민의 요구
를 외면하게 된 문제는 일본에서 1970년대에 고양된 시민운동과 주
민운동의 대부분이 1980년대에 나타낸 양상과 맥락이 일치하고 있
는 것으로 보인다. 이 흐름을 타지 않고 개인의 가능성을 짓누르려는
사회의 벽에 맞서 끝까지 싸워온 저자의 문제 제기를 다시 한 번 생각
해보는 의미는 크다.

　이와 같은 행보를 토대로 각 사건의 지점에서 쓰인 칼럼을 모아둔
것이 제3부이다. 제3부의 배경으로 꼭 잡아야 할 것은 1994년에 도
쿄도를 상대로 낸 한국 국적의 보건사 정향균 씨의 소송이다. 저자는
이 재판을 접하면서 외국적 공무원의 승진이 당연한 법리에 의해 가
로막히고 있음을 알게 됐고, 아직도 자이니치 앞에 큰 벽이 가로막고
있는 현실을 재인식하게 된 것이다. 게다가 공무원 채용시의 국적조
항이 철폐되어 외국 국적자에게 '문호 개방'이 이루어졌다는 가와사
키시에서도 마찬가지로 '당연한 법리'에 의한 직종·승진의 제한이
행해지고 있는 것을 알면서 가와사키시에 대한 저자의 운동은 다시
시작되었다.

　정향균 씨가 추궁하고 저자가 새로 발견한 '당연한 법리'란 "법 명
문 규정이 존재하지는 않지만 공무원에 관한 당연한 법리로서 공권
력 행사 또는 국가 의사 형성에 참여하는 공무원이 되기 위해서는 일
본 국적을 필요로 하는 것으로 해석해야 한다"고 말한 내각법제국이

1953년 3월 25일 내놓은 견해다. 패전 후의 일본이 새롭게 단일민족적 국민국가 설립을 도모해나갈 때 구식민지 출신자인 조선인·대만인의 일본 국적을 박탈함과 동시에 '공권력', '국가 의사 형성'에 관계된 자리에서 그들을 배제하려는 의도를 나타낸 것으로, 전후 '국민국가'의 틀과 불가분의 것이기도 하다.

저자는 아직도 폐기되지 않은 이 당연한 법리야말로 현재 일본의 지역 사회에 존재하는 차별의 근간에 있는 논리라고 본다. 제3부의 논고에서 일관되게 주장되는 것은 당연한 법리, 나아가 차별을 내재한 국민국가의 논리를 추궁하고자 하는 문제의식이다. 그가 지향하는 것은 열린 지역 사회를 만드는 것이다. 하지만 이를 실현하려면 당연한 법리, 그리고 국민국가의 논리와의 대결이 불가피하다.

세계화의 진전은 일본·지역 사회가 외국인과의 공존하는 일에 대한 과제를 낳았다. 행정이나 민간단체도 '(외국인과의) 공생'을 표방한 다양한 시책을 추진하게 되었다. 그러나 그중에서도 '당연한 법리'가 나타내는 '일본 국적'자와 그렇지 않은 자와의 선긋기는 엄연히 존재한다. 후자에 대한 차별의 구조는 온존되어간다. 오늘날 외국인에 대한 차별의 문제로 헤이트스피치 금지의 법제화·조례화 대응은 진행되고 있지만, 저자가 고집하는 차별의 근간에 있는 논리로서 '당연한 법리'의 재검토에 미치는 논의가 전혀 없는 것은 분명한 사실이다.

저자의 문제 제기는 현재 정부나 지방행정, 그리고 이들에 대해 독립적인 위치에 있어야 할 민간단체가 외면하려는 사항을 '래디컬하게' 추궁하는 것이다. 배외주의가 문제시되는 오늘날, 일본 사회에서 외국인과의 공존 주장의 대부분은 국민국가의 제도 안에서 나온 제언이다. 따라서 저자의 '래디컬함'을 능가한 담론은 지금까지 나온 바가 없다.

그렇다면 저자가 이렇게 '래디컬'할 수 있는 것은 왜일까. 그것은 저자의 그간의 행적에서 보듯 인간답게 살고자 하는 자신을 짓누르는 것의 정체를 파악하려는 개인(=자이니치)에 대한 투철한 사상에서 비롯된 것이 아닐까.

## | 참고문헌 |

강상중·모리스 히로시森巢博.『내셔널리즘의 극복』. 集英社新書, 2002.

구와바라 요코桑原洋子.『사회복지법제 요설』. 有斐閣, 1982.

김윤정.『다문화공생 교육과 아이덴티티』. 明石書店, 2007.

나카니시 마사시中西正司·우에노 치즈코上野千鶴子.『당사자 주권』. 岩波新書, 2003.

니시카와 나가오西川長夫.『국민국가론의 범위 — 혹은 '국민'이라는 괴물에 대하여』. 柏書房, 1998

_____.『증보판 국경을 넘는 법 — 국민국가론 서설』. 平凡社ライブラリー, 2001.

다가와 겐조田川建三.『비판적 주체의 형성 — 기독교 비판의 현대적 과제』. 三一書房, 1971.

다카하시 데쓰야高橋哲哉.『전쟁책임론』. 講談社学術文庫, 2005년.

도미나가 사토루富永さとる. "누구에게 가엾은 나라인가 — '국민주권'의 정체와 두 개의 민주주의." 정향균 편저.『정의 없는 나라, '당연한 법리'를 생각하며』. 明石書店, 2006.

도미사카 기독교센터 자이니치의 생활과 주민자치연구회 편.『재일외국인 주민자치』. 新幹社, 2007.

모리스 히로시森巢博.『무경계가족』. 集英社文庫, 2002.

모치즈키 후미오望月文雄/문다혜文多惠 편. "아오조라보육 츠쿠신코의 아이들." Syndrome, 1998.

박군을 지원하는 모임 편.『민족 차별 히타치 취업차별 규탄』. 亜紀書房, 1974.

박유하.『반일 내셔널리즘을 넘어 — 한국인의 반일감정을 읽다』. 河出書房新社, 2005.

_____.『화해를 위하여 — 교과서, 위안부, 야스쿠니, 독도』. 平凡社, 2007.

박일.『'자이니치'라는 삶의 방식 — 차이와 평등의 딜레마』. 講談社, 1999.

박종석. "민족적 자각을 위한 길 — 히타치 취업차별 재판상신서." 박군을 지원하는 모임 편.『민족 차별 히타치 취업차별 규탄』. 亜紀書房, 1974.

서경식.『'반(半)난민'의 위치에서 — 전후책임론과 자이니치』. 影書房, 2002.

_____.『황민화정책에서 지문날인까지 — 자이니치의 쇼와사』. 岩波ブックレット, 1989.

스즈키 미치히코鈴木道彦. 『월경의 때 — 1960년대와 자이니치』. 集英社新書, 2007.

시오바라 요시카즈塩原良和. 『신자유이의 시대 — 오스트레일리안-멀티컬처럴리즘의 변용』. 三元社, 2005.

안병무. 『민중신학을 말하다』. 新教出版社, 1992.

오구마 에이지小熊英二. 『단일민족신화의 기원 — '일본인' 자화상의 계보』. 新曜社, 1995.

오예수. 『자이니치 동화교육에 대한 고찰 — 해방 후의 오사카를 중심으로』. '박군을 지원하는 모임' 사무국, 1972.

우에노 치즈코上野千鶴子. 『내셔널리즘과 젠더』. 青土社, 1998.

_____. 『살아남기 위한 사상 — 젠더 평등의 함정』. 岩波書店, 2005.

_____. 『탈 아이덴티티』. 勁草書房, 2005.

윤건차. 『'자이니치'를 생각한다』. 平凡社, 2001.

이건지. 『조선근대문학과 내셔널리즘 — 저항의 내셔널리즘 비판』. 作品社, 2007.

이인하. 『기류민의 외침』. 新教出版社, 1979.

이토 아키라伊藤晃. "대일본헌법과 일본국헌법의 사이 — 역사적 관점에서 본 정향균 씨의 소송." 정향균 편저. 『정의 없는 나라, '당연한 법리'를 생각하며』. 明石書店, 2006.

정백수. 『콜로니얼리즘의 초극 — 한국 근대화의 탈식민지화 여정』. 草風館, 2007.

정향균 편저. 『정의 없는 나라, '당연한 법리'를 생각하며』. 明石書店, 2006.

조경희. "'민족보육'의 실천과 문제." 박종석·우에노 치즈코上野千鶴子 외. 『일본의 다문화 공생이란 무엇인가 — 자이니치의 경험에서』. 新曜社, 2008.

최승구. "'자이니치'로서 동일본대지진 재해를 어떻게 파악하는가 — 지역변혁의 당사자 로서." 스즈키 에리코鈴木江里子 편. 『동일본 대지진과 외국인 이주자들』. 明石書店, 2012.

_____. "민족 차별이란 무엇인가 — 세이큐샤에서 민족 차별의 본질을 묻는 토론회 자료로서." https://oklos-che.blogspot.com/2018/10/in-1974.html.

_____. "식민지주의에 항거하는 국제연대를 지역에서." 『部落解放』4, 5월호(2013).

_____. "일본 기독교인들에게, 시민의 국제연대운동에 대한 호소." 「福音と世界」 11(2013).

_____. "지역변혁과 국제연대운동으로 일본을 더 나은 사회에." 「月刊 社会運動」 388, 389호.

_____. "지금 다시 히타치투쟁을 하던 나에게 의미를 묻는다 — 박종석 군의 정년퇴직을 축하하는 모임에서." https://oklos-che.blogspot.com/2012/01/blog-post_07.html.

_____. "차별사회 속에서 어떻게 살 것인가 — 50년 전의 졸론." https://oklos-che.b
　　logspot.com/2018/10/blog-post_22.html.

_____. "차별사회 속에서 어떻게 살 것인가 — 박종석 소송 사례로부터." 「조선연구」
　　106호(1971).

츠루미 슌스케鶴見俊輔·우에노 치즈코上野千鶴子·오구마 에이지小熊英二. 『전쟁이 남긴
　　것 — 츠루미 슌스케에게 전후 세대가 묻는다』. 新曜社, 2004.

하나자키 고헤이花崎皋平. 『'공생'으로의 촉발 — 탈식민지·다문화·윤리를 둘러싸고』.
　　みすず書房, 2002.

하나자키 고헤이花崎皋平. 『증보판 아이덴티티와 공생의 철학』. 平凡社ライブラリー,
　　2001.

## 자이니치 문제에 관한 사론

"개인으로부터의 출발 — 자이니치의 입장에서."
　　http://oklos-che.blogspot.jp/2013/06/blog-post_6.html.

"자이니치에 대한 지자체의 차별과 억압의 뿌리는 무엇인가?"
　　http://oklos-che.blogspot.jp/2013/04/blog-post_6.html.

"일본 사회는 조선인을 죽이라고 하는 시위를 '언론의 자유'라고 하는가?"
　　http://oklos-che.blogspot.jp/2013/03/blog-post_16.html.

"'버려진 돌' — 자이니치로서 살아오며 발견한 것."
　　http://oklos-che.blogspot.jp/2012/07/blog-post_24.html.

"히타치가 원전을 계속 짓는 이유 — 민족 차별에 대한 공식사과문을 단서로."
　　http://oklos-che.blogspot.jp/2012/09/blog-post_7.html.

"국제연대와 지역의 민주화는 같은 뿌리 — 가와사키의 실례는 전국의 모델."
　　http://oklos-che.blogspot.jp/2012/08/blog-post_21.html.

## 여는 글

1) 저는 '자이니치'를 재일동포, 재일 조선인의 총칭으로 사용합니다. '자이니치'라는 담론에는 경우에 따라서는 올드커머(old comer)와 뉴커머(new comer)를 포함한 '재일본 정주외국인'이라는 의미를 담고 있습니다. 또 재일외국인을 지역에 사는 외국인으로 특정하는 경우에는 외국적 주민이라는 단어를 사용했습니다. 이 책에서는 '자이니치'를 기본적으로 재일조선인, 재일한국인이라는 의미로 사용하고 있습니다.

2) 가와사키의 다문화 공생 정책은 사회복지법인 세이큐샤의 존재 없이는 말할 수 없습니다. 홈페이지 참조 http://www.seikyu-sha.com.

3) 이소베 료(磯部涼), 〈이민과 랩〉 제2회 '가와사키를 노래하다'(〈文藝〉, 동계호, 2019).

4) 가와사키시 시의회는 2019년 12월 12일에 '가와사키시 차별 없는 인권 존중의 마을 조성 조례'를 제정했습니다.

5) 제가 가와사키시를 문제 삼는 것은 헤이트 스피치를 법률로 규제하려는 지자체가 '당연한 법리'를 근거로 국적을 이유로 외국인을 차별하는, 스스로가 도입한 제도에는 침묵하고 있기 때문이다. 헤이트 스피치의 규제화라고 하는 것은 차별적 언질을 퍼뜨리는 그 당사자만의 문제로 끝나 버립니다.

다가이 모리오(互盛央)는 『일본 국민이기 위해서』(新潮選書, 2016)에서 헤이트 스피치를 법률로 규제하는 데 "찬성하기 어렵다"고 말한 헌법학자의 의견을 소개하면서, "시민 사이의 문제로 가능한 한 '문화의 힘'으로 해결해나가야" 하며, 그것은 "'이념'으로 표방되던 사회계약의 목적으로 되돌아가는 것이다"(59쪽)라고 합니다. 그 목적이란 "'평화'를 실현하는 것"이라고 단정하고 있습니다.

외국인에 대한 차별적, 배외주의적인 담론을 퍼뜨리는 재특회('자이니치 특권을 인정하지 않는 시민모임'의 줄인 명칭으로, 일본의 유명 극우단체 중 하나로 알려져 있다-역자 주)와 같은 사람들에 대해 법적 규제를 강화하는 일로 끝내지 않고, 헤이트 스피치를 낳는 사회에 대해 다시 한번 근원적으로 '평화의 실현'이라는 관점에서 대응하기를 생각해야 하지 않을까요? 실제의 사회를 성립시킨 역사를 되돌아보면서 현재와 미래사회의 바람직한 모습을 모색하며, 지역 사회의 '평화의 실현'을 목표로 하는 일입니다.

6) 제가 박종석 군과 만난 지 벌써 반세기가 지났습니다. 히타치 취직 차별 재판에서 함께 싸웠고, 승소 후에도 가와사키에서 지역 활동을 함께 시작했습니다. 돌이켜보면 제 인생에서 히타치 투쟁 박종석 군과의 만남이 얼마나 큰일이었는지 다시 생각하게 됩니다. 박종석 씨 부부에게 감사합니다.
   - 2015년 6월 10일 원전 메이커 소송모임 히타치 투쟁 전 원고 박종석 사무국장 소개(https://oklos-che.blogspot.com/2015/06/blog-post_10.html).
   - 2015년 12월 24일 크리스마스이브의 메시지 — 절망 속에서 히타치 투쟁 승리의 의의를 묻다(https://oklos-che.blogspot.com/2015/12/blog-post_24.html).

7) 정향균 씨(도쿄도 관리직 시험 국적조항 소송의 원고) '6월 30일, 암으로 사망, 69세. 이와테현 태생으로 한국 국적의 자이니치 2세. 1988년부터 도쿄도에서 첫 외국적 보건사로 근무. 1994년, 일본 국적이 아닌 것을 이유로 관리직 시험 수험을 거부한 것은 위헌이라며 도쿄도를 제소. 1997년 도쿄고등법원에서 역전승했지만 2005년 대법원에서 패소했습니다(〈아사히신문〉, 2019. 7. 20).
   정향균 씨가 암으로 입원했을 때 그 진단 결과를 자기와 함께 들어줬으면 좋겠다며 저희 부부에게 연락이 왔습니다. 저희 부부는 곧장 병원에 달려갔죠. 의사의 진단으로 뇌까지 암세포가 전이되었음을 알았음에도 그녀는 그렇게 큰 병원에서 퇴원하여 자택에서 외래환자로 의사가 권하는 방사선 치료를 받으려고 했던 것입니다. 그것이 설마 퇴원하기 전에 말도 할 수 없는 상태가 되어 수주 만에 다시는 돌아올 수 없는 강을 건널 것이라고는 의사조차도 예상하지 못한 부분이었습니다. 퇴원하면 유럽과 한국으로 여행가자는 계획을 의논하고 있던 때였죠. 정말로 갑자기 찾아온 일이 되어버렸습니다.
   그녀가 도쿄도를 상대로 한 재판 투쟁을 비판적인 시선으로 보고 그것을 책으로 낸 그녀의 손위 형제 정대균 씨와 저는 사실 가와사키에서 지역 활동을 함께 이끌던 경험이 있고 친하게 지내며 이야기하던 사이였습니다. 그는 동생 정향균 씨가 우리들에게 대단히 많은 신세를 졌다는 감사의 말과 함께 앞으로는 정대균 씨 자신이 간병을 하겠다고 하여 간병인 교대를 한 셈이었습니다. 그때 정대균 씨가 아무 말도 못하고 단지 누워만 있는 동생의 손을 사랑스럽게 어루만지는 모습을 보고는 남매 사이에서만 알 수 있는 화해가 이루어졌음이 느껴져, 저는 진심으로 참 다행이라고 생각했습니다.
   그의 승낙을 얻어 저는 '정향균을 추모하는 모임'을 계획했습니다. 예상과 달리 많은 분들이 동참해주셨고 모두 정향균 씨와의 추억에 대해 말씀해주었어요. 대부분의 사람들이 정향균 씨가 도쿄도를 상대로 한 재판에 대해서는 몰랐습니다. 하지만 그녀의 인품 자체에 이끌려 이렇게까지 동참해주신 것이라고 생각합니다.

비록 패소는 했지만 정향균 씨가 사상 최초로 '당연한 법리' 문제를 대법원까지 끌고 간 사실을 저는 높게 평가하며, 그녀의 의지를 이어받아 이 문제를 널리 일본 사회에 알려나가고자 합니다. 이 책을 세상에 내놓는 동기 중 하나이기도 합니다. 이는 일제강점기에 시작된 식민지 사관을 청산하지 못하고 차별이 젊은 세대에게까지도 내면화되어 '당연한 법리'와 같은 공적 차별이 보이지 않게 되어버린 일본 사회의 현실에 대한 경종이었다고 생각합니다. 다시 한번 이 자리를 빌려 정향균 씨의 명복을 빕니다.

- 2019년 7월 19일 〈정향균을 추모하는 모임 공지〉(https://oklos-che.blogspot.com/2019/07/blog-post.html).

- 2019년 7월 27일 〈정향균을 추모하는 모임을 가졌다〉(https://oklos-che.blogspot.com/2019/07/httpsoklos-che.html).

8) '베트남에 평화를! 시민연합'의 약칭.

9) 2012년 1월 7일 〈'지금 다시금 내게 있어서의 히타치 투쟁의 의미를 묻다' 박종석 군의 정년퇴직을 축하하는 모임〉(https://oklos-che.blogspot.com/2012/01/blog-post_07.html).


## 제1부 | 자이니치의 정체성을 찾아서

1) 어머니는 자택의 욕조에서 뇌경색으로 쓰러져 즉사 상태로 영면했습니다. 2019년 3월. 향년 92세.

2) 아버지는 1995년 1월 5일, 간경화로 영면했습니다. 향년 77세.

3) 히타치의 박종석 군 해고는 차별이라고 하여 항의하기 시작한 당초 10명에 못 미친 작은 투쟁은 전국적으로 퍼지고 또 해외로부터 지원도 받아 요코하마 지방법원에서의 취직 차별 재판에서 완전 승리했습니다. 그런 그도 무사히 히타치를 원만히 정년 퇴직했습니다(2016년 11월).

4) 가와사키시는 이러한 어머니들의 열의와 요망에 부응하여 '가와사키시 재일외국인 교육기본법 ― 주로 자이니치의 교육'을 제정합니다(1986년).

5) 어머니들의 문제 제기에 대해서는, '12·9 집회에 대한 호소'(1980년 12월 5일)를 읽어주세요. 팸플릿으로 만든 '사회복지법인 세이큐샤에 보내는 공개편지'에 있습니다. 또 민족 보육에 대해서는 사쿠라모토 보육원 설립 초기부터 보모로 일하며 어머니들의 문제 제기에 동참하여 그들과 함께 행동하며 한 명 한 명의 아이를 돌보는 보육의 중요성을 제기한 조경희의 '사쿠라모토 보육원의 민족 보육에 대한

단상 ─ 자립을 요구하며 걸어온 길로부터', 『일본의 다문화 공생이란 무엇인가 ─ 자이니치의 경험으로부터』, 新曜社, 2008이 있습니다.

6) 사회복지법인 세이큐샤 이사장에게 보낸 공개서한 18쪽. 1986년 3월 1일 같은 날, 저는 이 공개서한을 세이큐샤에 송부했습니다. 거기에는 사회복지법인 세이큐샤 이사장 앞으로 보내는 서한과 자료 1(이번 사태의 설명과 이에 대응한 당사자의 문제점), 자료 2(문제 제기한 어머니들의 '12. 9 집회에의 호소' 전문이 기재되어 있습니다.

7) 제가 운영위원장을 사임당하고 세이큐샤를 떠났을 때에는, 당시 혼란의 의미를 생각할 여유는 전혀 없었지만, 우리가 세이큐샤를 떠난 뒤 세이큐샤는 이 선생님과 청년들을 중심으로 전면적으로 다문화 공생을 내세우며 가와사키시와의 관계를 심화시켜 나갔습니다. 그러나 가와사키시의 다문화 공생 정책과 일반 사회에서 공생을 기리는 풍조는 외국인을 노동력 자원으로 간주하면서도 외국인 주민의 인권을 중요하게 여기는 것은 아닙니다. 국가 차원에서도 지자체 차원에서도, 그 문제는 큰 과제가 되고 있습니다.

다문화 공생은 그 근본에 신자유주의 이데올로기가 있음이 점차 밝혀지고 있습니다. 민족 차별과 싸운다는 우리가 높이 내세운 이념이나 표면적인 대의명분보다는 그 관념성을 찌르는 즉, 개개인을 보살피는 것의 중요성을 지적한 보육원 어머니들의 문제 제기가 30년 후 다문화 공생 이데올로기의 문제성을 근본적으로 비판하는 의의를 지녔다는 점에 주목하고자 합니다.

8) '지금 다시 내게 있어서 히타치 투쟁의 의미를 묻다' 박종석 군의 정년퇴직을 축하하는 모임(https://oklos-che.blogspot.com/2012/01/blog-post_07.html).


## 제3부 | 자이니치로 걸어온 길에 대한 고찰

### 1장. '공생 도시' 가와사키시에 묻는다

1) 국가공무원법, 지방공무원법에는 국적 조항에 대한 규정이 없습니다. 지방공무원이 될 자격으로서 법률은 국적을 문제 삼지 않는다는 것입니다. 그리고 '일본 국적을 가지지 않는 자를 임용할지 여부에 대해서는 각각의 지방공공단체 설정에 따라 해당 지방공공단체에서 판단되어야 하는 것'이라고 되어 있습니다(1979년, 82년의 정부 견해). 덧붙여서 '임용'이란 사전적 정의에 따르면 '어떤 사람에게 임무를 부여해 사용하는 것'이라고 합니다. 즉, 지자체는 본래, 외국인의 채용과 직무, 승진에 관해 독자적인 판단을 할 수 있는 것입니다. 1953년의 내각법제국은 "명문의 규정이 존재하는 것은 아니지만, 공무원에 관한 당연한 법리로서 공권력 행사, 또는

국가 의사 형성에 참여하는 공무원이 되기 위해서는 일본 국적을 필요로 하는 것으로 해석해야 한다"는 견해를 보였고, 1973년에는 '당연한 법리'가 지방공무원에게도 적용된다는 행정의 실례를 내놓았습니다. 이 '당연한 법리'에 의해서 지금까지 지자체는 외국인에 대한 문호를 닫아온 것입니다.

2) 김윤정, 『다문화 공생 교육과 아이덴티티』(明石書店, 2007)의 83-102쪽에는 '가와사키시 재일외국인 교육기본방침' 설립의 경과가 자세하게 소개되어 있습니다. 이 책은, 히타치 투쟁으로 촉발되어 현재의 세이큐샤 후레아이관에 이르는 역사와 가와사키시의 대응에 대해 자료를 공들여 모은 사례연구로, 김 씨의 도쿄 대학에서의 박사 논문을 출판한 것입니다. 자료 수집과 분석으로 히타치 투쟁을 평가하며 그 모든 것이 '공생'을 향해왔다고 하는 내용의 흐름입니다. 그것은 히타치 투쟁을 담당해온 당사자가 주장하는 히타치 투쟁의 의의와 완전히 정반대 결론으로 되어 있습니다. 김 씨 저작의 가장 큰 결함은 히타치 투쟁의 당사자인 박종석 씨가 죽지 않고 살아 있는데도 단 한 번 만나지 않고 그에 대해 서술하고 있다는 점 및 세이큐샤가 2년 동안 겪은 혼란의 시기에 대해 전혀 언급하지 않았다는 점입니다. 또 우리가 가와사키시의 '당연한 법리'를 전제로 한 문호 개방에 대한 비판이나 지적이 전혀 언급되어 있지 않은 점도 신경이 쓰이는 부분입니다.

3) '가와사키시 재일외국인 교육기본법'(http://www.city.kawasaki.jp/25/25zinken/home/gaikoku/gaikoku-kyouiku-kihon.htm).

4) 가와사키시의 업무운영 시스템으로서 시민에 대한 행정명령이나 지도를 하는 경우에는 현장 직원은 반드시 상사의 결재를 받아야 한다는 것을 명시한 것입니다.

5) 최승구 〈가와사키시의 인사과로부터의 청취조사 ─ '운용 규정'의 '재검토'에 대해〉 https://oklos-che.blogspot.com/2007/10/blog-post_16.html.

6) 가와사키시 '외국적 직원의 임용에 관한 운용 규정 ─ 외국적 직원의 활기찬 인사를 지향하며'. '전문가 육성'과 '작업·순환근무의 강화'를 표방한 것으로, 최종 목표는 '2010 플랜의 추진'(제2차 중기계획)입니다. 불필요한 부서를 없애고 민영화하며, 신규 채용을 앞두고 지금까지 있었던 직원들은 순환 근무를 통해 다른 부서로 옮기겠다는 것이겠죠. 이미 수천 명 규모의 인원 삭감 계획이 발표되었습니다. 어느 지방의 어린이집에서는 사무를 담당하던 과장이 갑자기 원장이 되거나, 요리 경험도 없으면서 급식 담당으로 들어가는 상황이 생겼습니다. 가와사키에서도 조만간 그런 일이 일어날 것입니다. 이것은 무엇을 의미하는 것일까요? 공생이라는 큰 흐름 속에서 누구도 반대할 수 없는 외국인에 대한 '문호 개방'을 위해 만든 '운용 규정'은 '활기찬 인사시스템 및 운용 규정'이라는 미명 아래, 전 직원을 대상으로 한 구조조정의 일부였다는 것입니다. 외국인 공무원에 대한 문호 개방으로 우레와 같은 박수를 받으며 시 당국은 동시에 대규모 구조조정 준비를 물밑에서 추진했다

는 얘기가 됩니다.

7) 김윤정 씨는 '가와사키시의 외국인 정책이 새로운 단계에 접어들었다'고 보고, '외국인 당사자가 자신의 손으로 정책을 만들어낸다'고 기술했습니다(김윤정 상기 저서, 143-145쪽). 주 2를 참조.

8) '연락회의'와 시의 참가실(담당부서), 인사과와의 직접 교섭의 자리에서 수차례 문의해도 시 당국으로부터 명확한 회답은 이루어지지 않았습니다.

9) 참가실(담당부서) 정보에 따르면, 26명의 '대표'인원에 제1기(1996~97년)는 258명이 응모했고, 이하 2기 93명, 3기 21명, 4기 145명, 5기 40명, 그리고 최근 6기는 32명이라는 것입니다. 인원이 격감한 5기부터 우편물을 통한 안내는 중단되었습니다.

10) 야마다 다카오 〈지자체의 외국인 정책 ― 가와사키시를 사례로〉(도미사카기독교센터 자이니치 생활과 주민자치연구회 편, 『재일외국인의 주민 자치』, 新幹社, 79쪽).

11) 다문화 공생을 토대로 한 지역 사회 구축에 대해 추진의 중요성을 나타내면서도, 아베 다카오 씨는 시장직 당선 후의 〈正論〉(2002년 1월호)지 인터뷰 및 '지방 신시대 지자체 심포지엄'에서 패널·디스커션 시간 중의 발언으로, "근대에 국가라는 것은 전쟁을 할 때의 단위", "일본 국민과 같은 국적을 가지지 않는 외국인에 대해 그 권리 의무에 구별이 있는 것은 오히려 당연한 것", "알기 쉽게 말하면, 회원과 준회원은 다르다는 것"이라고 말하고 있습니다(〈민투련뉴스〉 50호).

12) 시장의 "외국인은 준회원" 발언의 문제성은 알고 있었지만, '연락회의' 석상에서 시의 전 직원으로 지금도 노숙자 문제로 분주하게 돌아다니는 T씨로부터 노숙자는 (일본인이어도) '회원'조차 아닌, 인간으로 받아들여지지 않는 '비회원'이라는 현실을 듣게 됩니다. '그렇구나. 준회원 발언을 문제 삼는 일을 넘어, 처음부터 구분 짓기를 하는 발상 그 자체와 싸워야만 하는구나. 만들어진 국민국가의 발상·감성을 극복하는 일을 내 과제로서 다시 생각해 봐야겠다'고 강하게 생각한 것은 이때입니다. 여기서부터 '우린 다 같은 자이니치니까'라는 동포의식의 탈구축에 대해서도 의식하기 시작했습니다.

13) 2002년 5월 9일, '아베 시장의 외국인 시민에 대한 준회원 발언과 평화·인권 시책 및 외국인 시민 정책의 새로운 추진에 대한 이의 신청'의 참가단체는 이하와 같습니다. 재일대한기독교회 가와사키교회 김성제金性済, 일본기독교단 가와사키도테교회 손히로히사孫裕久, 도테지역활동센터 손히로히사孫裕久, 일본기독교단 전 스미요시교회 미야케 노부유키三宅宣幸, 일본기독교단 가나가와교구 사회위원회 우치다 야스히코内田保彦, 일본기독교단 가나가와교구 사회위원회 다민족공생을 목표로 하는 소위원회 기미시마 요사부로君島洋三郎, 부락해방동맹 가나가와현

가와사키지부 츠치야 미쓰오土谷満男, 부락해변 지역공투회의 가도쿠라 신지門倉慎児, 민족차별과 싸우는 가나가와현 연락협의회 김수일金秀一·오오이시 후미오大石文雄, (사)가나가와 인권센터 호시노 마사코星野昌子, 민족차별 철폐·외국인등록법 개정을 목표로 하는 가나가와현 연락회의 와다 히데키和田秀樹, (사)가와사키지방 자치연구센터 모리야마 사다오森山定雄, 일본부인회의 가와사키시 본부·나카이 카츠에仲井勝江, 시민연합 가와사키·에비츠카미코海老塚美子, 가나가 네트워크 운동 가와사키시의회 의원단 와타나베 아쓰코渡辺あつ子, 일본 노동조합 총연합회 가나가와현 연합 호리타 야스시堀田靖二, 가나가와현 고등학교 교직원 조합 집행위원장 다케다 구니아키竹田邦明, 전수도 가와사키 수도노조 집행위원장 우스다 슈지臼田秀司, 가와사키 교통노조 집행위원장 사토 노리오佐藤教雄, 가와사키시 교직원 조합 집행위원장 요시다 마사카즈吉田正和, 전일본자치단체노동조합 가와사키시 직원노조 중앙집행위원장 와다 히데키和田秀樹.

14) 이인하 씨는, '준회원' 발언을 한 아베 시장에게 '입단속'을 했다고 본인도 인정하고 있습니다. 입단속이란 집안에서나 통용되는 수법입니다. 히타치 투쟁과 그 후의 지역 활동을 담당해, 공생의 제창자이며 자이니치의 리더인 이인하 씨가 자신들의 권리를 인정시키는 상대인 지자체 수장에 대해서 '입단속'을 했다고 하는 것은, 더 이상 차별 발언이 계속 되는 것은 좋지 않다고 판단하여 시장에게 '어드바이스'를 했다는 것입니다. 게다가 이인하 씨는 아베 시장에게 항의를 했을 때 외국인을 소외시키면 테러 가능성이 있다는 말까지 했습니다. 지역 사회의 바람직한 존재방식을 생각하면 외국인을 '준회원'이라고 하는 발언은 절대로 인정할 수 없는, 용서해서는 안 되는 발언입니다. 그런 공개적인 자리에서 이루어진 공인의 발언은 어디까지나 철회시켜야만 하는 것입니다. 그 후, 발언을 하지 않게 되었다고 해서 끝낼 수 있는 문제가 아닙니다(외국인에 대한 차별을 허락하지 말라! 가와사키연락회의 편, 『공생의 도시' 가와사키의 문제점 분석』, 34-36쪽).

15) "솔직히 말씀드려 지금의 헌법은, 9조의 문제를 포함해 일본 국내의 현황이나 국제정세 등에 비추어 적합하지 않다고 생각합니다"(앞에서 서술한 〈正論〉에서의 아베 다카오 씨의 발언).

16) 야마다 다카오, 상기 언급한 논문, 80쪽. 야마다 씨는 '요약과 향후 과제'라는 부분에서 가와사키시의 직원에 대해 "의식이 깨어 있는 정도도 타지방에 비교하면 자랑할 만한 재산"이라고 자랑스럽게 서술합니다. 그러나 저는 일전에 시와 교섭하는 가운데, 시의 직원은 아베 시장의 눈치를 보고 있다고 느끼는 일이 많았습니다. 예를 들면, '준회원' 발언이나 '운용 규정'이나, '그건 시장이 결정하는 것이므로 어쩔 수 없다'는 태도로, 스스로가 시장에게 항의하는 것은 전혀 있을 수 없다는 태도였습니다.

17) 일본공산당 '학동보육통폐합에 대한 의견서'(〈신문아카하타〉, 2002년 12월 27일). 어린이의 권리를 위한 유엔 산하 NGO단체, DCI 일본지부 가와사키시 '두근두근플라자'에 관한 DCI 일본지부의 견해.

18) 제가 아는 한, 후레아이관 부관장인 미우라 도모토三浦知人 씨는, 사고 책임을 현장의 담당자에게 떠넘기는 것에 반발하며 전체의 문제라고 하는 견해를 공표한 유일한 사람입니다. 하지만 그 후 내부에서 어떠한 협의가 이루어졌는지는 공표된 바가 없습니다. 두개골 함몰 사고로 재발 위험이 있는 어린이에 대해 시와 세이큐샤는 쥐꼬리만 한 위로금을 제시했습니다. 양자의 사과는 명확하지 않고, 아이의 장래에 불안을 가지는 부모님은 분노하고 있습니다. 향후 보증에 대해 시와 세이큐샤는 명확한 태도를 보여야 합니다.

19) 야마다 다카오 씨는 '다문화 공생의 지역 사회를 구축하는 키워드'로 ① 철저한 '내외인 평등주의', ② 민족·문화·종교 등의 차이를 존중하고 '아이덴티티를 보전할 권리'를 승인하는 것, ③ 시민으로서 '주민 자치에 대한 참가'의 권리 보장, ④ 전쟁 책임, 특히 가해자 책임의 자각을 제시하고 있습니다(상기 언급한 논문, 81쪽).

## 2장. 인권의 실현에 대해서 — 자이니치의 입장에서

1) 『환경재생 — 가와사키에서 공해지역의 재생에 대해 생각한다』(나가이 스스무永井進, 데라니시 슌이치寺西俊一, 요케모토 마사후미除本理史 편저, 有斐閣, 2002)에 따르면 가와사키 공해 문제는 해결되지 않았습니다. 그러나 이 안에서 Sustainable Community는 '지속 가능한 지역 사회'라고 번역되어 지역 전반의 존재 방식을 개선하고자 하는 태도는 취하고 있지만, 자이니치가 가와사키에 많이 살게 된 경위나 공해의 한가운데 취락에서 살고 있는 실태에 대해서 전혀 언급하고 있지 않습니다. 몇 번이나 현지를 찾았을 터이지만 그곳에서는 자이니치의 존재가 전혀 보이지 않았던 것일까요.

2) 테사 모리스-스즈키, 『북한으로의 엑소더스 — '북송사업'의 그림자』, 朝日新聞社, 2007, 201쪽. 그러나 그녀는 이 탄원서를 김일성에게 보내고 '집단적 귀국운동의 효시'가 된 가와사키의 자이니치 대부분이 매연 '공해'에 시달렸다는 사실을 언급하지 않았습니다. 참조: 『지역재생』과 '자이니치' — 탈출은 이제 필요 없다』(http://oklos-che.blogspot.com/2010/02/blog-post_6244.html).

3) '정치적 전망이 안 보이고 경제 불황에 시달리는 사회적 스트레스가 증가한 현대 일본에서 자이니치는 이제 위안부와 함께 가장 위험한 존재'가 되고 있다고 송연옥은 말합니다(국제심포지엄 '한일합방' 100년을 묻는다).

4) 일본 학계에서는 패전 직후부터 천황제의 문제, 시민으로서의 개인 자각의 문제,

'국체'를 내걸고 전쟁에 동원하는 과정 등 그 원인이 규명되어왔지만, 저는 노동운동, 여성해방운동, 부락해방운동 등 자기의 권리를 요구해온 대중운동들이 전쟁 협조에 의해 국가를 통해 실현하는 것을 자발적으로 선택한 사실의 자기비판이 이루어지지 않았다는 데 주목합니다(이토 아키라伊藤晃, 〈대일본헌법과 일본국헌법의 사이 — 역사적 관점에서 본 정향균 씨의 소송〉, 정향균 편저, 『정의 없는 나라, '당연한 법리'를 생각하며』, 明石書店, 2006). 이는 전쟁 협력을 한 일본 기독교단에서도 마찬가지로, 전쟁 책임의 고백은 일부 교직자들 사이에서 작성되었지만 최종적으로는 의장명으로 발표되어, 실제 전쟁을 체험한 일반 신자가 참여하는 각 개인 교회에서 논의되지는 않았습니다.

5) 곽기환, 『차별과 저항의 현상학 — 자이니치의 '경험'을 중심으로』, 新泉社, 2006. (참조: 새로운 자이니치 학자와의 만남, http://oklos-che.blogspot.com/2010/05/blog-post_17.html).

6) 김부자(〈'위안부' 문제와 탈식민주의 — 역사수정주의적 '화해'에 대한 '저항'〉, 『역사와 책임 — '위안부' 문제와 1990년대』, 靑弓社, 2008)와 서경식(『「반(半)난민」의 위치에서 — 전후책임론과 자이니치』, 影書房, 2002)의 비판은 날카롭습니다. 그러나 그 비판 방식이 대화를 요구하고 실제 운동으로 이어지는 것인지 검증되어야 할 것입니다.

서경식은 서경식 · 하나자키 고헤이花崎皋平 논쟁의 당사자로 자이니치 세계에서 가장 영향력 있는 논객 중 한 명입니다. 서로 자신의 저작 속에서 그 논쟁에 대해 언급하고 있지만, '탈식민지배'를 모색하고 '공생'을 설파하는 사상가인 하나자키와 서경식의 논쟁이 어정쩡하게 끝난 것은 대단히 불행한 일입니다. 나카노 도시오中野敏男는 이 논쟁을 '사상계의 최대 중요 문제'라고 파악하면서도 하나자키를 오오츠카 히사오大塚久雄와 마루야마 마사오丸山眞男가 말하는, 식민지 지배의 피해자에 대응하지 않는 가운데 구축된, 전후 일본의 자기 결정하는 '주체 사상'의 계보로 봅니다. 그러나 하나자키의 저작을 읽은 사람으로서 저는 이 견해에는 동의할 수 없다. 제가 아는 한 하나자키의 의견에 대한 나카노의 코멘트는 이루어진 적이 없습니다. 이 논쟁의 질과 존재 의의는 향후 전면적으로 다루어져야 할 것입니다(서경식[2003]과 하나자키 고헤이, 『'공생'으로의 촉발』, みすず書房, 2002), 〈자기반성 주체의 애로 — 하나자키 고헤이와 서경식 간의 '논쟁'에 대하여〉(나카노 토시오, 〈現代思想 6〉, 2002).

윤건차는 『'자이니치'를 생각한다』(平凡社, 2001)에서 우에노 치즈코上野千鶴子의 페미니스트이자 사회과학자로서의 사고방식, 현상 파악의 방법에 대해 평가합니다(233-234쪽). 그러나 후반에는 "우에노의 말투는 학문적으로 일견 그럴듯하며, 거기에 굳이 이의를 제기할 이유는 없다"고 하면서 그녀의 일본인으로서 '입장성'을 추궁했고, 우에노가 "문제의 본질을 회피하거나 외면하고 있다"고 비판합니다 (241-243쪽). 그러나 어떻게 '문제의 본질'을 회피'하고 있는지에 대한 설명은 없습니다.

7) 나카무라 고지로中村剛治郎, 『지역정치경제학』(有斐閣, 2004)과 그의 요코하마 국립대학에서의 강의나 개인적 믿음으로 저는 지역이란 '인간의 사회적 협동의 기본단위'이며, '민족성을 넘어 그곳에서 생활하는 다양한 사람들이 공동으로 생활하는 장소, 서로의 기본적 인권을 보장하고, 인간으로서의 자유와 발달, 행복, 사회연대나 자연과의 공생 등의 실현을 목표로 하는 기초적인 사회단위'임을 배웠습니다. 주민 자치의 확립은 지역의 재생을 도모하는 근간이 됩니다.

가와사키가 독자적인 발전을 이루기 위해서는 자유롭고 활기찬 국제도시로서 내실을 갖춰야만 하며, 이를 위해서는 국적을 이유로 한 차별 제도를 철폐하고 국적을 초월한 주민 자치 확립을 바탕으로 철저한 주민·기업·지방정부 간의 대화를 통해 장기적인 지역 재생의 비전을 만들어야 합니다. 그곳에 사는 자이니치의 생활은 지역의 바람직한 모습과 별개로 있을 수 없다는 것이 제 구상의 출발점입니다.

8) 김윤정(『다문화 공생 교육과 아이덴티티』, 明石書店, 2007)은 가와사키에서 히타치 투쟁 이후의 세이큐샤 후레아이관의 움직임이 '공생'을 추구하는 것이라 파악하고, 그 움직임이 행정을 움직이며 행정과 일체화하는 과정을 기술하면서 그 흐름이 일본 전국과 한일 양국, 동북아시아 공동체의 중심 이념이 될 것이라며 공생을 찬미합니다. 확실히 가와사키시의 자이니치 운동 역사를 근거로 하고 있지만, 여기에 가와사키시의 문제점에 관한 기술은 없습니다(국적 조항 문제나, 공생을 주창하면서 일장기, 기미가요를 강제해나가는 교육위원회의 실태 등).

또한 편향된 정보 수집은 학문의 수법으로 문제가 있는 것처럼 보입니다. 무엇보다 그토록 히타치 투쟁과 당사자 박종석 씨에게 초점을 맞추면서도 박종석 씨를 인터뷰하지 않았고, 그가 히타치에 입사한 뒤 어떤 생각을 하며 무엇을 해왔는지에 대해 전혀 언급이 없습니다. 일본인과 자이니치 간 공동투쟁의 실태와 가해자로서 일본인이라는 인식의 관념성이 문제되지 않고 히타치 투쟁에서 '한일' 시민의 공동투쟁이 그대로 다문화 공생의 실천론으로 이행되고 있습니다.

또한 사회과학 분야에서 문제시되는 다문화주의라는 이데올로기가 글로벌리즘과 신자유주의가 횡행하는 현실에서 어떤 역할을 하고 있는지에 대한 문제의식은 '교육'이라는 범주에 매몰된 저작 속에서는 찾아볼 수 없습니다.

9) 최승구·가토 치카코加藤千香子 공편, 『일본에서 다문화 공생이란 무엇인가 — 자이니치의 경험에서』, 新曜社, 2008, 164-168쪽.

10) 〈가나가와민투련 항의성명〉, 〈아베 다카오阿部孝夫 가와사키시 시장의 외국인 시민에 대한 '준회원' 발언에 대한 이의신청〉(사단법인 가나가와인권센터 외 20개

단체), (http://www008.upp.so-net.ne.jp/mintouren/topc10.html).

11) 이효덕, 『표상공간의 근대 — '메이지일본'의 미디어 편제』, 新曜社, 2000, 박유하 『민족적 정체성과 젠더: 나쓰메 소세키, 문학, 근대』, クレイン, 2007. 개인의 정체성 은 사실 민족적 정체성 위에서 이뤄지고 있다는 것을 니시카와 나가오西川長夫에게 서 배웠는데, 이 인식은 제게는 흥미롭고 국민국가를 상대화하기 위해서는 관념적 인 작업이 아니라 바로 자기 자신의 실존 그 자체에 자리하는 민족적 정체성과 싸워야만 한다고 이해했습니다. 이를 명확히 지적한 문경수의 저서에 저는 깊이 공명했습니다(문경수, 『자이니치 문제의 기원』, クレイン, 2007, (http://oklos-che.blogspot.com/2010_10_02_archive.html).

12) 참조: 〈'재특회'지지자들은 왜 우리를 비난하는가〉(http://oklos-che.blogspot.com/2010/04/blog-post_01.html).

13) 후쿠오카의 시민운동 '배외주의에 NO! 후쿠오카'에서는 '재특회'와 같은 배외주의 적 운동에 대항할 뿐만 아니라 '배외적 언동을 낳는 것은 무엇인가', '배외주의를 용인하고 지속시키는 사회 병리를 어떻게 극복해나가면 좋은 것인가'라는 문제의 식에서 스터디 모임을 시작하려 하고 있습니다.

14) 참조: 〈역사교과서 문제로 요코하마시에서 일어나고 있는 일 — 가토 치카코〉. (https://oklos-che.blogspot.com/2010/07/blog-post_28.html).

15) Bridge For Peace(BFP) 홈페이지. http://bridgeforpeace.jp.

16) 최승구, 『외국인 참정권』, 야스쿠니/천황제문제정보센터, 2010, 4-5쪽.

17) 정향균 편저, 『정의 없는 나라, '당연한 법리'를 생각하며』, 明石書店, 2006.

18) 현재 저도 기고를 하여 출간 예정인 『자이니치 사전』(박일 편)의 '히타치 취업차별 재판투쟁' 항목을 출판사의 승낙을 얻어 이하에 일부 인용합니다.

"1970년, 히타치 제작소 입사시험에서 성명난에 통칭명을 표시하고 본적지에 현 주소를 적은 재일교포 2세 박종석 청년(당시 19세)이 거짓말을 했다는 이유로 채용이 취소됐다. 히타치 취업차별 재판이란, 이에 불복해 히타치를 상대로 소송 을 일으켜, 4년에 걸친 법정 내외에서의 싸움으로 승리한 운동이다. 차별을 감수하 지 않고 민족 차별의 근원을 추궁하는 투쟁으로서 히타치라는 일본을 대표하는 대기업에 공공연하게 맞섬으로써 '자이니치' 전후사에 새로운 지평을 열었다. 판 결은 히타치의 민족 차별에 근거한 부당해고를 전면적으로 인정하고, '자이니치' 가 처한 역사적 상황을 언급했으며, 일본 사회에 만연한 민족 차별에 대해서도 처음으로 공식적으로 언급한 획기적인 것이었다. 히타치가 항소를 포기함에 따라 판결이 확정되고 이후 기업이 국적을 이유로 해고나 차별하는 것을 금지하는 법적 근거가 되고 있다."

19) 최승구·가토 치카코 공편(2008), 155-160쪽.

20) 도미나가 사토루富永さとる, 〈누구에게 가없은 나라인가 — '국민주권'의 정체와 두 개의 민주주의〉, 정향균(2006)의 책, 105쪽.

21) 나고야시 지역위원회의 모델 실시에 관한 요강을 참조.
제8조 위원은 해당 지역에 주소를 갖는 만 18세 이상의 일본 국민 중 (중략) 시장이 위촉한다(참조: 〈나고야의 지역위원회에서도 국적조항이〉, http://oklos-che.blogspot.com/2010/02/blog-post_7122.html).

22) 박종석, 〈계속되는 '히타치 투쟁' — 직장 조직 안에서〉, 최승구·가토 치카코 공편(2008).

23) 참조: 진노 나오히코神野直彦, 〈재정의 자립성이 지방재생의 조건 — '지역재생의 경제학〉, (https://oklos-che.blogspot.com/2010/02/blog-post_9100.html).

24) 저는 지자체에서 유행하는 슬로건이 된 Sustainable Community를 '지속 가능한 지역 사회'가 아니라 '주민이 잘 먹고 잘사는 지역 사회'라고 의역하고, 미야모토 겐이치宮本憲一의 해석을 참고로 하여 '평화와 민주주의를 희구하고 국적에 관계없이 모든 주민의 자유와 평등, 기본적 인권을 보장하며 절대적인 빈곤을 제거함과 동시에 환경·자원·생물 다양성의 유지·보전을 바탕으로 하여 주민이 주체가 된 주민자치를 지향하는 지역 사회'라고 정의했습니다(참조: 〈주민이 잘 먹고 잘사는 지역 사회'의 실현을 제안한다〉, https://oklos-che.blogspot.com/2009/12/blog-post_28.html).

25) 최승구, 〈왜곡된 민족관〉, 『思想の科学』, 1976년 3월호.

26) 서울대 대학원의 한 역사학 교수의 강의에서 포스트콜로니즘의 한국 역사학 과제를 알게 됐습니다. 정백수, 『콜로니얼리즘의 초극 — 한국근대문화의 탈식민지화 과정』(草風館, 2007)은 이 문제를 이해하는 데 중요한 논점을 제기합니다.

27) 히타치 투쟁의 공동투쟁 실태를 조사해, 1970년대의 '공동'과 신자유주의 시대의 '(다문화 공생'을 넘는 새로운 협동을 모색할 필요성을 주창하는 카토 치카코의 주장은 주목할 만합니다(도쿄역사과학연구회, 〈1970년대 일본의 '민족 차별'을 둘러싼 운동 — '히타치 투쟁'을 중심으로〉, 『人民の歴史学』, 185호).

28) 세이큐샤 후레아이관의 이사장이었던 고 이인하 목사는 시장의 차별 발언을 비판하는 목소리가 다시 일어날 것을 우려하여, '외국인은 준회원'이라는 발언을 시장이 반복하지 않도록 시장의 '입단속'을 했다는 사실을 스스로 밝혔습니다(최승구·가토 치카코 공편(2008: 166-167쪽). 또한 그 '입단속' 후에 시가 합동보육을 폐지하고 민영화한 '두근두근플라자'를 만드는 신사업을 세이큐샤 후레아이관이 자이니치 밀집지역에서 위탁받아 운영을 시작했을 때, 아동들이 2층에서 떨어져 크게 다쳐 뇌좌상, 두개골 골절로 의사에게 평생 그 상처의 후유증에 시달릴 것이

라 진단된 큰 사건이 있었습니다(최승구·가토 치카코 편『일본에서 다문화 공생이란 무엇인가 — 자이니치의 경험에서』, 新曜社, 2008, 174-176쪽). 피해자 가족에게 사죄하지 않는 가와사키시와 그것을 못마땅하게 여기는 피해자 가족 사이에 세이큐샤 후레아이관이 중간에 개입했지만 결국 세이큐샤 후레아이관은 시의 편에 설 수밖에 없었고 피해자 가족은 쥐꼬리만 한 배상금으로 합의를 볼 수밖에 없었다는 이야기를 저는 당사자에게 직접 들었습니다.

29) 최승구,『외국인 참정권』(2010), 49쪽. 여기서 밝혀진 '벡터의 차이'는 매우 중요한 시각이라고 생각합니다. 어디까지나 증가하는 외국인을 '통치'와 '통합'의 대상으로 보고, 그것을 위한 정책의 구체화 때문에 다문화 공생이라는 카피를 쓴 관료행정의 자세와 주체적으로 당사자로서 지역에 관여하는 외국 국적 주민과의 '벡터의 차이'를 의미합니다.

30) 우에노 치즈코는 '외국인시민대표자회의'는 "의사 결정권이 위임되기 위한 어떠한 제도적 보장이 수반되는 것이 아니므로, 외국인 참가의 제도화가 이루어졌다고는 도저히 말할 수 없다"며, '행정의 온정주의'가 될 위험성을 지적합니다(최승구, 2008, 229-232쪽).

31) 테사 모리스-스즈키 저,『비판적 상상력을 위하여 — 글로벌 시대의 일본』.

### 3장. 외국인의 지방참정권에 대하여

1) 가와사키시 주민투표, http://www.city.kawasaki.jp/250/page/0000015962.html.

2) 대법원판결 1995년 2월 28일, 〈민사판례집〉 49권 2호 164쪽.

3) 일본학술회의 사무국의 최종 회답, https://oklos-che.blogspot.com/2009/06/blog-post_09.html.

4) 일본학술회의 사무국의 두 번째 회답, https://oklos-che.blogspot.com/2009/05/blog-post_5040.html.

5) 이 부분은 메일을 통해 곤도 씨에게 직접 설명을 들은 부분입니다.

6) 신숙옥, 노나카 히로무 공저,『차별과 일본인』, 角川書店.

7) 오구마 에이지小熊英二,『단일민족신화의 기원 — '일본인' 자화상의 계보』, 新曜社.

8) 최승구·가토 치카코 공편,『일본에서 다문화 공생이란 무엇인가 — 자이니치의 경험에서』, 新曜社, 2008.

9) 박종석, 〈계속되는 '히타치 투쟁' — 직장 조직 안에서〉,『일본에서의 다문화 공생이란 무엇인가 — 자이니치의 경험에서』.

10) 한나 아렌트,『혁명에 대하여』, ちくま学芸文庫.

11) 참조: 〈가와사키의 시장선거 결과를 어떻게 보는가〉, https://oklos-che.blogs

pot.com/2009/10/blog-post_26.html.

12) 김윤정, 『다문화 공생 교육과 아이덴티티』, 明石書店, 2007.

13) 나가이 스스무永井進, 데라니시 슌이치寺西俊一, 요케모토 마사후미除本理史 편저, 『환경재생 — 가와사키에서 공해지역의 재생에 대해 생각한다』, 有斐閣, 2002.

14) 〈'당연한 법리'에 대한 니시카와 발언의 진의가 밝혀졌습니다 — 니시카와 씨의 편지에서〉, https://oklos-che.blogspot.com/2009/02/blog-post_12.html.

15) 2009년 6월 15일 〈일본 학술회의 주최 강연의 의외의 결말〉, https://oklos-che. blogspot.com/2009/06/blog-post_15.html..

16) 테사 모리스-스즈키, 『북한으로의 엑소더스』, 朝日新聞社, 2007.

17) 나가이 스스무永井進, 데라니시 슌이치寺西俊一, 요케모토 마사후미除本理史 편저, 『환경재생 — 가와사키에서 공해지역의 재생에 대해 생각한다』, 有斐閣, 2002.

## 4장. 원자력 반대운동의 국제적 연대를 위하여

1) 崔勝久, 〈人権の実現 — '在日'の立場から〉(斎藤純一, 《人権の実現》, 法律文化社, 2011).

2) 朴鐘碩, 〈続日立闘争 — 職場組織の中で〉(崔勝久·加藤千香子共著 編, 《日本における多文化共生とは何か》, 新曜社, 2008).

3) '핵 없는 세계를 위한 한국 기독교인 신앙선언'은 주목받아야 합니다. 그 신앙선언에 기초하여 새로운 전 교회적인 조직이 만들어질 것입니다. 내년 세계기독교협의회 (WCC)가 부산에서 열릴 것으로 결정되었는데, 거기서 "신앙과 핵은 양립하지 않는다"는 신앙고백하에서 핵 없는 세계를 위한 결의가 이루어질 것입니다. 우리도 전면적으로 이 운동을 지원하고 연대하려 하고 있습니다(http://www.oklos-che. com/2012/06/blog-post_13.html).

4) 한국에서 안보정상회의 중에, 종교인들의 탈핵·탈원전 선언문이 발표되었습니다 (http://www. oklos-che.com/2012/03/blog-post_26.html).

5) 미국의 관여가 있었음을 보여주는 직접적 증거는 없습니다. 그러나 경제합리성의 면에서도 원전은 채산이 맞지 않다고 말해지고 있음에도 1979년 스리마일 사고 이후 34년째에 오바마 정권이 원전 건설을 웨스팅하우스 전력회사에 허가해준 점, 일본의 도시바東芝가 그 회사의 주식 98%를 갖고 있는 점, 마이크로소프트사의 빌 게이츠는 막대한 사재를 도시바에 투자하고 있는 점, 또한 빌 게이츠가 중국과의 원전 건설 계약을 체결하고 있는 점 그리고 원자력 정책에 관한 한 미국은 세계를 지배하는 입장이라는 점에서 일본의 원전 재가동에 미국 정부의 의향이 반영되어 있다고 보는 것은 자연스럽습니다.(http://www.oklos-che.com/2011/04/blog-post_2540.html).

6) 지명관 선생은 일본의 기독교인 사이에서 가장 존경받는 한국인으로, 잡지 《세카이
世界》에 15년에 걸쳐 '한국통신'을 TK生이라는 익명으로 써서 한국의 상황을 전
세계에 알린 공헌자입니다. 그러나 지명관 선생은 일본에서의 최후 강연에서 3
· 11에 관해서는 전혀 언급하지 않고, 한중일韓中日의 문화적 공존을 강조하면서
비정상적인 공산주의 국가인 북한에 대한 비판적인 견해를 피력했습니다. 그리고
한국 교회는 지나치게 정치적으로 되어 분열되어 있는데, 교회의 일치를 꾀하는 것이
중요하다는 지론을 폈습니다. 그때의 인상을 저는 블로그에 썼습니다(〈'동아시아사
와 한일관계' 지명관 선생 강연회 참가 소감 ─ 새로운 과제의 발견〉, http://www.
oklos-che.com/2012/05/blog-post_06.html).

## 5장. 원전 제조사의 책임을 묻는다

1) 외국인이 2,000명을 넘은 예는 일본 재판 역사에서 처음 있는 일인데, 위임장의
성립 여부는 도쿄지방법원에서 지금 협의 중이며, 최종 원고 수는 6월에 결정됩니다.
2) 한국의 원자력손해배상법은 일본의 것을 베낀 것으로 거의 모든 문구가 동일합니다.
3) 무토 이치요武藤一羊, 『잠재적 핵보유와 전쟁국가』, 社會評論社, 2011.
4) 고세키 쇼이치古關彰一, 『안보란 무엇인가 ─ 국가에서 인간으로』, 岩波書店, 2013.
5) 이케가미 스토무池上努, 『법적 지위 200년의 질문』, 京文社, 1965, 167쪽.
6) "'반일구국선언'을 선언 ─ 한국기독교학생연맹", 〈마이니치신문〉, 1974년 1월 5
일.
7) 오카다 다카시岡田充, 〈정당정치를 거부한 대만 학생들 ─ 입법원 점거로 본 신지
평〉, http://www.21ccs.jp/ryougan_okada/ryougan_47.html.
8) 테사 모리스-스즈키, 『북한으로의 엑소더스』, 朝日新聞社, 2007.
9) '자이니치' 작가 서경식의 NHK 프로그램, 〈후쿠시마를 걸으며 ─ 나에게 3 · 11의
의미〉.